"十四五"时期国家重点出版物出版专项规划项目

国家古籍工作规划项目

中国禅宗典籍丛刊

六祖坛经五本汇编

杨曾文　编校

中州古籍出版社
·郑州·

图书在版编目（CIP）数据

六祖坛经五本汇编 / 杨曾文编校 . -- 郑州：中州古籍出版社，2024. 11. --（中国禅宗典籍丛刊）. -- ISBN 978-7-5738-1679-5

Ⅰ. B946.5

中国国家版本馆 CIP 数据核字第 2025QA5553 号

LIUZU TANJING WU BEN HUIBIAN

六祖坛经五本汇编

出 版 人	许绍山
策划编辑	刘　晓
责任编辑	何慧婷
责任校对	周　靖
美术设计	曾晶晶
出 版 社	中州古籍出版社
地　　址	河南自贸试验区郑州片区（郑东）祥盛街 27 号 6 层 邮编：450016　电话：0371-65788693
发行单位	河南省新华书店发行集团有限公司
承印单位	郑州市毛庄印刷有限公司
开　　本	890 mm × 1240 mm　1/32
印　　张	12.5
字　　数	260 千字
版　　次	2024 年 11 月第 1 版
印　　次	2025 年 1 月第 1 次印刷
定　　价	48.00 元

本书如有印装质量问题，请联系出版社调换。

敦煌新本《六祖坛经》（敦煌市博物馆藏本）

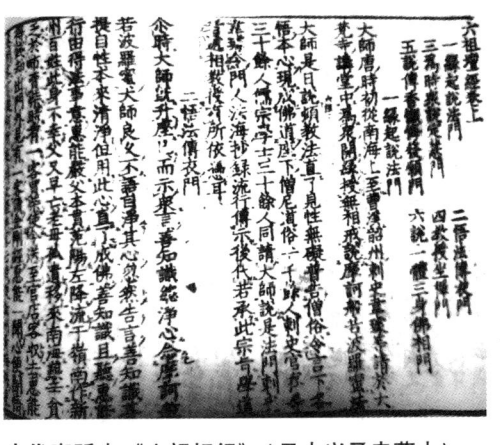

唐代惠昕本《六祖坛经》（日本兴圣寺藏本）

《曹溪大师传》（日本比叡山写本影印本）

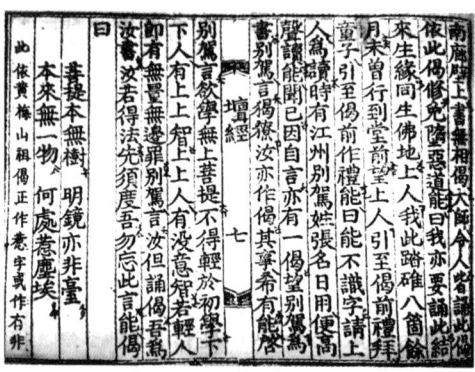

元代德异本《六祖坛经》（高丽传本）

元代宗宝本《六祖大师法宝坛经》（嘉兴藏本）

总　序

在中国传统文化中，儒学、佛教和道教鼎足而立，是联通一体的三个组成部分。它们在长期彼此比较和交流、互鉴中又相互吸收，共同丰富和发展了中华民族的传统文化。

佛教本是从古印度传来的外来宗教。然而它在中国这块辽阔丰饶的具有悠久历史文化的国土上传播，经过了漫长岁月的中国化历程，已经与中国传统文化和宗教习俗密切结合，演变成中华民族的主要宗教之一。隋唐时期具有民族特色的佛教宗派的相继创立，标志着佛教中国化历程初期阶段的基本结束，此后进入作为"中国的佛教"的持续充实和发展时期。在这些佛教宗派中，天台宗、华严宗和禅宗是最富有民族特色的宗派。在它们的蕴含深刻哲学思辨内容的教义理论中，有说色与空、色与心和体与用等相互关系的宇宙存在论，有论善恶、净染的心性论，有讲出世不离世间的修行解脱论，有用以沟通色空、色心和体用的"不二"的方法论……这些在中国历史文化，特别是在哲学思想领域都产生过极为深远的影响。研究中国历史文化，研究中国哲学思想都离不开对佛教的考察和研究，这早已成为人们的共识。

禅宗虽奉北魏时期来华的印度僧菩提达摩为初祖，但从历史真实情况考察，实际创立者应是被后世禅宗奉为四祖、五祖的道信（580~651）和弘忍（602~675）。在弘忍去世之后，他的门下形成以神秀（约606~706）及其弟子普寂（651~739）为代表的北宗，以惠能（638~713）及其弟子神会（668或686~760）、行思（？~740）、怀让（677~744）为代表的南宗。在唐代"安史之乱"（755~763）后，北宗逐渐衰微以至湮灭无闻，而南宗则迅速传遍大江南北，日益昌盛，并在唐末五代形成禅门五宗——临济宗、沩仰宗、曹洞宗、云门宗、法眼宗。进入宋代，临济宗又分成杨岐、黄龙二派。两宋是禅宗发展史上的鼎盛时期，它一跃而成为中国佛教宗派中的主流派，在当时社会的各个阶层和文化思想领域都有很大的影响。此后，中国儒、释、道三教日益会通融合，佛教内部各宗也互相融通，禅宗与净土念佛信仰的结合最为密切，以至形成"念佛禅"。

禅宗虽标榜"以心传心，不立文字"，但从实际情况来看，它的文字著述最多，形式也多种多样，其中禅法语录最多。记录惠能言行的语录有《六祖坛经》，记录神会言行的语录有《菩提达摩南宗定是非论》等，此后怀让、马祖、怀海、希运以及禅门五宗的创始人义玄、灵祐和慧寂、良价和本寂、文偃、文益和历代各宗的著名禅师几乎都有语录行世。语录有别集，有合集。在语录集子中既有禅师在开堂、上堂、小参、普说等各种场合的说法记录，也有师徒间的问答；有对前人公案的评说——拈古，也有评述这些公案的偈颂——颂古；有代前人回答质询的代语，也有在前人答语之外另作答语的别语；还有书信、法语、序跋、碑铭、题赞、札记、遗表等。在语录中，有贴近当时民众的通俗白话，有含意清丽玄远的诗偈；在语录外，有卷帙浩繁的史传，包括记录宗派传承的灯史、以记事为主的传记、按编年记述的通史。此外，还有论议、杂著、清规等。这些数量庞大的禅宗文献，无疑是我国宝贵的文化遗产。

我国在20世纪70年代末实行改革开放政策以后，随着社会科学界对宗教研究的深入展开，在对佛教文献的研究和整理、出版方面也取得很大的成绩，为从事佛教研究的人员和社会上广大读者提供了不少经过校订注释的有价值的佛教参考资料。然而在大量佛教文献面前，为了让研究者和读者使用方便，有必要按类别选择其中最重要的文献进行研究和整理，分阶段地将原典作精细校勘、标点和注释出版。

现在奉献在诸位面前的"中国禅宗典籍丛刊"，是一套中国禅宗系列的文献选编，收录了中国禅宗的部分重要史书、语录和清规等文献，皆请学者依据较好的版本进行精审校勘、分段和标点，并且一律改用通行的简化字。这套丛书所收文献还在逐年增加，相信一定会给从事佛教禅宗研究和中国哲学、文史研究的学者和广大读者带来不少方便。我们深知此项工作并非轻而易举，希望边工作边改进，谨望读者不吝赐教，经常给我们提出改进意见，以便把这一工作做得更好，能为建设中华民族现代文明作出应有的贡献。

杨曾文

1998年2月9日初稿

2023年6月5日修改

前　言

在人的一生中确实会遇到一些难以预料和强求的缘分，能给人以从事和成就某种事业的机会。

笔者回想起在北京大学历史系求学的五年期间，进入四五年级时原攻读的是中国古代史"秦汉史"专业，于1963年四年级期末提交的学年论文是《关于汉初的黄老思想》，而到1964年五年级完成的毕业论文是《试论东汉时期的豪强地主》。

在1963年秋，即五年级前半学期报考研究生时，因平日爱好思想史，原想报考中国科学院哲学社会科学部（现为中国社会科学院）历史研究所侯外庐先生的"中国政治思想史"的研究生。然而此时我的学年论文辅导老师田余庆教授和系里的领导先后找我谈话，建议我报考北京大学副校长、著名哲学和佛教学者汤用彤教授的研究生，希望以后能在汤教授指导下从事佛教研究。我当即表示同意，经过认真准备，顺利地通过了研究生考试。

就在1963年底，毛泽东主席在中央外事小组、中央宣传部关于加强研究外国工作的报告上作了"关于加强研究宗教问题的批语"，指示须加强对世界三大宗教的研究。为此，中央决定成立世界宗教研究所，迅速展开一系列筹备工作。

1964年5月，想不到在报考研究生尚未下发录取通知之时，汤用彤教授不幸去世。8月，大学五年学业结束。笔者因曾报考汤用彤教授的研究生，便被分配到正在筹备中的世界宗教研究所。从此，在近60年中除去"文革"的特殊时期，笔者一直在世界宗教研究所从事中国和日本两国佛教的研究。

在进入改革开放的新时期以后，笔者有幸在任继愈所长为主编的《中国佛教史》编写组从事研究和编写工作。

1982年初，为了考察日本研究中国佛教的情况，笔者经申请得以到日本京都大学人文科学研究所研修三个月，其间得悉日本学者在考察和研究、整理敦煌禅宗文献方面做出不少成绩，得便将日本学者铃木大拙（1870~1966）校订的敦煌本《六祖坛经》等图书加以复制，萌发了以后继续关注敦煌禅籍并加以研究和利用的想法。在回国前夕，日本著名禅宗文献研究学者柳田圣山教授（1922~2006）特地为我复制了北京大学向达教授（1900~1966）过去发表的《西征小记》，托我今后打听一下向达教授在文章中报道的敦煌名士任子宜在敦煌千佛山发现的《坛经》写本的情况。1985年秋，笔者通过申请到日本东京大学东洋文化研究所考察日本学者对禅宗文献的研究和整理情况，其间对诸本《坛经》和日本学者的研究情况做了详细考察，回国后撰写发表了《日本学者对中国禅宗文献的研究和整理》。

1986年春，世界宗教研究所的几位同事在任继愈所长的指导下着手选编《中国佛教丛书·禅宗编》，有幸得到中国佛教协会周绍良先生（1917~2005）提供的一组敦煌写本照片，其中赫然有《坛经》和神会语录。我当时一看，这正是向达教授当年报道过的任子宜发现的《坛经》等写本，欣喜之情难以言表。这样，我便与敦煌本《坛经》正式结缘，其驱使我此后多年从事《坛经》的考察、校订和深入研究。

任子宜先生当年发现的《坛经》写本等原件，后来被收藏在敦煌市博物馆，编号077，笔者称之为"敦博本"，后来为与旧本敦煌写本《坛经》区别，称之为"敦煌新本"。笔者经过比较研究写过《敦博本〈坛经〉的学术价值》以及《中日的敦煌禅籍研究和敦博本〈坛经〉〈南宗定是非论〉的学术价值》进行介绍。

1986年底，笔者依据照片校写出《敦煌新本六祖坛经》的初稿，后因反复修订和忙于其他杂事，直到1990年底才最后定稿，经联系寄送上海古籍出版社，直至1993年10月得以出版。后来因为本书脱销，上海古籍出版社又在赶新的任务，于是自2001年以后承蒙宗教文化出版社的好意予以改新版出版，迄今已三次改版，多次印刷。

从《敦煌新本六祖坛经》最初问世至今已度过30余年。笔者从中壮年步为耄耋之龄的老人，其间撰写了《唐五代禅宗史》《宋元禅宗史》《隋唐佛教史》等专著。回忆以往，似乎每天都没离开过《六祖坛经》这部体现佛教中国化的创新经典，因为在撰写以上这几部著作和其他佛教论文过程中经常需联想或引用《坛经》。确实，《坛经》倡导"佛在自性""佛法在世间"的思想和融通现实与彼岸的中道不二的"顿教"禅法，不仅广为丛林禅僧接受并通过各种渠道向社会各阶层民众弘传，而且也深刻地融入中国宋代以后的佛教诸宗之中，对哲学、文学、艺术等文化形态也有较大影响。

从1998年以后，由笔者主编、中州古籍出版社出版的"中国禅宗典籍丛刊"，在各地学者朋友和出版社的共同努力之下，迄今已出版近20种著名禅宗著作，眼下还正在陆续组稿、校点之中，希望能为社会广大读者和研究学者提供更多值得参阅的禅宗典籍。

笔者在去年完稿专著《宋代佛教与儒者士大夫》之后，决定将《六祖坛经》的敦煌新本、唐惠昕本、元德异本、宗宝本和《曹溪大师传》五本，改为通行的简体字加以合编、校点，并且在"附编"中加入概括笔者多年研究中国佛教史、禅宗与《六祖坛经》的思考和成果的论文，以便于读者和研究学者参考。

于是不敢懈怠，随即开始搜集和梳理资料，着手编录和校对、标点。因为老病，每天下午工作约两个小时，如此坚持下来，至2022年元宵节过后，书稿大体完成，在经过校核之后，现在总算可以交稿了。

这里坦诚地告诉读者，本书实际上是以往笔者考察、校订和研究《六祖坛经》的继续，因此所载敦煌新本《坛经》没有再从头校订，而是径将以往的校本作为底本重加修订，至于收编的其他四本《坛经》也是在继承以往研究成果的基础上进行的。

最后说明两个问题：

一是禅宗六祖之名，是"慧能"，还是"惠能"？敦煌诸本、惠昕诸本《坛经》皆作"惠能"。元代德异本《坛经》主要称"惠能"，也称"慧能"。至于宗宝本《坛经》，有的作"惠能"，有的作"慧能"。笔者以往所校敦煌新本《坛经》将"惠能"皆改为"慧能",今合编本因之。至于其他诸本《坛经》则保持原样,不做改动。在"附编"所载的研究论文中按照宋代道原编撰、杨亿等人奉诏刊削裁定的《景德传灯录》、赞宁编撰的《宋高僧传》等史书做法,写作"慧能"。

二是所据用以校订的《坛经》,既有敦煌诸本、惠昕诸本,又有元代德异本、宗宝本诸本《坛经》。这样做,有根据吗?读者只要稍加对比诸本《坛经》就会发现,自从法海将慧能在韶州大梵寺的说法笔录整理为《坛经》之后,虽在历代传授中有所增补修改,然而《坛经》的主旨、重要段落和语句没有重大改变,全书贯彻着"佛在自性""识心见性,自成佛道"以及基于中道的"顿教"禅法思想,前后恰似一气呵成。至于《曹溪大师传》,内容也与《坛经》思想一致,并且契嵩在改编《坛经》时择取了其中的重要内容,直接为德异本、宗宝本所继承。因此,将《坛经》诸本对照校订,并参校以《曹溪大师传》,在道理上是站得住脚的。

笔者虽已尽力,然而书中难免仍有遗漏或失误之处,谨望读者不吝赐教。

杨曾文

目 录

敦煌新本《六祖坛经》（敦煌市博物馆藏本） ········· 1
南宗顿教最上大乘摩诃般若波罗蜜经六祖慧能大师于韶州
大梵寺施法坛经一卷　兼受无相戒弘法弟子法海　集记 ········· 3

唐代惠昕本《六祖坛经》（日本兴圣寺藏本） ········· 34
六祖坛经序　依真小师邕州罗秀山惠进禅院沙门惠昕　述 ········· 37
六祖坛经　卷上 ········· 39
　一、缘起说法门 ········· 39
　二、悟法传衣门 ········· 39
　三、为时众说定慧门 ········· 46
　四、教授坐禅门 ········· 48
　五、[说]传香忏悔发愿门 ········· 49
　六、说一体三身佛[相]门 ········· 52
六祖坛经　卷下 ········· 54
　七、说摩诃般若波罗蜜门 ········· 54

八、问答功德及西方相状门 ……………………… 59
九、诸宗难问门 ………………………………… 63
十、南北二宗见性门 …………………………… 64
十一、教示十僧传法门 灭度年月附 ……………… 68

曹溪大师传 …………………………………… 76

唐韶州曹溪宝林山国宁寺六祖惠能大师传法宗旨,并高宗大帝敕书兼赐物改寺额,及大师印可门人并灭度时六种瑞相,及智药三藏悬记等传 ……………………………… 78

六祖大师在日及灭度后六种灵瑞传 …………… 93

元代德异本《六祖坛经》(高丽传本) …………… 95

六祖法宝坛经序 古筠比丘德异 撰 ……………… 97
六祖大师法宝坛经 门人法海 集 ………………… 99
　略序 …………………………………………… 99
　悟法传衣第一 ………………………………… 101
　释功德净土第二 ……………………………… 115
　定慧一体第三 ………………………………… 118
　教授坐禅第四 ………………………………… 120
　传香忏悔第五 ………………………………… 121
　参请机缘第六 ………………………………… 126
　南顿北渐第七 ………………………………… 138
　唐朝征诏第八 ………………………………… 144
　法门对示第九 ………………………………… 146

付嘱流通第十 ·················· *148*
　　古者刊跋 ······················ *155*
　　刊行《坛经》后跋 ················ *159*

元代宗宝本《六祖大师法宝坛经》（嘉兴藏本） ·· *161*

六祖大师法宝坛经目录 ················ *163*
六祖大师法宝坛经序 古筠比丘德异 撰 ···· *164*
六祖大师法宝坛经赞 〔宋〕明教大师契嵩 撰 *166*
六祖大师法宝坛经 风幡报恩光孝禅寺住持嗣祖比丘宗宝 编 ······ *172*
　　行由第一 ······················ *172*
　　般若第二 ······················ *180*
　　疑问第三 ······················ *186*
　　定慧第四 ······················ *189*
　　坐禅第五 ······················ *191*
　　忏悔第六 ······················ *192*
　　机缘第七 ······················ *197*
　　顿渐第八 ······················ *209*
　　宣诏第九 ······················ *214*
　　付嘱第十 ······················ *216*

附录 ·························· *224*

六祖大师缘起外纪 门人法海等 集 ······ *224*
历朝崇奉事迹 ······················ *227*
赐谥大鉴禅师碑 柳宗元 撰 ············ *228*
大鉴禅师碑 并佛衣铭 俱刘禹锡 撰 ······ *230*

佛衣铭并引　刘禹锡 …………………………… 232
　　　跋　释宗宝 …………………………………………… 234

附编一 ……………………………………………………… 235
　　光孝寺瘗发塔记　〔唐〕法性寺住持法才 ………… 235
　　六祖能禅师碑铭　〔唐〕王维 ………………………… 237
　　惠能和尚传　〔南唐〕招庆寺静、筠二禅德 ………… 241
　　唐韶州今南华寺慧能传　〔宋〕赞宁 ………………… 248
　　第三十三祖慧能大师传　〔宋〕道原 ………………… 252
　　神秀慧能传　〔后晋〕刘昫等 ………………………… 258
　　六祖法宝记叙　〔宋〕吏部侍郎郎简 ………………… 261
　　六祖坛经后叙　〔宋〕周希古 ………………………… 263
　　韶州曹溪山六祖师坛经序　〔宋〕存中 ……………… 264
　　六祖坛经跋　〔高丽〕万恒 …………………………… 265
　　传法宝纪并序　〔唐〕京兆杜胐字方明　撰 ………… 266
　　终南山归寺　大通神秀和上塔文 …………………… 277

附编二 ……………………………………………………… 278
　　佛教中国化的创新经典《六祖坛经》………………… 278
　　　一、佛教中国化和禅宗 …………………………… 278
　　　　（一）佛教中国化的历程 ………………………… 278
　　　　（二）中国禅宗的形成与特色 …………………… 280
　　　二、《六祖坛经》和中国禅宗 ……………………… 285
　　　三、历代《六祖坛经》的不同写本和版本 ………… 285

（一）《坛经》祖本 …………………………………… *286*

　　（二）唐敦煌原本 ………………………………………… *286*

　　（三）唐惠昕本 …………………………………………… *288*

　　（四）宋契嵩本 …………………………………………… *291*

　　（五）元德异本——契嵩本系统之一 …………………… *292*

　　（六）元宗宝本——契嵩本系统之二 …………………… *293*

　　（七）曹溪原本——契嵩本系统之三 …………………… *294*

四、从《六祖坛经》看禅宗对佛教的鲜明创新和发展

　　…………………………………………………………… *295*

　　（一）慧能的简历 ………………………………………… *296*

　　（二）慧能禅法中的"佛性"和"本心""自性" ………… *299*

　　（三）授"无相戒"和归依自性、"佛是自性作" ………… *301*

　　（四）"无念"禅法和顿悟 ………………………………… *306*

五、《六祖坛经》为后世禅宗奠定禅法基础 ………………… *313*

敦煌本《坛经》的佛经引述及其在慧能禅法中的意义 …… *317*

　一、周绍良先生和敦煌新本《六祖坛经》 ………………… *317*

　二、敦煌本《坛经》引述的佛经 …………………………… *319*

　　（一）《大涅槃经》 ………………………………………… *321*

　　（二）《维摩经》 …………………………………………… *322*

　　（三）《文殊说般若经》 …………………………………… *322*

　　（四）《阿弥陀经》 ………………………………………… *323*

　　（五）《楞伽经》 …………………………………………… *323*

　三、"摩诃般若波罗蜜法"与慧能的顿教禅法 …………… *324*

　四、《维摩经》和慧能对"直心""本心"等的发挥 ………… *328*

　　（一）直心与一行三昧、无念 …………………………… *328*

（二）自性、本性、自心、本心与佛性 …………………… 334
　五、慧能的"无相戒"和《菩萨戒经》的"佛性戒" ………… 338

《曹溪大师传》及其在中国禅宗史上的意义 ……………… 345
　一、《六祖坛经》和《曹溪大师传》 …………………………… 345
　二、《曹溪大师传》题目、著作年代和内容特色 …………… 352
　　（一）原传题目和内容 ………………………………………… 352
　　（二）著作年代：唐德宗建中二年（781） ………………… 354
　　（三）最澄将《曹溪大师传》带到日本 ……………………… 355
　　（四）《曹溪大师传》的内容特色 …………………………… 357
　三、《曹溪大师传》在中国禅宗史上的意义 ………………… 360
　　（一）提供慧能生平、禅法和早期禅宗历史的宝贵资料 … 360
　　（二）为考察诸本《六祖坛经》形成和演变提供重要旁证
　　　　　………………………………………………………… 360
　　（三）慧能在广州法性寺对印宗和众僧阐释佛性"不二"思想
　　　　　………………………………………………………… 363

读《六祖坛经》，了解禅宗 ………………………………… 364
　一、禅宗的兴起 ………………………………………………… 364
　二、关于《六祖坛经》 ………………………………………… 365
　三、《六祖坛经》的重要内容 ………………………………… 366
　　（一）富有传奇色彩的慧能经历 …………………………… 366
　　（二）主张顿悟的偈颂 ………………………………………… 368
　　（三）"三无"禅旨和倡导"识心见性"的禅语 …………… 370
　　（四）蕴含禅机的中道不二法门 …………………………… 370

主要参考书目 ………………………………………………… 372

敦煌新本《六祖坛经》（敦煌市博物馆藏本）

隋唐以后禅宗是中国佛教中最富有民族特色和现实主义风格的宗派。记述慧能（638~713）生平事迹和禅法语录的《六祖坛经》，以"佛在自性""识心见性，自成佛道"为要旨，是中国佛教著作中唯一被奉为"经"的文献。

最早的《六祖坛经》是由慧能弟子法海集记而成的，可称之为"坛经祖本"，大约成书于慧能逝世的唐先天二年（713）至其弟子神会北上与北宗辩论禅门宗旨的开元二十年（732）之间。《坛经》在流传中形成了不同写本或刊本，后世发现的收藏于敦煌的所谓敦煌本《坛经》基本上保留了它的主体内容。

迄今发现五种敦煌本《坛经》写本或残片：敦煌本（S.05475号）、敦煌新本（敦博本、敦煌市博物馆藏077号）、北京本（国家图书馆藏新编北8024号背面）、旅顺博物馆本（旅博本、旅顺博物馆藏敦煌本）①、国家图书馆藏"有"字79号残片。它们皆源自在逻辑上可称为"敦煌原本"的《坛经》。

---

① 郭富纯、王振芬整理，上海古籍出版社2011年出版《旅顺博物馆藏敦煌本六祖坛经》，将原本图版与录文对应刊出。

"敦煌原本"《坛经》在传承世系上是法海—道际—悟真。悟真当生活在8世纪中期至末期,可能与其弟子对原本《坛经》做了修补。

本编载录点校的是原本藏于敦煌市博物馆的"敦煌新本"《坛经》。笔者自1986年至1990年依据照片校订后,1993年由上海古籍出版社题以"敦煌新本六祖坛经"出版;从2001年至2019年由宗教文化出版社三次改版印行。其间笔者又校订多次。

笔者用以参校的文献有上述敦煌诸写本《坛经》或残片的照片,以及日本铃木大拙校订的《敦煌本坛经》①、属于惠昕本系统的《兴圣寺坛经》和《大乘寺坛经》②。

这次校订以2019年宗教文化出版社第三版第三次印刷的《敦煌新本·六祖坛经》正文为底本(简称原校本),意为衔接以往校订的继续;以近年最新出版的旅顺博物馆本《坛经》以及其他敦煌诸本《坛经》为参校本。

全书改用通行简体字,重作分段和标点。凡字句有修订者皆加脚注说明;参照上下文意对明显缺漏字所做的补充,则用[ ]括出。

---

① 铃木贞太郎(后改名铃木大拙)、公田连太郎校订,东京森江书店1934年出版《敦煌出土六祖坛经》。
② 铃木贞太郎、公田连太郎校订,东京森江书店1934年出版《兴圣寺本六祖坛经》;铃木大拙校订,岩波书店1942年出版《韶州曹溪山六祖坛经(大乘寺本)》。

南宗顿教最上大乘摩诃般若波罗蜜经
六祖慧能大师于韶州大梵寺施法坛经一卷①

兼受无相戒弘法弟子法海　集记

慧能大师于大梵寺讲堂中，升高座，说摩诃般若波罗蜜法，授无相戒。

其时座下僧尼道俗一万余人，韶州刺史韦璩及诸官僚三十余人、儒士三十余人，同请大师说摩诃般若波罗蜜法。刺史遂令门人僧法海集记，流行后代与学道者，承此宗旨，递相传受，有所依约，以为禀承，说此《坛经》。

能大师言：善知识，净心念摩诃般若波罗蜜法。

大师不语，自净心神。良久乃言：善知识，静听。

慧能慈父，本贯范阳，左降迁流岭南，作新州百姓。慧能幼少，父又早亡。老母孤遗，移来南海，艰辛贫乏，于市卖柴。忽有一客买柴，遂领慧能至于官店。客将柴去，慧能得钱，却向门前，忽见一客读《金刚经》。慧能一闻，心明便悟，乃问客曰："从何处来，持此经典？"

客答曰："我于蕲州黄梅县东冯墓山，礼拜五祖弘忍和尚，

---

① "般若"原作"波若"，题目及正文中的"慧能"原作"惠能"，正文中的"智慧"原作"智惠"，等等，原校本皆改为"般若""慧能""智慧"等。今本从之。

见今在彼门人有千余众。我于彼听见大师劝道俗,但持《金刚经》一卷,即得见性,直了成佛。"

慧能闻说,宿业有缘,便即辞亲,往黄梅冯墓山礼拜五祖弘忍和尚。

弘忍和尚问慧能曰:"汝何方人,来此山礼拜吾?汝今向吾边,复求何物?"

慧能答曰:"弟子是岭南人,新州百姓,今故远来礼拜和尚,不求余物,唯求作佛法。"

大师遂责慧能曰:"汝是岭南人,又是獦獠,若为堪作佛!"

慧能答曰:"人即有南北,佛性即无南北;獦獠身与和尚不同,佛性有何差别?"

大师欲更共议,见左右在傍边,大师更便不言。遂发遣慧能,令随众作务。

时有一行者,遂差慧能于碓坊踏碓八个余月。

五祖忽于一日唤门人尽来。门人集讫①,五祖曰:"吾向汝说,世人生死事大。汝等门人终日供养,只求福田,不求出离生死苦海。汝等自性迷,福门何可求?汝等总且归房自看,有智慧者自取本性般若之智,各作一偈呈吾。吾看汝偈,若悟大意者,付汝衣法,禀为六代。火急作!"

门人得处分,却来各至自房,递相谓言:"我等不须澄心用意作偈,将呈和尚。神秀上座是教授师,秀上座得法后自可依止,偈不用作。"诸人息心,尽不敢呈偈。

---

① "集讫",敦博本作"集记",敦煌本、旅博本同,原校本改作"集已"。

大师堂前有三间房廊,于此廊下供养,欲画楞伽变①,并画五祖大师传授衣法,流行后代为记。画人卢珍看壁了,明日下手。

上座神秀思惟诸人不呈心偈,缘我为教授师。我若不呈心偈,五祖如何得见我心中见解深浅?我将心偈上五祖,呈意即善,求法觅祖;不善,却同凡心夺其圣位。若不呈心偈,终不得法。良久思惟,甚难甚难。夜至三更,不令人见,遂向南廊下中间壁上,题作呈心偈,欲求衣法。若五祖见偈,言此偈语,若访觅我,我见和尚,即云是秀作。五祖见偈,若言不堪,自是我迷,宿业障重,不合得法。圣意难测,我心自息。秀上座三更于南廊中间壁上,秉烛题作偈。人尽不知。偈曰:

　　身是菩提树,心如明镜台。

　　时时勤拂拭,莫使有尘埃。

神秀上座题此偈毕,却归房卧,并无人见。

五祖平旦,遂唤卢供奉来南廊下画楞伽变。五祖忽见此偈,请记。乃谓供奉曰:"弘忍与供奉钱三十千,深劳远来,不画变相也。《金刚经》云:凡所有相,皆是虚妄。不如留此偈,令迷人诵。依此修行,不堕三恶道。依法修行,有大利益。"

大师遂唤门人尽来,焚香偈前。众人见已,皆生敬心。[大师曰]:"汝等尽诵此偈者,方得见性。依此修行,即不堕落。"门人尽诵,皆生敬心,唤言:"善哉!"

五祖遂唤秀上座于堂内问:"是汝作偈否?若是汝作,应得

---

① "楞伽变",其他敦煌本同。原校本参铃木校本加一"相"字,实则以不加为宜。

吾法。"

秀上座言："罪过，实是神秀作。不敢求祖位，但愿和尚慈悲，看弟子有少智慧，识大意否？"

五祖曰："汝作此偈见解，只到门前，尚未得入。凡夫依此偈修行，即不堕落。作此见解，若觅无上菩提，即不可得。要入得门，见自本性。汝且去，一两日思惟，更作一偈来呈吾。若入得门，见自本性，当付汝衣法。"秀上座去数日，作偈不得。

有一童子于碓坊边过，唱诵此偈。慧能及一闻，知未见性，即识大意。能问童子："适来诵者是何偈？"

童子答能曰："你不知大师言生死事大，欲传衣法，令门人等各作一偈，来呈吾看，悟大意即付衣法，禀为六代祖。有一上座名神秀，忽于南廊下书无相偈一首，五祖令诸门人尽诵。悟此偈者即见自性，依此修行，即得出离。"

慧能答曰："我此踏碓八个余月，未至堂前。望上人引慧能至南廊下见此偈礼拜。亦愿诵取，结来生缘，愿生佛地。"

童子引能至南廊下。能即礼拜此偈，为不识字，请一人读。慧能闻已，即识大意。慧能亦作一偈，又请得一解书人于西间壁上题著，呈自本心。不识本心，学法无益，识心见性，即悟大意。慧能偈曰：

　　菩提本无树，明镜亦无台。

　　佛性常清净，何处有尘埃。

又偈曰：

　　心是菩提树，身为明镜台。

　　明镜本清净，何处染尘埃。

院内徒众见能作此偈,尽怪。慧能却入碓坊。

五祖忽来廊下,见慧能偈,即知识大意。恐众人知,五祖乃谓众人曰:"此亦未得了。"

五祖夜至三更,唤慧能堂内,说《金刚经》。慧能一闻,言下便悟。其夜受法,人尽不知,便传顿教及衣,以为六代祖。将衣为信禀,代代相传;法即以心传心,当令自悟。五祖言:"慧能,自古传法,气如悬丝,若住此间,有人害汝,即须速去。"

能得衣法,三更发去。五祖自送能至九江驿,登时便别。五祖处分:"汝去努力!将法向南,三年勿弘此法。难起已后,弘化善诱。迷人若得心开,与悟无别。"辞违已了,便发向南。

两月中间,至大庾岭。不知向后有数百人来,欲拟捉慧能,夺衣法。来至半路,尽总却回。唯有一僧,姓陈名惠顺,先是三品将军,性行粗恶,直至岭上,来趁把著。慧能即还法衣。又不肯取,言:"我故远来求法,不要其衣。"能于岭上便传法惠顺。惠顺得闻,言下心开。能使惠顺即却向北化人。

慧能来于此地,与诸官僚道俗亦有累劫之因。教是先圣所传,不是慧能自知。愿闻先圣教者,各须净心闻了,愿自除迷,如先代悟。下是法。

慧能大师唤言:

善知识,菩提般若之智,世人本自有之,即缘心迷,不能自悟,须求大善知识示道见性。

善知识,愚人智人,佛性本亦无差别,只缘迷悟;迷即为愚，悟即成智。

善知识，我此法门，以定慧为本。第一勿迷言定慧别。定慧体不一不二。即定是慧体，即慧是定用；即慧之时定在慧，即定之时慧在定。

善知识，此义即是定慧等。学道之人作意，莫言先定发慧，先慧发定，定慧各别。作此见者，法有二相：口说善，心不善，定慧不等。心口俱善，内外一种，定慧即等。自悟修行，不在口诤。若诤先后，即是迷人，不断胜负，却生法我，不离四相。一行三昧者，于一切时中行住坐卧，常行直心是。《净名经》云：直心是道场，直心是净土。莫行心谄曲，口说法直，口说一行三昧，不行直心，非佛弟子。但行直心，于一切法上无有执著，名一行三昧。迷人著法相，执一行三昧，直言坐不动，除妄不起心，即是一行三昧。若如是，此法同无情，却是障道因缘。道须通流，何以却滞？心不住法，道即通流，住即被缚。若坐不动，是维摩诘不合呵舍利弗宴坐林中。

善知识，又见有人教人坐看心净，不动不起，从此致功。迷人不悟，便执成颠倒，即有数百般如此教道者，故知大错。

善知识，定慧犹如何等？如灯光。有灯即有光，无灯即无光。灯是光之体，光是灯之用。名即有二，体无两般。此定慧法，亦复如是。

善知识，法无顿渐，人有利钝。迷即渐劝，悟人顿修。识自本心，是见本性。悟即元无差别，不悟即长劫轮回。

善知识，我此法门从上已来，顿渐皆立无念为宗，无相为体,无住为本。何名为相无相?于相而离相。无念者,于念而不念。无住者,为人本性,念念不住,前念、今念、后念,念念相续,无有断绝,若一念断绝,法身即离色身;念念时中,于一切法上无住;一念若住,念念即住,名系缚;于一切法上念念不住,即无缚也。此是以无住为本。

善知识,外离一切相,是无相。但能离相,性体清净,是以无相为体。于一切境上不染,名为无念。于自念上离境,不于法上生念。莫百物不思,念尽除却。一念断即死,别处受生。学道者用心,莫不识法意。自错尚可,更劝他人迷。不自见迷,又谤经法。是以立无念为宗,即缘迷人于境上有念,念上便起邪见,一切尘劳妄念从此而生。然此教门立无念为宗,世人离境,不起于念。若无有念,无念亦不立。无者无何事,念者念何物?无者,离二相诸尘劳;念者,念真如本性。真如是念之体,念是真如之用。自性起念,虽即见闻觉知,不染万境,而常自在。《维摩经》云:外能善分别诸法相,内于第一义而不动。

善知识,此法门中坐禅,原不看心,亦不看净,亦不言不动。若言看心,心元是妄,妄如幻故,无所看也。若言看净,人性本净;为妄念故,盖覆真如,离妄念,本性净。不见自性本净,起心看净,却生净妄。妄无处所,故知看者却是妄也。净无形相,却立净相。言是功夫,作此见者,障自本性,却被净缚。若修不动者,不见一切人过患,是性不动;迷人自身不动,开口即说人是非,与道违背。看心看净,却是障道因缘。

今既如是,此法门中何名坐禅?此法门中一切无碍,外于一切境界上,念不起为坐,见本性不乱为禅。何名为禅定?外离相曰禅，内不乱曰定。外若著相，内心即乱；外若离相，内性不乱。本性自净自定，只缘境触，触即乱，离相不乱即定。外离相即禅，内不乱即定。外禅内定，故名禅定。《维摩经》云：即时豁然，还得本心。《菩萨戒经》云：戒本源自性清净。

善知识，见自性自净，自修自作自性法身，自行佛行，自作自成佛道。

善知识，总须自体与授无相戒。

一时逐慧能口道，令善知识见自三身佛：

于自色身归依清净法身佛，于自色身归依千百亿化身佛，于自色身归依当身圆满报身佛。已上三唱。

色身是舍宅，不可言归。向者三身，自在法性，世人尽有，为迷不见。外觅三身如来，不见自色身中三身佛。

善知识，听与善知识说，令善知识于自色身见自法性有三身佛。此三身佛，从自性上生。

何名清净［法］身佛？善知识，世人性本自净，万法在自性。思惟一切恶事，即行于恶行；思量一切善事，便修于善行。知如是一切法尽在自性。自性常清净，日月常明，只为云覆盖，上明下暗，不能了见日月星辰，忽遇惠风吹散，卷尽云雾，万像森罗，一时皆现。世人性净，犹如清天，慧如日，智如月，智慧常明。于外著境，妄念浮云盖覆，自性不能明。故遇善知识，开真正法，吹却迷妄，内外明彻，于自性中万法皆现。一切法在自性，名为清净法身。自归依者，除不善心及不善行，是名归依。

何名为千百亿化身佛？不思量，性即空寂；思量即是自化。

思量恶法化为地狱,思量善法化为天堂,毒害化为畜生,慈悲化为菩萨,智慧化为上界,愚痴化为下方。自性变化甚多,迷人自不知见。一念善,智慧即生。

何名圆满报身[佛]？譬如①一灯能除千年暗,一智能灭万年愚。莫思向前,常思于后。常后念善,名为报身。一念恶,报却千年善亡；一念善,报却千年恶灭。无常已来后念善,名为报身；从法身思量,即是化身；念念善,即是报身。

自悟自修,即名归依也。皮肉是色身,色身是舍宅,不言归依也。但悟三身,即识大意。

今既自归依三身佛已,与善知识发四弘大愿。善知识,一时逐慧能道：

众生无边誓愿度,烦恼无边誓愿断,

法门无边誓愿学,无上佛道誓愿成。三唱。

善知识,"众生无边誓愿度",不是慧能度。善知识,心中众生,各于自身自性自度。何名自性自度？自色身中邪见烦恼、愚痴迷妄,自有本觉性。只本觉性,将正见度。既悟正见般若之智,除却愚痴迷妄,众生各各自度。邪来正度,迷来悟度,愚来智度,恶来善度,烦恼来菩提度。如是度者,是名真度。

"烦恼无边誓愿断",自心除虚妄。

"法门无边誓愿学",学无上正法。

"无上佛道誓愿成",常下心行,恭敬一切,远离迷执,觉智

---

① 以上"何名圆满报身[佛]？譬如",据惠昕诸本加。

生般若,除却迷妄,即自悟佛道成,行誓愿力。

今既发四弘誓愿讫,与善知识无相忏悔,灭三世罪障。
大师言:善知识,

前念后念及今念,念念不被愚迷染,
从前恶行一时[除],自性若除即是忏。

前念后念及今念,念念不被愚痴染,
除却从前矫诳心,永断名为自性忏。

前念后念及今念,念念不被疽疫染,
除却从前嫉妒心,自性若除即是忏。已上三唱。

善知识,何名忏悔?忏者,终身不作;悔者,知于前非。恶业恒不离心,诸佛前口说无益。我此法门中永断不作,名为忏悔。

今既忏悔已,与善知识授无相三归依戒。
大师言:善知识,归依觉两足尊,归依正离欲尊,归依净众中尊。从今已后,称佛为师,更不归依余邪迷外道。愿自三宝慈悲证明。

善知识,慧能劝善知识归依自性三宝。佛者,觉也;法者,正也;僧者,净也。自心归依觉,邪迷不生,少欲知足,离财离色,名两足尊。自心归依正,念念无邪故,即无爱著,以无爱著,名离欲尊。自心归依净,一切尘劳妄念虽在自性,自性不染著,名众中尊。凡夫不解,从日至日,受三归依戒。若言归佛,佛在何处?若不见佛,即无所归。既无所归,言却是妄。

善知识,各自观察,莫错用意。经中只言自归依佛,不言归依他佛。自性不归依,无所依处。

今既自归依三宝,总各各至心,与善知识说摩诃般若波罗蜜法。善知识虽念不解,慧能与说,各各听。

摩诃般若波罗蜜者,西国梵语,唐言大智慧到彼岸。此法须行,不在口念;口念不行,如幻如化。修行者法身与佛等也。

何名摩诃?摩诃者是大,心量广大,犹如虚空。若空心禅,即落无记空。世界虚空,能含日月星辰、大地山河、一切草木、恶人善人、恶法善法、天堂地狱,尽在空中。世人性空,亦复如是。性含万法是大;万法尽是自性。见一切人及非人、恶之于善、恶法善法,尽皆不舍,不可染著,犹如虚空,名之为大。此是摩诃。迷人口念,智者心行。又有迷人空心不思,名之为大。此亦不是。心量大,不行是小。若口空说,不修此行,非我弟子。

何名般若?般若是智慧。一切时中,念念不愚,常行智慧,即名般若行。一念愚即般若绝,一念智即般若生。世人心中常愚,自言我修般若。般若无形相,智慧性即是。

何名波罗蜜?此是西国梵音,唐言到彼岸,解义离生灭。著境生灭起,如水有波浪,即是为此岸;离境无生灭,如水永长流,故即名到彼岸,故名波罗蜜。迷人口念,智者心行。当念时有妄,有妄即非真有。念念若行,是名真有。悟此法者,悟般若法，修般若行。不修即凡。一念修行，法身等佛。

善知识，即烦恼是菩提。前念迷即凡，后念悟即佛。

善知识，摩诃般若波罗蜜，最尊最上第一，无住无去无来，三世诸佛从中出，将大智慧到彼岸，打破五阴烦恼尘劳，最尊最上第一。赞最上乘法，修行定成佛。无去无住无来往，是定慧等，不染一切法。三世诸佛从中出，变三毒为戒定慧。

善知识，我此法门从一般若生八万四千智慧。何以故？为世人有八万四千尘劳。若无尘劳，般若常在，不离自性。悟此法者，即是无念，无忆，无著。莫起杂妄，即自是真如性。用智慧观照，于一切法不取不舍，即见性成佛道。

善知识，若欲入甚深心法界，入般若三昧者，直须修般若波罗蜜行，但持《金刚般若波罗蜜经》一卷，即得见性，入般若三昧。当知此人功德无量。经中分明赞叹，不能具说。此是最上乘法，为大智上根人说。小根智人若闻法，心不生信。何以故？譬如大龙，若下大雨，雨于阎浮提，城邑聚落，悉皆漂流，如漂草叶；若下大雨，雨于大海，不增不减。若大乘者，闻说《金刚经》，心开悟解。故知本性自有般若之智，自用智慧观照，不假文字。譬如其雨水，不从天有，元是龙王于江海中将身引此水，令一切众生，一切草木，一切有情无情，悉皆蒙润。诸水众流，却入大海。海纳众水，合为一体。众生本性般若之智，亦复如是。小根之人，闻说此顿教，犹如大地草木根性自小者，若被大雨一沃，悉①皆自倒，不能增长；小根之人亦复如是。有般若之

---

① "悉"，原校本据北京本改为"速"，此据上下文句意改。

智与大智之人，亦无差别，因何闻法即不悟？缘邪见障重，烦恼根深，犹如大云盖覆于日，不得风吹，日无能现。般若之智亦无大小。为一切众生自有迷心，外修觅佛，未悟自性，即是小根人。闻其顿教，不信①外修，但于自心，令自本性常起正见，一切邪见烦恼尘劳众生，当时尽悟，犹如大海纳于众流，小水大水合为一体，即是见性。内外不住，来去自由，能除执心，通达无碍。心修此行，即与《般若波罗蜜经》本无差别。

一切经书及文字，大小二乘十二部经，皆因人置，因智慧性故，故然能建立。若无世人，一切万法本亦不有。故知万法，本从人兴；一切经书，因人说有。缘在人中，有愚有智。愚为小人，智为大人。迷人问于智者，智人与愚人说法，令彼愚者悟解心开。迷人若悟解心开，与大智人无别。故知不悟，即佛是众生；一念若悟，即众生是佛。故知一切万法尽在自身心中。何不从于自心，顿见真如本性。《菩萨戒经》云：戒本源自性清净。识心见性，自成佛道。《净名经》云：即时豁然，还得本心。

善知识，我于忍和尚处一闻，言下大悟，顿见真如本性。是故将此教法流行后代，令学道者顿悟菩提，各自观心，令自本性顿悟。若不能自悟者，须觅大善知识示道见性。

何名大善知识？解最上乘法，直示正路，是大善知识，是大因缘。所为化道，令得见性。一切善法，皆因大善知识能发起故。三世诸佛、十二部经，在人性中本自具有，不能自悟，须得善知识示道见性。若自悟者，不假外求善知识。若取外求善知

---

① "信"，原校本参铃木校本改为"假"，此据敦博本、敦煌本、旅博本改回，于意为当。

识,望得解脱,无有是处。识自心内善知识,即得解脱。若自心邪迷,妄念颠倒,外善知识即有传授,救不可得。汝若不得自悟,当起般若观照,刹那间,妄念俱灭,即是自真正善知识,一悟即至佛地。自性心地,以智慧观照,内外明彻,识自本心。若识本心,即是解脱。既得解脱,即是般若三昧。悟般若三昧,即是无念。

何名无念?无念法者,见一切法,不著一切法;遍一切处,不著一切处,常净自性,使六贼从六门走出,于六尘中不离不染,来去自由,即是般若三昧,自在解脱,名无念行。若百物不思,当令念绝,即是法缚,即名边见。悟无念法者,万法尽通;悟无念法者,见诸佛境界;悟无念顿法者,至佛位地。

善知识,后代得吾法者,常见吾法身不离汝左右。善知识,将此顿教法门同见同行,发愿受持,如事佛教。终身受持而不退者,欲入圣位,然须传受。从上已来,默然而付衣法,发大誓愿,不退菩提,即须分付。若不同见解,无有志愿,在在处处,勿妄宣传,损彼前人,究竟无益。若愚人不解,谤此法门,百劫千生,断佛种性。

大师言:善知识,听吾说《无相颂》,令汝迷者罪灭,亦名《灭罪颂》。颂曰:

愚人修福不修道,谓言修福便是道。
布施供养福无边,心中三恶元来造。
若将修福欲灭罪,后世得福罪元在。
若解向心除罪缘,各自性中真忏悔。
若悟大乘真忏悔,除邪行正即无罪。

学道之人能自观，即与悟人同一类。
大师今传此顿教，愿学之人同一体。
若欲当来觅本身，三毒恶缘心里洗。
努力修道莫悠悠，忽然虚度一世休。
若遇大乘顿教法，虔诚合掌至心求。

大师说法了，韦使君、官僚、僧众、道俗，赞言无尽，昔所未闻。

使君礼拜，白言："和尚说法，实不思议。弟子尝有少疑，欲问和尚，望意和尚大慈大悲，为弟子说。"

大师言："有疑即问，何须再三。"

使君问："［和尚所说］法，可不是西国第一祖达摩祖师宗旨？"

大师言："是。"

［使君问］："弟子见说达摩大师化梁武帝，帝问达摩：朕一生已来造寺、布施、供养，有功德否？达摩答言：并无功德。武帝惆怅，遂遣达摩出境。未审此言，请和尚说。"

六祖言："实无功德，使君勿疑达摩大师言。武帝著邪道，不识正法。"

使君问："何以无功德？"

和尚言："造寺、布施、供养，只是修福，不可将福以为功德。功德在法身，非在于福田。自法性有功德。见性是功，平直是德，［内见］佛性，外行恭敬。若轻一切人，吾我不断，即自无功德。自性虚妄，法身无功德。念念行平等直心，德即不轻。常行于敬，自修身即功，自修心即德。功德自心作，福与功德别。武帝不识正理,非祖大师有过。"

使君礼拜。又问:"弟子见僧俗常念阿弥陀佛,愿往生西方。请和尚说得生彼否?望为破疑。"

大师言:"使君,听慧能与说。世尊在舍卫城说西方引化,经文分明,去此不远。只为下根说远,说近只缘上智。人有两种,法无两般。迷悟有殊,见有迟疾。迷人念佛生彼,悟者自净其心。所以佛言:随其心净则佛土净。使君,东方人但净心即无罪,西方人心不净亦有愆,迷人愿生东方。两者所在处,并皆一种心地,但无不净。西方去此不远,心起不净之心,念佛往生难到。除十恶即行十万,无八邪即过八千,但行直心,到如弹指。使君,但行十善,何须更愿往生?不断十恶之心,何佛即来迎请?若悟无生顿法,见西方只在刹那;不悟顿教大乘,念佛往生路远,如何得达?"

六祖言:"慧能与使君移西方刹那间,目前便见。使君愿见否?"

使君礼拜,[言]:"若此得见,何须往生。愿和尚慈悲,为现西方,大善。"

大师言:"一时见西方,无疑即散。"

大众愕然,莫知何事。

大师曰:"大众大众作意听,世人自色身是城,眼耳鼻舌身即是城门。外有五门,内有意门。心即是地,性即是王。性在王在,性去王无。性在身心存,性去身心坏。佛是自性作,莫向身外求。自性迷,佛即是众生;自性悟,众生即是佛。慈悲即是观音,喜舍名为势至,能净是释迦,平直即是弥勒。人我即是须弥，邪心即是海水，烦恼即是波浪，毒心即是恶龙，尘劳即是鱼鳖，虚妄即是鬼神，三毒即是地狱，愚痴即是畜生，十善即是天堂。无人我，须弥自倒；除邪心，海水竭；烦恼无，波浪灭；毒害除，鱼龙绝。自心地上觉性如来，施大智慧光明，照耀六门清净，照破六欲诸天下，照三毒若除，地狱一时消灭。内外明彻，不异西方。不作此修，如何到彼？"

座下闻说，赞声彻天，应是迷人了然便见。使君礼拜，赞言："善哉！善哉！普愿法界众生，闻者一时悟解。"

大师言："善知识，若欲修行，在家亦得，不由在寺。在寺不修，如西方心恶之人。在家若修行，如东方人修善，但愿自家修清净，即是西方。"

使君问："和尚，在家如何修？愿为指授。"

大师言："善知识，慧能与道俗作《无相颂》，尽诵取。依此修行，常与慧能一处无别。"

颂曰：

说通及心通，如日处虚空，
惟传顿教法，出世破邪宗。
教即无顿渐，迷悟有迟疾，
若学顿法门，愚人不可悉。
说即虽万般，合理还归一，
烦恼暗宅中，常须生慧日。
邪来因烦恼，正来烦恼除，
邪正悉不用，清净至无余。
菩提本清净，起心即是妄，

净性于妄中，但正除三障。
世间若修道，一切尽不妨，
常见在己过，与道即相当。
色类自有道，离道别觅道，
觅道不见道，到头还自懊。
若欲觅真道，行正即是道，
自若无正心，暗行不见道。
若真修道人，不见世间过，
若见世间非，自非却是左。
他非我不罪，我非自有罪，
但自去非心，打破烦恼碎。
若欲化愚人，事须有方便，
勿令彼有疑，即是菩提现。
法元在世间，于世出世间，
勿离世间上，外求出世间。
邪见在世间，正见出世间，
邪正悉打却，菩提性宛然。
此但是顿教，亦名为大乘，
迷来经累劫，悟即刹那间。

大师言："善知识，汝等尽诵取此偈，依此偈修行，去慧能千里常在能边。依此不修，对面千里远。各各自修，法不相待。众人且散，慧能归漕溪山。众生若有大疑，来彼山间，为汝破疑，同见佛性。"

合座官僚道俗礼拜和尚，无不嗟叹："善哉大悟，昔所未闻。

岭南有福，生佛在此，谁能得知。"

一时尽散。

大师住漕溪山，韶、广二州行化四十余年。若论门人，僧之与俗，约有三五千人，说不可尽。若论宗旨，传授《坛经》，以此为依约。若不得《坛经》，即无禀受。须知去处、年月日、姓名，递相付嘱。无《坛经》禀承，非南宗弟子也。未得禀承者，虽说顿教法，未知根本，终不免诤。但得法者，只劝修行。诤是胜负之心，与佛道违背。

世人尽传南能北秀，未知根本事由。且秀禅师于南荆府当阳县玉泉寺住持修行，慧能大师于韶州城东三十五里漕溪山住。法即一宗，人有南北，因此便立南北。何以顿渐？法即一种，见有迟疾，见迟即渐，见疾即顿。法无顿渐，人有利钝，故名渐顿。

神秀师常见人说慧能法疾，直指见路。秀师遂唤门人僧志诚曰："汝聪明多智。汝与吾至漕溪山到慧能所礼拜，但听，莫言吾使汝来。所听得意旨，记取却来与吾说，看慧能见解与吾谁疾迟。汝第一早来，勿令吾怪。"

志诚奉使欢喜，遂行。半月中间，即至漕溪山，见慧能和尚，礼拜即听，不言来处。志诚闻法，言下便悟，即契本心，起立即礼拜，白言："和尚，弟子从玉泉寺来。秀师处，不得契悟。闻和尚说，便契本心。和尚慈悲，愿当教示。"

慧能大师曰："汝从彼来，应是细作。"

志诚曰："不是。"

六祖曰："何以不是？"

志诚曰："未说时即是，说了即不是。"

六祖言："烦恼即是菩提，亦复如是。"

大师谓志诚曰："吾闻汝禅师教人唯传戒定慧。汝和尚教人戒定慧如何？当为吾说。"

志诚曰："秀和尚言戒定慧：诸恶不作名为戒，诸善奉行名为慧，自净其意名为定。此即名为戒定慧。彼作如是说，不知和尚所见如何？"

慧能和尚答曰："此说不可思议。慧能所见又别。"

志诚问："何以别？"

慧能答曰："见有迟疾。"

志诚请和尚说所见戒定慧。

大师言："汝听吾说，看吾所见处：心地无非自性戒，心地无乱自性定，心地无痴自性慧。"

大师言："汝师戒定慧劝小根智人，吾戒定慧劝上智人，得悟自性，亦不立戒定慧。"

志诚言："请大师说不立如何？"

大师言："自性无非、无乱、无痴，念念般若观照，常离法相，有何可立？自性顿修，亦无渐次，所以不立。"

志诚礼拜，便不离漕溪山，即为门人，不离大师左右。

又有一僧名法达，尝①诵《妙法莲华经》七年，心迷不知正

---

① "尝"，敦煌诸本作"当"，原校本作"常"，此据上下文句意改。本段下同。

法之处。来至漕溪山，礼拜，问大师言："弟子尝诵《妙法莲华经》七年，心迷不知正法之处，经上有疑。大师智慧广大，愿为除疑。"

大师言："法达，法即甚达，汝心不达。经上无疑，汝心自疑。汝心自邪，而求正法。吾心正定，即是持经。吾一生已来，不识文字。汝将《法华经》来，对吾读一遍，吾闻即知。"

法达取经，对大师读一遍。六祖闻已，即识佛意，便与法达说《法华经》。六祖言："法达，《法华经》无多语，七卷尽是譬喻因缘。如来广说三乘，只为世人根钝；经文分明，无有余乘，唯有一佛乘。"

大师［言］："法达，汝听一佛乘，莫求二佛乘，迷却汝性。经中何处是一佛乘？吾与汝说。经云：诸佛世尊，唯以一大事因缘故，出现于世。已上十六字是正法。此法如何解？此法如何修？汝听吾说。人心不思本源空寂，离却邪见，即一大事因缘。内外不迷，即离两边。外迷著相，内迷著空。于相离相，于空离空，即是内外不迷。若悟此法，一念心开。出现于世，心开何物？开佛知见。佛犹觉也，分为四门：开觉知见，示觉知见，悟觉知见，入觉知见。开、示、悟、入，从一处入，即觉知见，见自本性，即得出世。"

大师言："法达，吾常愿一切世人心地常自开佛知见，莫开众生知见。世人心邪，愚迷造恶，自开众生知见；世人心正，起智慧观照，自开佛知见，莫开众生知见。开佛知见，即出世。"

大师言："法达，此是《法华经》一乘法。向下分三，为迷人故。汝但依一佛乘。"

大师言："法达，心行转《法华》，不行《法华》转；心正转《法华》，心邪《法华》转；开佛知见转《法华》，开众生知见被《法华》转。"

大师言："努力依法修行，即是转经。"

法达一闻，言下大悟，涕泪悲泣，白言："和尚，实未曾转《法华》，七年被《法华》转。已后转《法华》，念念修行佛行。"

大师言："即佛行是佛。"

其时，听人无不悟者。

时有一僧名智常，来漕溪山礼拜和尚，问四乘法义。智常问和尚曰："佛说三乘，又言最上乘。弟子不解，望为教示。"

慧能大师曰："汝自身心见，莫著外法相。元无四乘法。人心量四等，法有四乘：见闻读诵是小乘；悟法解义是中乘；依法修行是大乘；万法尽通，万行俱备，一切不离，但离法相，作无所得，是最上乘。最上乘是最上行义，不在口诤。汝须自修，莫问吾也。"

又有一僧名神会，南阳人也，至漕溪山礼拜，问言："和尚坐禅，见不见？"

大师起，把打神会三下，却问神会："吾打汝，痛不痛？"

神会答言："亦痛亦不痛。"

六祖言曰："吾亦见亦不见。"

神会又问大师："何以亦见亦不见？"

大师言："吾亦见［者］，常见自过患，故云亦见；亦不见者,不见天地人过罪,所以亦见亦不见也。汝亦痛亦不痛如何?"

神会答曰:"若不痛,即同无情木石;若痛,即同凡夫,即起于恨。"

大师言:"神会,向前见不见是两边,痛不痛是生灭。汝自性且不见,敢来弄人!"

神会礼拜,便不敢言。

大师言:"汝心迷不见,问善知识觅路。汝心悟自见,依法修行。汝自迷不见自心,却来问慧能见否?吾不自知,代汝迷不得。汝若自见,[岂]代得我迷?何不自修,乃问吾见否?"

神会作礼,便为门人,不离漕溪山中,常在左右。

大师遂唤门人法海、志诚、法达、智常、智通、志彻、志道、法珍、法如、神会。

大师言:"汝等十弟子近前。汝等不同余人。吾灭度后,汝[等]各为一方师。吾教汝[等]说法,不失本宗。

"举三科法门,动用三十六对,出没即离两边。说一切法,莫离于性相。若有人问法,出语尽双,皆取对法,来去相因,究竟二法尽除,更无去处。

"三科法门者:阴、界、入。阴是五阴,界是十八界,入是十二入。

"何名五阴?色阴、受阴、想阴、行阴、识阴是。何名十八界?六尘、六门、六识。何名十二入?外六尘、中六门。何名六尘?色、声、香、味、触、法是。何名六门?眼、耳、鼻、舌、身、意是。法性起六识:眼识、耳识、鼻识、舌识、身识、意识；六门，六尘。自性含万法，名为含藏识。思量即转识。生六识，出六门，见六尘，是三六十八。由自性邪，起十八邪；若自性正，起十八正。若恶用即众生，善用即佛。用由何等？由自性。

"对。外境无情对有五：天与地对，日与月对，暗与明对，阴与阳对，水与火对。

"语言法相对有十二对：有为无为对，有色无色对，有相无相对，有漏无漏对，色与空对，动与静对，清与浊对，凡与圣对，僧与俗对，老与少对，长与短对，高与下对。

"自性居起用对有十九对：邪与正对，痴与慧对，愚与智对，乱与定对，戒与非对，直与曲对，实与虚对，崄与平对，烦恼与菩提对，慈与害对，喜与瞋对，舍与悭对，进与退对，生与灭对，常与无常对，法身与色身对，化身与报身对，体与用对，性与相对，有情与无亲对①。

"语言法相对有十二对，外境无情有五对，自性居起用有十九对，都合成三十六对也。

"此三十六对法，解用通一切经，出入即离两边。如何自性起用三十六对？共人言语，出外于相离相，入内于空离空。著空则惟长无明，著相即惟长邪见。

"谤法，直言不用文字。既云不用文字，人不合言语；言语即是文字。自性上说空，正语言本性不空。迷〔人〕自惑，语言除故。暗不自暗，以明故暗；明不自明，以暗故明。以明变暗，

---

① 以上实有二十对。

以暗现明,来去相因。三十六对,亦复如是。"

大师言:"十弟子,已后传法,递相教授一卷《坛经》,不失本宗。不禀受《坛经》,非我宗旨。如今得了,递代流行。得遇《坛经》者,如见吾亲授。"

十僧得教授已,写为《坛经》,递代流行。得者必当见性。

大师先天二年八月三日灭度。七月八日唤门人告别。大师先天元年于新州国恩寺造塔,至先天二年七月告别。

大师言:"汝众近前,吾至八月欲离世间。汝等有疑早问,为汝破疑,当令迷尽,使汝安乐。吾若去后,无人教汝。"

法海等众僧闻已,涕泪悲泣。唯有神会不动,亦不悲泣。

六祖言:"神会小僧,却得善不善等,毁誉不动。余者不得,数年山中,更修何道!汝今悲泣,更忧阿谁?忧吾不知去处在?若不知去处,终不别汝。汝等悲泣,即不知吾去处;若知去处,即不悲泣。性无生灭,无去无来。汝等尽坐,吾与汝一偈:《真假动静偈》。汝等尽诵取此偈,意与吾同。依此修行,不失宗旨。"

众僧礼拜,请大师留偈,敬心受持。

偈曰:

  一切无有真,不以见于真,
  若见于真者,是见尽非真。
  若能自有真,离假即心真。
  自心不离假,无真何处真。
  有情即解动,无情即无动,

若修不动行,同无情不动。
若见真不动,动上有不动,
不动是不动,无情无佛种。
能善分别相,第一义不动,
若悟作此见,则是真如用。
报诸学道者,努力须用意,
莫于大乘门,却执生死智。
前头人相应,即共论佛义,
若实不相应,合掌礼劝善。
此教本无诤,若诤失道意,
执迷诤法门,自性入生死。

众僧既闻,识大师意,更不敢诤,依法修行。一时礼拜,即知大师不久住世。

上座法海向前言:"大师,大师去后,衣法当付何人?"

大师言:"法即付了,汝不须问。吾灭后二十余年,邪法缭乱,惑我宗旨。有人出来,不惜身命,定佛教是非,竖立宗旨,即是吾正法。衣不合传。汝不信,吾与诵先代五祖《传衣付法颂》。若据第一祖达摩颂意,即不合传衣。听吾与汝诵。"

颂曰:

第一祖达摩和尚颂曰:

吾本来唐国,传教救迷情;
一花开五叶,结果自然成。

第二祖慧可和尚颂曰:

本来缘有地,从地种花生;

当来元无地，花从何处生？

第三祖僧璨和尚颂曰：

花种须因地，地上种花生；

花种无生性，于地亦无生。

第四祖道信和尚颂曰：

花种有生性，因地种花生；

先缘不和合，一切尽无生。

第五祖弘忍和尚颂曰：

有情来下种，无情花即生；

无情又无种，心地亦无生。

第六祖慧能和尚颂曰：

心地含情种，法雨即花生；

自悟花情种，菩提果自成。

能大师言："汝等听吾作二颂，取达摩和尚颂意。汝迷人依此颂修行，必当见性。"

第一颂曰：

心地邪花放，五叶逐根随；

共造无明业，见被业风吹。

第二颂曰：

心地正花放，五叶逐根随；

共修般若慧，当来佛菩提。

六祖说偈已了，放众生散。门人出外思惟，即知大师不久住世。

六祖后至八月三日，食后，大师言："汝等著位坐，吾今共汝等别。"

　　法海问言："此顿教法传受，从上已来至今几代？"

　　六祖言："初传受七佛，释迦牟尼佛第七，大迦叶第八，阿难第九，末田地第十，商那和修第十一，优婆鞠多第十二，提多迦第十三，佛陀难提第十四，佛陀蜜多第十五，胁比丘第十六，富那奢第十七，马鸣第十八，毗罗长者第十九，龙树第二十，迦那提婆第二十一，罗睺罗第二十二，僧伽那提第二十三，僧迦耶舍第二十四，鸠摩罗驮第二十五，阇耶多第二十六，婆修盘多第二十七，摩拏罗第二十八，鹤勒那第二十九，师子比丘第三十，舍那婆斯第三十一，优婆崛第三十二，僧伽罗第三十三，须婆蜜多第三十四，南天竺国王子第三太子菩提达摩第三十五，唐国僧慧可第三十六，僧璨第三十七，道信第三十八，弘忍第三十九，慧能自身当今受法第四十。"

　　大师言："今日已后，递相传受，须有依约，莫失宗旨。"

　　法海又白："大师今去，留付何法？令后代人如何见佛？"

　　六祖言："汝听，后代迷人但识众生，即能见佛；若不识众生，觅佛万劫不可得也。吾今教汝识众生见佛，更留《见真佛解脱颂》。迷即不见佛，悟者乃见。"

　　法海愿闻，代代流传，世世不绝。

　　六祖言："汝听，吾与汝说。后代世人，若欲觅佛，但识众生，即能识佛。[佛] 即缘有众生，离众生无佛心。

　　　　迷即佛众生，悟即众生佛。

　　　　愚痴佛众生，智慧众生佛。

心崄佛众生，平等众生佛。
一生心若崄，佛在众生心。
一念悟若平，即众生自佛。
我心自有佛，自佛是真佛。
自若无佛心，向何处求佛。"

大师言："汝等门人好住，吾留一颂，名《自性见真佛解脱颂》。后代迷人识此颂意，即见自心自性真佛。与汝此颂，吾共汝别。"

颂曰：

真如净性是真佛，邪见三毒是真魔。
邪见之人魔在舍，正见之人佛即过。
性中邪见三毒生，即是魔王来住舍。
正见忽除三毒心，魔变成佛真无假。
化身报身及法身，三身元本是一身。
若向身中觅自见，即是成佛菩提因。
本从化身生净性，净性常在化身中。
性使化身行正道，当来圆满真无穷。
淫性本是净性因，除淫即无净性身。
性中但自离五欲，见性刹那即是真。
今生若悟顿教门，悟即眼前见世尊。
若欲修行求觅佛，不知何处欲觅真。
若能身中自有真，有真即是成佛因。
自不求真外觅佛，去觅总是大痴人。
顿教法者是西流，救度世人须自修。

今报世间学道者，不于此见大悠悠。

大师说偈已了，遂告门人曰："汝等好住，今共汝别。吾去已后，莫作世情悲泣而受人吊问、钱帛，著孝衣，即非圣法，非我弟子。如吾在日一种。一时端坐，但识自本心，见自本性①，无动无静，无生无灭，无去无来，无是无非，无住无往，坦然寂静，即是大道。吾去已后，但依法修行，共吾在日一种。吾若在世，汝违教法，吾住无益。"大师言此语已，夜至三更，奄然迁化。大师春秋七十有六。

大师灭度之日，寺内异香氛氲，经②数日不散。山崩地动，林木变白，日月无光，风云失色。

八月三日灭度，至十一月迎和尚神座于漕溪山，葬于龙龛之内。白光出现，直上冲天，三日始散。韶州刺史韦璩立碑，至今供养。

此《坛经》，法海上座集。上座无常，付同学道际；道际无常，付门人悟真。悟真在岭南漕溪山法兴寺，现今传授此法。

如付此法，须得上根智，深信佛法，立于大悲。持此经以为禀承，于今不绝。

和尚本是韶州曲江县人也。

　　如来入涅槃，法教流东土，
　　共传无住[法]，即我心无住。

---

① "识自本心，见自本性"，敦煌诸本皆无；原校本同，致使前后文意不连贯。此据元代德异本、宗宝本补。
② "经"，敦煌诸本无，原校本同，此据敦博本补。

此真菩萨说，真实示行喻，

唯教大智人，示旨于凡度。

誓[愿]修行，遭难不退，遇苦能忍，福德深厚，方授此法。如根性不堪，材量不得，虽求此法，达立不得者，不得妄付《坛经》。告诸同道者，令知密意。

南宗顿教最上大乘坛经一卷

唐代惠昕本《六祖坛经》（日本兴圣寺藏本）

《六祖坛经》，记述唐代慧能禅师的生平和语录，在历代流传中形成多种写本或版本。

唐代继传写本敦煌本（包括敦煌新本、旅博本）之后，邕州罗秀山惠进禅院"正恩大师"惠昕嫌"古本"《坛经》"文繁，披览之徒，初忻后厌"，在唐德宗贞元三年（787）五月将它改编为两卷十一门。

惠昕用以改编的"古本"《坛经》，在传承上经历了法海—志道—彼岸—悟真—圆会五代"递代相传付嘱"，对原《坛经》内容有所修补。

历经宋太宗、真宗和仁宗三朝的儒者晁迥（951~1034），生前看过惠昕改编本《坛经》十六次。他的七世孙晁子健得承此本，于南宋高宗绍兴二十三年（1153），在蕲州按照晁迥生前所加"句读"将其"镂版刊行"。

惠昕改编本《坛经》有不同刊本，在宋元时期中日两国佛教文化交流中也传入日本，然而在中国久佚。20世纪在日本寺院发现多种收藏本：

一、源自北宋真宗大中祥符五年（1012）周希古劝募刊本，有日本名古屋真福寺收藏本，称"真福寺本"。1979年《驹泽大学佛教学部论集》载有石井修道《伊藤隆寿氏发现的真福寺文库所藏〈六祖坛经〉介绍》。2002年日本花园大学冲本克己教授寄赠笔者真福寺本的复制本。

二、源自北宋徽宗政和六年（1116）的存中再刊本，有日本石川县大乘寺收藏本，称"大乘寺本"；有京都府福知山市金山天宁寺收藏本，称"金山天宁寺本"。

三、源自南宋高宗绍兴二十三年（1153）晁子健刊本，有京都兴圣寺收藏本，称"兴圣寺本"。日本金泽文库藏有其残写本。

日本京都兴圣寺收藏的惠昕本，1934年经日本铃木贞太郎（后改名铃木大拙）和公田连太郎校订，将"两卷十一门"分为标以数码的五十七小段，题以《兴圣寺本六祖坛经》，由东京森江书店出版（下称"铃木校本"）。铃木断定惠昕改编本《坛经》的"太岁丁卯"是宋太祖乾德五年（967），长期为后来学者所继承。

1976年柳田圣山主编、京都中文出版社出版《禅学丛书之七·六祖坛经集成》载有影印大乘寺本、金山天宁寺本、兴圣寺本（下称"柳田影印"诸本）。

本点校本以柳田影印兴圣寺本为底本，参考敦煌新本、真福寺本复制本、柳田影印金山天宁寺本和大乘寺本以及铃木校本等，重新校订全文，改用通行简体字并加以分段和标点。

兴圣寺本卷下之七"说摩诃般若波罗蜜门"原缺446字，在加括号注明后,依真福寺本补之。

凡参照上下文意对明显缺漏字所做的补充,则用[ ]括出;改异体字为通用字,不再加注说明。

六祖坛经序①

依真小师邕州罗秀山惠进禅院沙门惠昕② 述

原夫真如佛性,本在人心。心正则诸境难侵,心邪则众尘易染。能止心念,众恶自亡。众恶既亡,诸善皆备。诸善要备,非假外求。悟法之人,自心如日,遍照世间③,一切无碍。见性之人,虽处人伦,其心自在,无所惑乱矣。

故我六祖大师,广为学徒直说见性法门,总令自悟成佛,目曰《坛经》,流传后学。

古本文繁,披览之徒,初忻后厌。余以太岁丁卯,月在蕤宾④二十三日辛亥,于思迎塔院,分为两卷,开十一门⑤,贵接后来同见佛性者。

---

① "六祖坛经序",真福寺本作"韶州曹溪山六祖坛经序",大乘寺本作"韶州曹溪山六祖师坛经序"。
② 据南宋王象之编著《舆地纪胜》卷一百六《广南西路·邕州·仙释》所载"正恩大师。罗秀山在宣化县北。天宝三载正恩大师惠昕于此开山"和赵明诚《金石录》卷九所录"唐惠昕大师碑(齐推撰,正书、姓名残缺,贞元十七年)",可知惠昕号"正恩大师",卒于唐德宗贞元十七年(801)。
③ "世间",原本不清,铃木校本作"十方",此据真福寺本。
④ "太岁丁卯,月在蕤宾",是贞元三年(787)五月。
⑤ "开十一门",原本作"凡十一门",据真福寺本改。

子健被旨入蜀,回至荆南,于族叔公祖位,见七世祖文元公所观写本《六祖坛经》。其后题云:"时年八十一,第十六次看过。"以至点句标题,手泽具存。

公历事太宗、真宗、仁宗三朝,引年七十,累章求解禁职,以太子少保致仕,享年八十四。道德文章,具载国史。冠岁过高士刘惟一,访以生灭之事。刘曰:"人常不死。"公骇之。刘曰:"形死性不灭。"公始寤其说。自是留意禅观,老而愈笃。公平生所学,三教俱通,文集外,著《昭德编》三卷、《法藏碎金》十卷、《道院集》十五卷、《耄智余书》三卷,皆明理性。晚年尚看《坛经》,孜孜如此。

子健来佐蕲春郡,遇太守高公世史①,笃信好佛。一日语及先文元公所观《坛经》,欣然曰:"此乃六祖传衣之地,是经安可阙乎?"乃用其句读,镂版刊行,以广其传。

《坛经》曰:"后人得遇《坛经》,如亲承吾教。若看《坛经》,必当见性。"

咸愿众生同证此道。

绍兴二十三年六月二十日,右奉议郎权通判蕲州军州事晁子健谨记。

---

① "史",原本不清,铃木校本作"吏"。据李之亮著、巴蜀书社2001年出版《宋两淮大郡守臣易替考》,绍兴二十二年至二十五年(1152~1155)高世史知蕲州。

六祖坛经

卷上

一、缘起说法门　　二、悟法传衣门
三、为时众说定慧门　　四、教授坐禅门
五、[说]传香忏悔发愿门　　六、说一体三身佛[相]门

一、缘起说法门

大师，唐时初从南海上至曹溪。韶州刺史韦璩等，请于大梵寺讲堂中为众开缘，授无相戒，说摩诃般若波罗蜜法。

大师是日说顿教法，直了见性无碍，普告僧俗，令言下各悟本心，现成佛道。座下僧尼道俗一千余人、刺史官僚等三十余人、儒宗学士三十余人，同请大师说是法门。

刺史韦璩令门人法海抄录流行，传示后代。若承此宗旨，学道者递相教授，有所依凭耳。

二、悟法传衣门

尔时大师既升座已，而示众言：善知识，总净心念摩诃般若

波罗蜜。

大师良久不语，自净其心。忽然告言：善知识，菩提自性本来清净，但用此心，直了成佛。

善知识，且听惠能行由，得法事意。惠能严父，本贯范阳，左降流于岭南，作新州百姓。此身不幸，父又早亡，老母孤遗，移来南海，艰辛贫乏，于市卖柴。时有一客买柴，使令送至官店，客收柴①去，惠能得钱，却出门外。

见有一客读《金刚经》，惠能一闻，心便开悟。遂问客言："从何所来，持此经典？"客云："我从蕲州黄梅县东冯茂②山来。其山是第五祖弘忍大师在彼主化，门人一千有余。我到彼山礼拜，听授此经。大师常劝僧俗，但持《金刚经》，即自见性，直了成佛。"

惠能闻说，宿业有缘，乃蒙一客取银十两与惠能，令充老母衣粮，教便往黄梅礼拜五祖。惠能安置母毕，便即辞亲，不经三二十日，便至黄梅礼拜五祖。

师问曰："汝何方人，来到此山礼拜？今向吾边，欲求何物？"

惠能对云："弟子是岭南，新州百姓，远来礼师，唯求作佛，不求余物。"

五祖言："汝是岭南人，又是獦獠，若为堪作佛？"

惠能言："人虽有南北，佛性本无南北，獦獠身与和尚不同，

---

① "柴"，原本无，据真福寺本补。
② "茂"，原本作"母"，据大乘寺本改。清光绪二年（1876）刻本《黄梅县志》载："五祖寺，县东北二十五里。昔冯茂长者以其山为大满（按：弘忍谥号）禅师建道场，一名东山，一名冯茂山。"

佛性有何差别?"

大师更欲共惠能久语,且见徒众总在身边,乃令随众作务。

惠能启和尚言:"弟子自心常生智慧,不离自性即是福田,未审和尚教作何务?"

五祖言:"这獦獠根性大利,汝更勿言,且去后院。"

有一行者,差惠能破柴、踏碓,八个余月。

五祖一日忽见惠能,言:"吾思汝之见可用,恐有恶人害汝,遂不与汝言,知之否?"

惠能言:"弟子亦知师意,不敢行至堂前,令人不觉。"

五祖一日唤诸门人总来:"吾向汝说,世人生死事大。汝等终日供养,只求福田,不求出离生死苦海。自性若迷,福何可救?汝等各去后院,自看智慧,取自本心般若之性,各作一偈来呈吾看,若悟大意,付汝衣法,为第六代祖。火急速去,不得迟滞,思量即不中用。见性之人,言下须见。若如此者,轮刀上阵,亦得见之。"

众得处分,来至后院,递相谓曰:"我等众人,不须澄心用意作偈,将呈和尚,有何所益?神秀上座现为教授师,必是他得。我辈谩作偈颂,枉用心力。"诸人闻语,各自息心,咸言:"我等已后依止秀师,何烦作偈。"

神秀思惟,诸人不呈偈者,为我与他为教授师。我须作偈将呈和尚,若不呈偈,和尚如何知我心中见解深浅。我呈偈意,求法即善,觅祖即恶,却同凡心夺其圣位无别。若不呈偈,终不得法,大难,大难。

五祖堂前,有步廊三间,拟请供奉卢珍画《楞伽经》变相及五祖血脉图,流传供养。

神秀作偈成已,数度欲呈,行至堂前,心中恍惚,遍身汗流,拟呈不得。前后经四日一十三度,呈偈不得。秀乃思惟,不如向廊下书著,从他和尚看见,忽若道好,即出顶礼,云是秀作;若道不堪,枉向山中数年受人礼拜,更修何道。言讫,夜至三更,不使人知,自执灯烛,于南廊中间壁上,书无相偈,呈心所见。神秀偈曰:

身是菩提树,心如明镜台,

时时勤拂拭,莫使染尘埃。

秀书偈了,便却归房,人总不知。神秀思惟,五祖明日见偈欢喜,出见和尚,即言秀作;若言不堪,自是我迷,宿业障重,不合得法。圣意难测。房中思想,坐卧不安,直至五更。

五祖即知神秀入门未得,不见自性。吃粥了,便即天明。五祖方便唤卢供奉来,拟向南廊画五代血脉供养。五祖忽见其偈,报言:"供奉,却不画也。辄奉十千,劳供奉远来。《金刚经》云:凡所有相,皆是虚妄。不如留此偈,令迷人诵,依此偈修,免堕三恶道。依此修行人,大有利益。"

五祖唤门人烧香偈前,令凡人见,生敬重心。"汝等尽须诵此,悟此偈者即得见性,依此修行,必不堕落。"门人尽诵,皆叹善哉。

五祖三更,唤秀入堂,问:"是汝作此偈否?若是汝作,应得吾①法。"秀言:"罪过,实是秀作,亦不求祖位,望和尚慈悲,

---

① "吾",原本作"悟",据真福寺本改。

看弟子心中有少智慧否？"五祖言："汝作此偈，未见本性，只到门上，未入门内。凡愚依此修行，即不堕落。如此见解，觅无上菩提，即不可得。无上菩提，须得言下识自本心，见自本性，不生不灭，于一切时中，念念自见，万法无滞，一真一切真，万境自如，如如之心，即是真实。如是见者，即是无上菩提之自性也。"

五祖言："汝且去，一两日思惟，更作一偈将来，吾看汝偈，若入得门，见自本性，付汝衣法。吾不惜法，汝见自迟。"

神秀作礼便出。又经数日，作偈不成，心中恍惚，神思不安，犹如梦中，行坐不乐。

复经两日，有一童子于碓坊过，倡诵其偈。惠能一闻，便知此偈未见本性。惠能未蒙教授，早识大意。遂问童子言："诵者是何偈？"童子言："尔这獦獠，不知大师言，世人生死事大，欲得传付法衣，令门人作偈来看，若悟大意，即付衣法，为第六祖。神秀上座于南廊壁上，书无相偈。五祖令门人尽诵此偈，若得悟者，即见自性成佛；依此修行，即不堕落。"惠能言："上人，我在此踏碓八个余月，未曾行到堂前，望上人引至偈前礼拜，亦要诵此，结来生缘，同生佛地。"童子便引惠能到南廊礼拜偈颂。为不识字，请一上人为读，若得闻之，愿生佛会。

时有江州别驾姓张名日用，便高声读。惠能一闻，即识大意，因自言："亦有一偈，望别驾书于壁上。"别驾言："獦獠，汝亦作偈？其事希有。"惠能启别驾言："若学无上菩提，不得轻于初学。俗谚云：下下人有上上智，上上人有没意智。若轻人，即有无量无边罪。"张日用言："汝但诵偈，吾为汝书于壁上。汝若得法，先须度吾，忽忘此言。"

惠能偈云：

　　菩提本无树，明镜亦非台，

　　本来无一物，何处有尘埃。

说此偈已，僧俗总惊。山中徒众，无不嗟讶。各相谓言："奇哉！不得以貌取人！何得多时，使他肉身菩萨。"

五祖见众人尽怪，恐人损他，向后无人传法，遂便混破，向众人言："此偈亦未见性，云何赞叹？"众便息心，皆言未了，各自归房，更不赞叹。

五祖夜至三更，唤惠能于堂内，以袈裟遮围，不令人见，为惠能说《金刚经》，恰至"应无所住而生其心"。言下便悟，一切万法，不离自性。

惠能启言："和尚，何期自性本自清净，何期自性本不生不灭，何期自性本自具足，何期自性本无动摇，能生万法。"

五祖知悟本性，乃报惠能言："不识本心，学法无益，若言下识自本心，见自本性，即名丈夫、天人师、佛。"三更受法，人尽不知，便传顿教及衣钵，云："汝为第六代祖，善自护念，广度迷人。衣为信禀，代代相承；法即以心传心，皆令自悟自解。自古佛佛唯传本体，师师默付本心，令汝自见自悟。"

五祖言："自古传法，命似悬丝。若住此间，有人害汝。汝须速去。"惠能言："本是南中人久，不知此山路如何出得江口？"五祖言："汝不须忧，吾自送汝。"

其时领得衣钵，三更便发南归，五祖相送，直至九江驿边。有一只舡子，五祖令惠能上舡，五祖把橹自摇。惠能言："请和尚坐，弟子合摇橹。"五祖言："只合是吾度汝，不可汝却度吾，无有是处。"惠能言："弟子迷时，和尚须度。今吾悟矣，过江摇橹，合是弟子度之。度名虽一，用处不同。惠能生在边方，语又不正，蒙师教旨付法，今已得悟，即合自性自度。"五祖言："如是如是，但依此见，已后佛法大行矣。汝去后一年，吾即前逝。"

五祖言："汝今好去，努力向南，五年勿说佛法，难起已后行化，善诱迷人，若得心开，与吾无别。"辞违已了，便发向南。

两月中间，至大庾岭，不知逐后数百人来趁，欲夺衣取法，来至半路，尽总却回。唯一僧，俗姓陈，名惠明，先是四品将军，性行粗恶，直至大庾岭头趁及。惠能便还衣钵，又不肯取，言："我欲求法，不要其衣。"惠能即于岭头便传正法。惠明闻法，言下心开。惠能却令向北接人。

惠能后至曹溪，又被恶人寻逐，乃于四会县避难，经五年，常在猎人中，虽在猎中，每①与猎人说法。

至高宗朝，到广州法性寺，值印宗法师讲《涅槃经》。时有风吹幡动。一僧云："幡动。"一僧云："风动。"惠能云："非幡动风动，人心自动。"印宗闻之竦然。

惠能东山得法，辛苦受尽，命似悬丝。今日大众同会得闻，乃是过去千生曾供养诸佛，方始得闻无上自性顿教。惠能与使君及官僚道俗有累劫之因。教是先代圣传，不是惠能自智。愿闻先圣教者，各令净心，闻了各自②除疑，如先代圣人无别。

善知识，菩提般若之智，世人本自有之，只缘心迷不能自

---

① "每"，原本缺，据真福寺本补。
② "各自"，原本误作"各日"。

悟，须求大善知识示导见性①。

善知识，愚人智人，佛性本无差别，只缘迷悟不同，所以有愚有智。

〖原本章后所附小字〗

祖谓明曰："不思善，不思恶，正与么时，如何是上座本来面目？"明大悟。

三、为时众说定慧门

师言：善知识，我此法门，以定慧为本。大众勿迷言定慧别。定慧一体，不是二。定是慧体，慧是定用，即慧之时定在慧，即定之时慧在定。若识此义，即是定慧等学。诸学道人，莫言先定发慧，先慧发定，定慧②各别。作此见者，法有二相，口说善语，心中不善，空有定慧，定慧不等。若心口俱善，内外一种，定慧即等。自悟修行，不在于诤。若诤先后，即同迷人。不断胜负，却增法我，不离四相。

善知识，一行三昧者，于一切处行住坐卧，常行一直心是也。如《净名经》云：直心是道场，直心是净土。莫心行谄曲，口但说直，口说一行三昧，不行直心。但行直心，于一切法勿有执着。迷人着法相，执一行三昧，直言坐不动，除③妄不起心，

---

① "示导见性"，敦煌诸本作"示道见性"。
② "定慧"，原本无此二字，参真福寺本、大乘寺本补。
③ "除"，原本无，据敦煌新本、真福寺本、大乘寺本补。从上下文看，"除妄不起心"于意为当。

即是一行三昧。作此解者，即同无情，却是障道因缘。

善知识，道须通流，何以却滞？心不住法，道即通流。心若住法，名为自缚。若言坐不动是，只如舍利弗宴坐林中，不合被维摩诘呵。

善知识，又见有人教坐，看心看净，不动不起，从此置功。迷人不会，便执成颠。如此者众矣。如是相教，故知大错。

善知识，定慧犹如何等？犹如灯光，有灯即光，无灯不光。灯是光之体，光是灯之用。名虽有二，体本同一。此定慧法亦复如是。

善知识，本来正教无有顿渐，人性自有利钝。迷人渐契，悟人顿修。自识本心，自见本性，即无差别，所以立顿渐之假名。

善知识，我此法门，从上已来，先立无念为宗，无相为体，无住为本。无相者，于相而离相。无念者，于念而不念。无住者，人之本性，于世间善恶好丑，乃至冤之与亲，言语触刺、欺争之时，并将为空，不思酬害，念念之中，不思前境。若前念今念后念，念念相续不断，名为系缚。于诸法上念念不住，即无缚也。此是以无住为本。善知识，外离一切相，名为无相。能离于相，即法体清净，此是以无相为体。

善知识，于诸境上，心不染曰无念。于自念上常离诸境，不于境上生心。若百物不思，念尽除却，一念绝即死，别处受生。学道者思之，莫不识法意。自错犹可，更劝他人。自迷不见，又谤佛经。所以立无念为宗。善知识，云何立无念为宗？只缘口说见性，迷人于境上有念，念上便起邪见，一切尘劳妄相从此而生。自性本无一法可得。若有所得，妄说祸福，即是尘劳邪见。故此法门，立无念为宗。

善知识，无者无何事？念者念何物？无者，无二相，无诸尘劳之心。念者，念真如本性。真如即是念之体，念即是真如之用。真如自性起念，非眼耳鼻舌能念。真如有性，所以起念。真如①若无眼耳色声，当时即坏。善知识，真如自性起念，六根②虽有见闻觉知，不染万境，而真性常自在。外能分别诸色相，内于第一义而不动。

善知识，此门坐禅，元不看心，亦不看净，亦不是不动。若言看心，心元是妄。知心如幻，故无所看也。若言看净，人性本净，由妄念故，盖覆真如，但元无想③，性自清净。起心看净，却生净妄，妄无处所，看者是妄。净无形相，却立净相。言是功夫，作此见者，障自本性，却被净缚。

善知识，若修不动者，但见一切人时，不见人之是非、善恶、过患，即是自性不动。

善知识，迷人身虽不动，开口便说他人是非、长短、好恶，与道违背也。若看心看净者，却障道也④。

四、教授坐禅门

师言：[善]知识，何名坐禅？此法门中无障无碍，外于一切善恶境界心念不起，名为坐；内见自性不动，名为禅。善知

---

① "真如"，原本作"其如"，据真福寺本、大乘寺本改。
② "六根"，原本作"六相"，据真福寺本、大乘寺本改。
③ "元无想"，真福寺本、大乘寺本等皆作"无妄想"。从意蕴看，不改亦可。
④ 本段中的"看"，原本皆作"着"。据"三、为时众说定慧门"的"善知识，又见有人教坐，看心看净，不动不起"并参考敦煌新本、真福寺本、大乘寺本改。

识,何名禅定?外离相为禅,内不乱为定。外若着相,内心即乱;外若离相,心即不乱。本性自净自定,只为见境、思境即乱。若见诸境心不乱者,是真定也。

善知识,外离相即禅,内不乱即定。外禅内定,是为禅定。《净名经》云:即时豁然,还得本心。《菩萨戒经》云:戒本源自性清净①。善知识,于念念中自见本性清净,自修自行,自成佛道。

五、[说] 传香忏悔发愿门

师言:善知识,一会在此,皆共有缘。今各胡跪,传自性五分法身香。

(一)戒香,即自心中无非无恶,无嫉妒,无贪嗔,无劫害,名戒香。

(二)定香,即睹诸善恶境相,自心不乱,名定香。

(三)慧香,自心无碍,常以智慧观照自性,不造诸恶,虽修众善,心不执着,畏上爱下,矜孤恤贫,名慧香。

(四)解脱香,即自心无所攀缘,不思善,不思恶,自在无碍,名解脱香。

(五)解脱知见香,自心既无所攀缘善恶,不可沉空守寂,即须广学多闻,识自本心,达诸佛理,言满天下无口过,行满天下无

---

① "戒本源自性清净",原作"我本元自清净",据《梵网经》经文补改。《菩萨戒经》即后秦鸠摩罗什译《梵网经》,其《卢舍那佛说菩萨心地戒品》说:"吾今当为此大众重说十无尽藏戒品,是一切众生戒本源自性清净。""戒本源自性清净"节自"一切众生戒本源自性清净"。后世《坛经》多将"戒"误写为"我"字。"元""源"在此处义同。

怨恶，和光接物，无我无人，直至菩提，真性不易，名解脱知见香。

善知识，此香各自内薰，莫于外觅。

今与善知识授无相忏悔，灭三世罪，令得三业清净。

善知识，各随语一时道：弟子等从前念今念及后念，念念不被愚迷染，从前所有恶业、愚迷等罪，悉皆忏悔，愿一时消灭，永不复起。弟子等从前念今念及后念，念念不被憍诳染，从前所有恶业、憍诳等罪，悉皆忏悔，愿一时消灭，永不复起。弟子从前念今念及后念，念念不被疽妒染，所有恶业、疽妒等罪，悉皆忏悔，愿一时消灭，永不复起。

善知识，已上是为无相忏悔。

云何名忏？云何名悔？忏者，忏其前愆，从前所有恶业、愚迷、憍诳、疽妒等罪，悉皆尽忏，愿不复起，是名为忏。悔者，悔其后过，从今已后，所有恶业、愚迷、憍诳、疽妒等罪，今已觉悟，悉皆永断，不复更作，是名为悔。故称忏悔。凡夫愚迷，只知忏其前愆，不知悔其后过。以不悔故，前愆不灭，后过又生。前愆既不灭，后过复又生，何名忏悔！

善知识，既忏悔已，与善知识发四弘誓愿，各须①用心正听：

　　自心邪迷无边誓愿度，自心烦恼无边誓愿断。

　　自性法门无尽誓愿学，自性无上佛道誓愿成。

师言：善知识，大家岂不道"众生无边誓愿度"，怎么道，是不是惠能度？善知识，心中众生，所谓邪迷心、诳妄心、不善

---

① "须"，原本作"次"，参真福寺本改。

心、疽妒心、恶毒心,如是等心,尽是众生,各须自性自度,是名真度。何名自性自度?即自心中邪见、烦恼、愚痴众生,将正见度。既有正见,使般若智打破愚痴、迷妄,众生各各自度。邪来正度,迷来悟度,愚来智度,恶来善度,如是度者,名为真度。

又"烦恼无边誓愿断",将自性般若智,除却虚妄思想心是也。

又"法门无尽誓愿学",须自见性,常行正法,是名真学。

又"无上佛道誓愿成",即①常能下心,行于真正,离迷离觉,当生般若,除真除妄,即见佛性,即言下佛道成。常念修行,是愿力法。

师言:善知识,今发四弘愿了,更与善知识授无相三皈依戒。

善知识,皈依觉二足尊,皈依正离欲尊,皈依净众中尊。从今日去,称觉为师,更莫皈依邪魔外道,以自性三宝常自证明。劝善知识皈依自性三宝。佛者觉也,法者正也,僧者净也。自心皈依觉,邪迷不生,少欲知足,能离财色,名二足尊。自心皈依正,念念无邪见,以无邪见故,即无人我、贡高、贪爱、执着,名离欲尊。自心皈依净,一切尘劳妄念虽在自性,皆不染着,名众中尊。若修此行,是自皈依。凡夫不会,从日至日,受三皈戒。若言皈依佛,佛在何处?若不见佛,凭何所皈?言却成妄。

善知识,各自观察,莫错用心。经文分明,言自皈依佛,不言皈依他佛。自性不皈,无所依处。今既自悟,各须皈依自心三

---

① "即",原本作"既",参真福寺本改。

宝，内调心性，外敬他人，是自皈依也。

六、说一体三身佛［相］门

师言：善知识，各各至心，惠能与说一体三身自性佛，令善知识见三身了然，自悟自性。总随惠能道：于自色身皈依清净法身佛，于自色身皈依千百亿化身佛，于自色身皈依圆满报身佛。已上三遍唱。

善知识，色身是舍宅，不可言归向者，三身佛在自性中。世人总有为自心迷，不见内性，外觅三身如来，不见自身中有三身①佛。善知识，听说：令善知识于自身中见自性有三身②佛。此三身佛，从自性生，不从外得。

何名清净法身［佛］？世人性本清净，万法从自性生。思量一切恶事，即生恶行；思量一切善事，即生善行，如是诸法在自性中。如天常清，日月常明，为浮云盖覆，上明下暗，忽遇风吹云散，上下俱明，万象皆现。世人性常浮游，如彼天云。善知识，智如日，慧如月，智慧常明，于外着境，被妄念浮云盖覆，自性不得明朗。若遇善知识，闻真正法，自除迷妄，内外明彻，于自性中万法皆现。见性之人，亦复如是。此名清净法身佛。

善知识，自心皈依自性，是皈依真佛。自皈依③者，除却自性中不善心、疽妒心、憍慢心、吾我心、诳妄心、轻人心、慢他

---

① "三身"，原本作"三世"，据上下文，改为"三身"。
② "三身"，原本作"三世"，据上下文，改为"三身"。
③ "皈依"，原本作"归依"，遵照上下文语句改。

心、邪见心、贡高心及一切时中不善之行，常自见己过，不说他人好恶，是自皈依。常须下心，普行恭信，即是见性通达，更无滞碍，是自皈依。

何名千百亿化身［佛］？若不思万法，性本如空，一念思量，名为变化。思量恶事，化为地狱。思量善事，化为天堂。毒害化为龙蛇，慈悲化为菩萨，智慧化为上界，愚痴化为下方。自性变化甚多，迷人不能省觉，念念起恶，常行恶道。回一念善，智慧即生，此名自性化身佛。

何名圆满报身［佛］？譬如一灯能除千年暗，一智能灭万年愚。莫思向前，已过不可得，常思于后，念念圆明，自见本性。善恶虽殊，本性无二。无二之性，名为实性。于实性中不染善恶，此名圆满报身佛。

师又言：自性起一念恶，灭万劫善因。自性起一念善，得恒沙恶尽。直至无常，念念自见，不失本念，名为报身。

善知识，从法身思量，即是化身佛。念念自性自见，即是报身佛。自悟自修自性功德，是真皈依。皮肉是色身，色身是宅舍，不言皈依也。但悟自性三身，即识自性大意。

六祖坛经卷上

六祖坛经

卷下

七、说摩诃般若波罗蜜门　　八、问答功德及西方相状门
九、诸宗难问门　　　　　　十、南北二宗见性门
十一、教示十僧传法门灭度年月附

七、说摩诃般若波罗蜜门

师言：善知识，既识三身佛了，更为说摩诃般若波罗蜜法。各各至心谛听。世人终日口念，不识自性，犹如诵食不饱，口但说空，万劫不得见性，终无有益。

善知识，摩诃般若波罗蜜是梵语，此言大智慧到彼岸。此须心行，不在口念。口念心不行，如幻如化，如露如电。口念心行，即心口相应。本性是佛，离性无别佛。何名摩诃？摩诃是大，心量广大，犹如虚空，无有边畔，亦无方圆大小，亦非青黄赤白，亦无上下长短，亦无嗔无喜，无是无非，无善无恶，无有头尾。诸佛刹土，尽同虚空。世人妙性本空，无有一法可得。自性真空，亦复如是。

善知识，今闻惠能说空，便即着空。第一莫着空，若空心静

坐，即落无记空，终不成佛法。

善知识，世界虚空，能含万物色象，日月星宿、山河泉源溪涧、一切树木、恶人善人、恶法善法、天堂地狱、一切大海、须弥诸山，总在空中。世人性空，亦复如是。

善知识，自性能含万法是大。万法在善【按：以下原本缺，据真福寺本补】知识性中。若见一切人恶与善，尽皆不舍，亦不染着，心如虚空，名之为大。

善知识，迷人口说，智者心行。又有迷人，空心净坐，百无所思，自称为大。此一辈人，不可共说，为邪见故。

善知识，心量广大，廓周法界，用即了了分明，应用遍知一切是一，一即一切，去来心体无滞。此是①。

善知识，一切般若智心，皆从自性而生，不从外入，莫错用意，名真自用。一真一切真，心量大事，不行小道。口莫终日说空，心中不修②此行，恰似凡人自称国王，终不可得，非吾弟子。

善知识，何名般若？般若是智慧。一切处所，一切时中，念念不愚，常行智慧，即是般若行。一念愚即般若绝，一念智即般若生。世人愚迷，不见般若，口说般若，心中常愚。自言我修般若，念念说空，不识真空。般若无形相，智慧心即是。若作如是解，即名般若智。何名波罗蜜？此是西国语，汉言到彼岸，解义离生灭。着境生灭起，如水有波浪，即是于此岸。睹境无生灭，如水常通流，即名为彼岸，故号波罗蜜。

---

① "此是"，铃木校本依"宽永辛未刊行本"改，作"即是"。
② "修"，原本后衍一"行"字，参大乘寺本删。

善知识，迷人口念，当念①之时，有妄有非。念念若行，是名真性。悟此法者，是般若法。修此行者，是般若行；不修即凡。一念修行，法身等佛。

善知识，烦恼即是菩提。前念迷即凡，后念悟即佛。前念着境即烦恼，后念离境即菩提。

善知识，摩诃般若波罗蜜，最尊最上最第一，无住无往来，三世诸佛皆从中出。用大智慧，打【按：以下复依兴圣寺本】破五蕴烦恼尘劳。若此修行，定成佛道，变三毒为戒定慧。

善知识，我此法门，从一般若生八万四千智慧。何以故？为世人有八万四千尘劳。若无尘劳，智慧常现，不离自性。悟此法者，即是无念、无忆、无着，不起诳妄，用自真如性，以智慧观照，于一切法不取不舍，即是见性成佛道。

善知识，若欲入甚深法界及般若三昧者，须修般若行，持诵《金刚般若经》，即得见性。当知此功德无量无边，经中分明赞叹，不能具说。此法门是最上乘，为大智人说，为上根人说。小根小智人闻，心生不信。何以故？譬如大龙下雨于阎浮提，城邑聚落悉皆漂流，如漂枣叶。若雨大海，不增不减。若大乘人，若最上乘人，闻说《金刚经》，心开悟解。故知本性自有般若之智，自用智慧常观照，故不假文字。譬如雨水，不从天有，元是龙能兴致，令一切众生、一切草木、有情无情，悉皆蒙润。诸水众流，却入大海，合为一体。众生本性般若之智，亦复如是。

善知识，小根之人闻此顿教，犹如草木根性自小，若被大

---

① "念"，原本缺，参金山天宁寺本补。

雨，悉皆自倒，不能增长。小根之人，亦复如是，元有般若之智，与大智之人更无差别，因何闻法不自开悟？缘邪见障重，烦恼根深，犹如大云覆盖于日，不得风吹，日光不现。般若之智，亦无大小，为一切众生，自心迷悟不同。迷心外见，修行觅佛，未悟自性，即是小根。若开悟顿教，不执外修，但于自心常起正见，烦恼尘劳常不能染，即是见性。

善知识，内外不住，去来自由，能除执心，通达无碍。能修此行，与《般若经》本无差别。

善知识，一切经书及诸文字、大小二乘十二部经，皆因人置，因智慧性方能建立。若无世人，一切万法本自不有。故知万法本因人兴，一切经书因人说有。缘其人中有愚有智，愚为小人，智为大人。愚者问于智人，智者与愚人说法，令其悟解心开。愚人忽悟解心开，即与智人无别。

善知识，不悟即佛是众生，一念悟时，众生是佛。故知万法尽在自心，何不从自心中顿见真如本性。《菩萨戒经》云：戒本源自性清净①。若识自心见性，皆成佛道。《净名经》云：即时豁然，还得本心。

善知识，我于忍和尚处一闻，言下便悟，顿见真如本性，是以将此教法流行，令学道者顿悟菩提，各自观心，自见本性。若自不悟，须觅大善知识解最上乘法者，直示正路。是善知识有大因缘，所谓化导，令得见性。一切善法，因善知识能发起故。三世诸佛、十二部经，在人性中本自具有。不能自悟，须求善知识

---

① "戒本源自性清净"，"戒"误写为"我"字，"源"原本作"元"。

示导方见。若自悟者，不假外求，若须要善知识望得解脱者，无有是处。何以故？自心内有知识自悟。若起邪迷，妄念颠倒，外善知识虽有教授，救不可得。若起正真般若观照，一刹那间，妄念俱灭。若识自性，一悟即至佛地。

善知识，智慧观照，内外明彻，识自本心。若识本心，即求解脱。若得解脱，即是般若三昧，即是无念。何名无念？若见一切法，心不染着，是为无念。用即遍一切处，亦不着一切处，但净本心，使六识从六门走出，于六尘中无染无杂，来去自由，通同无滞，即是般若三昧，自在解脱，名无念行。若百物不思，当令念绝，即是法缚，即名边见。

善知识，悟无念法者，万法尽通；悟无念法者，见诸佛境界；悟无念法者，至佛位地。

善知识，后代得吾法者，常见吾法身不离汝左右。善知识，将此顿教法门，于同见同行发愿受持，如事佛故，终身而不退者欲入圣位，然须传受从上以来默传分付，不得匿其正法。若不同见同行，在别法中，不得传付，损彼前人，究竟无益。恐愚人不解，谤此法门，百劫千生，断佛种性。

善知识，吾有一《无相颂》，若能诵取，言下令汝迷罪消灭。颂曰：

　　迷人修福不修道，只言修福便是道。
　　布施供养福无边，心中三恶元来造。
　　拟将修福欲灭罪，后世得福罪还在。
　　但向心中除罪缘，各自性中真忏悔。
　　忽悟大乘真忏悔，除邪行正即无罪。

学道常于自性观，即与诸佛同一类。
吾祖惟传此顿法，普愿见性同一体。
若欲当来觅法身，离诸法相心中洗。
努力自见莫悠悠，后念忽绝一世休。
若悟大乘得见性，虔恭合掌至心求。

师言：今于大梵寺中，说此顿教，普愿法界众生，于此言下见性成佛。

师说法了，韦使君与官员、道俗一时作礼，无不悟者，皆叹："善哉，何期岭南有佛出世！"

八、问答功德及西方相状门

尔时，韦使君再肃容仪礼拜，问曰："弟子闻和尚说法，实不可思议。今有少疑欲问和尚，愿大慈悲，特为解说。"

师曰："有疑即问，何须再三。"

韦公曰："和尚所说，可不是达磨大师宗旨乎？"

师曰："是。"

公曰："弟子闻达磨初化梁武帝。帝问云：朕一生造寺、供僧、布施、设斋，有何功德？达磨言：实无功德。武帝怅怏，不称本情，遂令达磨出境。弟子未达此理，愿和尚为说，达磨意旨如何？"

师曰："实无功德，勿疑先圣之言。武帝心邪，不知正法，造寺、供养、布施、设斋，名为求福，不可将福便为功德。功德在法身中，不在修福。"

师又曰:"见性是功,平直①是德,念念无滞,常见本性,真实妙用,名为功德。外行于礼是功,内心谦下是德。自性建立万法是功,心体离念是德。不离自性是功,应用无染是德。若觅功德法身,但依此作,是真功德。若修功德之人,心即不轻,常行普敬也。"

师曰:"心常轻人,吾我不断,即自无功。自性虚妄不实,即自无德。为吾我自大,常轻一切故。善知识,念念无间是功,心行平直是德。自修身是功,自修性是德。善知识,功德须自性内见,不是布施、供养之所求也。是以福德与功德别。武帝不识真理,非我祖师有过。"

又问:"弟子常见僧俗念阿弥陀佛,愿生西方。请和尚说得生彼否?愿为破疑。"

师言:"使君善听,惠能与说。世尊在舍卫城中说西方引化,经文分明,去此不远。若论相说,里数②即有十万八千;若说身中,十恶八邪便是。说远,为其下根;说近,为其上智。人有两种,法无两般。迷悟有殊,见有迟疾。迷人念佛求生于彼,悟人自净其心。所以佛言:随其心净,即佛土净。使君,东方人但心净即无罪,虽西方人,心不净亦有愆。东方人造罪念佛,求生西方。西方人造罪念佛,求生何国?凡愚不了自性,不识身中净土,愿东愿西。悟人在处一般。所以佛言,随所住处,常安常乐。使君,心地但无不善,西方去此不遥。若怀不善之心,念佛

---

① "直",原本作"等",参敦煌新本及真福寺本、大乘寺本改。
② "里数",原本作"理",据真福寺本改。

往生难到。今劝善知识,先除十恶,即行十万①;后除八邪,乃过八千。念念见性,常行平直,到如弹指,便睹弥陀。使君,但行十善,何须更愿往生。不断十恶之心,何佛即来迎请?若悟无生顿法,见西方只在刹那。不悟,念佛求生,路遥如何得达?惠能与诸人移西方如刹那间,目前便见,各愿见否?"

皆顶礼言:"若此处见,何须更愿往生。愿和尚慈悲,便现西方,普愿得见。"

师言:"大众,世人自色身是城,眼耳鼻舌是门,外有五门,内有意门。心是地,性是王,王居心地上。性在王在,性去王无。性在身心存,性去身心坏。佛向性中作,莫向身外求。自性迷即是众生,自性觉即是佛。慈悲即是观音,喜舍名为势至,能净即释迦,平直即弥陀。人我即须弥,邪心是海水,烦恼是波浪,毒害是恶龙,虚妄是鬼神,尘劳是鱼鳖,贪嗔是地狱,愚痴是畜生。

"善知识,常行十善,天堂便至。除人我,须弥倒。无邪心,海水竭。烦恼无,波浪灭。毒害除,鱼龙绝。自心地上觉性如来,放大光明,外照六门清净,能破六欲诸天。自性内照,三毒即除,地狱等罪一时消散。内外明彻,不异西方。不作此修,如何到彼?"

大众闻说,俱叹善哉!曰:"但是迷人,了然见性。"悉皆礼拜,唯言普愿法界众生,闻者一时悟解。

师言:"善知识,若欲修行,在家亦得,不由在寺。在家能

---

① "万",原本作"善",参敦煌新本及真福寺本等改。"即行十万"与后面"乃过八千",乃对应前面净土离此"十万八千"之句。

行,如东方人心善。在寺不修,如西方人心恶。但心清净,即是自性西方。"

韦公又问:"在家如何修行,愿为教授。"

师言:"吾与大众作《无相颂》,但依此修,常与吾同处无别。若不依此行,虽在吾边,如隔千里。

"颂曰:

说通及心通,如日处虚空。
惟传见性法,出世破邪宗。
法即无顿渐,迷悟有迟疾。
只此见性门,愚人不可悉。
说即虽万般,合理还归一。
烦恼暗宅中,常须生慧日。
邪来烦恼至,正来烦恼除。
邪正俱不用,清净至无余。
菩提本自性,起心即是妄。
净心在妄中,但正无三障。
世人若修道,一切尽不妨。
常自见己过,与道即相当。
色类自有道,各不相妨恼。
离道别觅道,终身不见道。
波波度一生,到头还自懊。
欲得见真道,行正则是道。
自若无道心,暗行不见道。
若真修道人,不见世间过。

若见他人非，自非却是左。
他非我不非，我非自有过。
但自却非心，打除烦恼破。
憎爱不关心，长伸两脚卧。
欲拟化他人，自须有方便。
勿令彼有疑，即是自性现。
佛法在世间，不离世间觉。
离世觅菩提，恰如求兔角。
正见名出世，邪见是世间。
邪正尽打却，菩提性宛然。
此颂是顿教，亦名大法船。
迷闻经累劫，悟则刹那间。"

师言："善知识，总须诵取，依偈修行，言下见性，虽去吾千里，如常在吾边，于此言下不悟，即对面千里。各各自修，法不相待。众人且散，吾归曹溪。众若有疑，却来相问，为众破疑，各见本心。"

时会僧俗豁然大悟，咸赞善哉，俱明佛性。

九、诸宗难问门

大师出世，行化四十年。诸宗难问，僧俗约千余人，皆起恶心难问。

师言：一切尽除，无名可名，名于自性。无二之性，是名实性，于实性上建立一切教门，言下便须自见。

诸人闻说，总皆顶礼，请事为师，愿为弟子。如此之徒，说不可尽。

若论宗旨，传授《坛经》者即有禀承所付，须知去处、年月、时代、姓名，递相付嘱。若无《坛经》禀承者，即非南宗弟子，缘未得所禀，虽说顿法，未契本心，终不免诤。但得法者，只劝修行。诤是胜负之心，与道相违矣。

十、南北二宗见性门

世人尽言南能北秀，未知事由。

且秀大师在荆南当阳县玉泉寺住，能大师在韶州城东四十五里曹溪山住。法本一宗，人有南北。何名顿渐？法即一种，见有迟疾，法无顿渐，人有利钝，故名顿渐。

秀闻能师说法径疾，直指见性，遂命门人志诚曰："汝聪明多智，可与吾到曹溪山礼拜，但坐听法，莫言吾使汝来。汝若听得，尽心记取，却来说吾看彼所见，谁迟谁疾。火急早来，勿令吾怪。"

志诚礼拜便行，经五十余日至曹溪山，礼师坐听，不言来处。志诚一闻，言下便悟，即起礼拜。白[①]言："和尚，弟子在玉泉寺秀和尚处学道九年，不得契悟，今闻和尚一说，忽然悟解，便契本心。和尚大慈，弟子生死事大，又恐轮回，愿当教示。"

---

① "白"，原本作"自"，据敦煌新本及大乘寺本改。

师曰:"汝从玉泉寺来,应是细作。"

对曰:"不是。"

师曰:"何得不是?"

对曰:"未说即是,说了不是。"

师曰:"烦恼菩提,亦复如是。"

师问志诚曰:"吾闻汝禅师教示学人,唯传戒定慧。未审汝师说戒定慧行相如何?与吾说看。"

志诚曰:"秀和尚说,诸恶不作名为戒,诸善奉行名为慧,自净其意名为定,此是戒定慧。彼说如此,未审和尚所见如何?愿为解说。"

师曰:"秀和尚所见,实不可思议。吾所见戒定慧又别。"

志诚启和尚:"戒定慧只合一种,如何更别?"

师曰:"汝师戒定慧,接大乘人。吾戒定慧,接最上乘人。悟解不同,见有迟疾。汝听吾说,与彼同否?吾所说法,不离自性,离体说法,名为相说,自性常迷。须知一切万法皆从自性起用,是真戒定慧等法,常见自性自心,即是自性等佛。吾心地无非自性戒,心地无痴自性慧,心地无乱自性定。汝师戒定慧,劝小根智人。吾戒定慧,劝大根智人。若悟自性,亦不立菩提涅槃,亦不立解脱知见,无一法可得,方能建立万法,是真见性。若解此意,亦名佛身,亦名菩提涅槃,亦名解脱知见,亦名十方国土,亦名恒沙数,亦名三千大千,亦名大小藏十二部经。见性之人,立亦得,不立亦得,去来自由,无滞无碍,应用随作,应语随答,普见化身,不离自性,即得自在神通游戏三昧之力,此名见性。"

志诚再启和尚:"如何是不立义?"

师曰:"自性无非无痴无乱,念念般若观照。常离法相,自由自在,纵横尽得,有何可立?自性自悟,顿悟顿修,亦无渐次,所以不立一切法。佛言寂灭,有何次第?"

志诚礼拜,便住曹溪,愿为门人,不离左右。

复有一僧,名曰法达,常诵《法华经》,七年心迷,不悟正法。来诣曹溪,礼拜问曰:"和尚,弟子诵《法华经》,心常有疑,又不知正法之处。和尚智慧广大,愿为决疑。"

师曰:"法达,法即甚达,汝心不达。经本无疑,汝心自疑。汝心自邪,则求正法。吾心本正,则是持经。吾不识文字,汝取经来诵之一遍,吾闻即知。"

法达取经,便读一遍。师知佛意,乃与说经。师言:"法达,经无多语,七卷①尽是譬喻因缘。如来广说三乘,只为世人根钝。经文分明,无有余乘,唯一佛乘。汝听一佛乘,莫求二乘,迷却汝性。且经中何处是一佛乘?吾闻汝诵经云:诸佛世尊,唯以一大事因缘故出现于世(正法有十六字)。此法如何解?如何修?汝用心听吾为汝说。"

师言:"法达,人心何不思本来寂静,离却邪见,即是大事因缘。内外不迷,即离两边。外迷着相,内迷着空。于相离相,于空离空,即是内外不迷。若悟此法,一念心开。出现于世,心开何事?开佛知见。佛犹觉也,分为四门:开觉知见,示觉知

---

① "七卷",原本作"十卷",敦煌新本、真福寺本等皆作"七卷"。后秦鸠摩罗什译《法华经》作"七卷"。

见，悟觉知见，入觉知见。此名开、示、悟、入。从一处入，即觉知见。见自本性，即得出现。"

师言："吾劝一切人，于自心地，常开佛知见。世人心邪，愚迷造罪，口善心恶，贪嗔、嫉妒、谗佞侵害，自开众生知见。世人心正，常起智慧观照自心，止恶行善，自开佛知见。汝须念念开佛知见，莫开众生知见。开佛知见，即是出世。开众生知见，即是世间。"

师又言："法达，此是《法华经》一乘之义。向下分之为三乘者，盖为迷人。汝但依一佛乘修行。"

师又言："法达，心行即是汝转《法华经》，不行即是被《法华经》转。心正转《法华》，心邪《法华》转。开佛知见转《法华》，努力依法修行，即是转经。自心若不念念修行，即常被经转。"

法达一闻，言下大悟，涕泪悲泣，白大师言："实未曾转《法华》，七年被《法华》转，自今方修佛行。"

师言："行佛行，是佛。"

时在会者，各得见性。

复有僧，名曰智常，礼拜问四乘之义。云："启和尚，佛说三乘法。又言最上乘，弟子不解，愿为教授。"

师曰："汝向自心见，莫著外法相，无四乘法。人心自有四等，见闻转读是小乘，悟法解义是中乘，依法修行是大乘。万法尽通，万行俱备，一切不染，离诸法相，一无所得，名最上乘。乘是行义，不在口争。汝须自修，莫问吾也。一切时中，自性自如,是四乘义。"

又玉泉寺有一童子,年十三岁,当阳县人,名曰神会,礼师三拜,问曰:"和尚坐禅,还见不见?"

师以柱杖打三下,却问:"吾打汝,痛不痛?"

对云:"亦痛亦不痛。"

师曰:"吾亦见亦不见。"

神会问:"如何是亦见亦不见?"

师言:"吾之所见,常见自心过愆,不见他人是非好恶,是以亦见亦不见。汝言亦痛亦不痛如何?汝若不痛,同其木石;若痛,即同凡夫,即起于恨。"

师曰:"神会小儿,向前见不见是二边,痛不痛属生灭。汝自性且不见,敢来弄人!"

神会礼拜悔谢,更不敢言。

师又曰:"汝若心迷不见,问善知识觅路。汝若心悟,即自见性,依法修行。汝自迷不见自心,却来问吾见与不见。吾见自知,岂代汝迷?汝若自见,亦不代吾迷。何不自知自见,乃问吾见与不见!"

神会礼百余拜,求谢愆过,请事为师,不离左右。

十一、教示十僧传法门 灭度年月附

尔时,师唤门人法海、志诚、法达、神会、智常、智通、志彻、志道、法珍、法如等言:汝等十人向前。汝等不同余人,吾灭度后,各为一方师。吾今教汝说法,不失本宗。

先须举三科法门,动用三十六对,出没即离两边。说一切法,莫离自性。忽有人问汝法,出语尽双,皆取对法,来去相因,究竟二法尽除,更无去处。

三科法门者,阴、界、入也。阴,是五阴,色受想行识是也。入,是十二入,外六尘,色声香味触法;内六门,眼耳鼻舌身意是也。界,是十八界,六尘、六门、六识是也。自性能含万法,名含藏识。若起思量,即是转识,生六识,出六门,见六尘。三六一十八,由自性起用。自性若邪,起十八邪;自性若正,起十八正。合①恶用即众生用,善用即佛用。用由何等?由自性。

有对法:

外境无情五对:天与地对,日与月对,明与暗对,阴与阳对,水与火对。此是五对也。

法相语言十二对:语与法对,有与无对,有色与无色对,有相与无相对,有漏与无漏对,色与空对,动与静对,清与浊对,凡与圣对,僧与俗对,老与少对,大与小对。此是十二对也。

自性起用十九对:长与短对,邪与正对,痴与慧对,愚与智对,乱与定对,慈与毒对,戒与非对,直与曲对,实与虚对,险与平对,烦恼与菩提对,常与无常对,悲与害对,喜与嗔对,舍与悭对,进与退对,生与灭对,法身与色身对,化身与报身对。此是十九对也。

---

① "合",原本作"含",参真福寺本改。

师言：此是三十六对法，若解用，即通贯一切经法，出入即离两边。自性动用，共人言语，外于相离相，内于空离空。若全着相，即长邪见；若全执空，即长无明。执空之人，又却①谤经，直言不用文字。既云不用文字，人亦不合语言。只此语言，便是文字之相。又云直道不立文字。即此不立两字，亦是文字。见人所说，便即谤他言着文字。

汝等须知，自迷犹可，又谤佛经。不要谤经，罪障无数。着相于外而作法求真，或广立道场，说有无之过患。如是之人，累劫不可见性。不劝依法修行，但只听说修行。

又莫百物不思，而于道生②窒碍。若听说不修，令人反生邪念。但依法修行，无住相法施。

汝等若悟，依此说，依此用，依此行，依此作，即不失本宗。若有人问汝义，问有将无对，问无将有对，问凡以圣对，问圣以凡对。二法相因，生中道义。汝一问一对；余问，一依此作，即不失理也。

设有人问：何名为暗？答云：明是因，暗是缘，明没即暗，以明显暗，以暗现明，来去相因，成中道义。余问悉皆如此。

师教十僧于后传法，以《坛经》递相教授，即不失宗旨。汝今已得法了，递代流行。后人得遇《坛经》，如亲承吾教。若看《坛经》，必当见性。

大师以先天元年于新州国恩寺造塔，至二年七月八日，唤门

---

① "又却"，原本作"有"，参真福寺本、大乘寺本改。
② "生"，原本作"性"，参真福寺本改。

人告别。

师言:"汝等近前,吾至八月,欲离世间。汝等有疑,早须相问,为汝破疑,当令迷尽,使汝安乐。吾若去后,无人教汝。"

法海等闻,悉皆涕泣,唯有神会不动神情,亦无涕泣。

师曰:"神会小师,却得善不善等,毁誉不动。余者不得,数年在山,修行何道?汝今悲泣,为忧阿谁?若忧吾不知去处,吾自知去处。吾若不知去处,终不别汝。汝等悲泣,盖为不知吾去处,若知吾去处,即不合悲泣。法性本无生灭去来。汝等尽坐,吾与汝等一偈,名曰《真假动静偈》。汝等诵取此偈,与吾意同,依此修行,不失宗旨。"

众僧作礼,请师说偈。偈曰:

一切无有真,不以见于真。
若见于真者,是见尽非真。
若能自有真,离假即心真。
自心不离假,无真何处真。
有情即解动,无情即不动。
若修不动行,同无情不动。
若觅真不动,动上有不动。
不动是不动,无情无佛种。
能善分别相,第一义不动。
但作如此见,即是真如用。
报诸学道人,努力须用意。
莫于大乘门,却执生死智。
若言下相应,即共论佛义。

若实不相应,合掌令欢喜。

此宗本无诤,诤即失道意。

执迷诤法门,自性入生死。

时众僧闻,知大师意,更不敢诤,各自摄心,依法修行,一时礼拜,即知大师不久住世。

法海上座问曰:"和尚去后,衣法当付何人?"

师曰:"吾于大梵寺说法,直至今日,抄录流行,名《法宝坛经记》。汝等守护,度诸群生,但依此说,是真正法。"

师言:"法海向前,吾灭度后二十年间,邪法撩乱,惑我正宗。有一人出来,不惜身命,定于佛法,竖立宗旨,即是吾法弘于河洛,此教大行。若非此人,衣不合传。汝多不信,吾与汝说先祖达磨大师传衣偈颂。据此偈颂之意,衣不合传。偈曰:

吾本来东土,说法救迷情。

一花开五叶,结果自然成。"

师曰:"吾有一偈,还用先圣大师偈意。偈曰:

心地含种性,法雨即花生。

顿悟花情已,菩提果自成。"

师说偈已,令门人且散。众相谓曰:"大师多应不久住世间。"

师至先天二年八月三日,食后报言:"汝等各着位坐,共汝相别。"

时法海问言:"此法从上至今,传授几代,愿和尚说。"

师曰:"初六佛,释迦第七,迦叶、阿难、末田地、商那和修、优波毱多、提多迦、佛陁难提、佛陁蜜多、胁比丘、富那奢、马鸣大士、毗罗尊者、龙树大士、迦那提多、罗睺罗多、僧伽那提、僧伽耶舍、鸠摩罗驮、阇夜多、婆修槃头、摩拏罗、鹤勒那、师子比丘、婆舍斯多、优波掘多、婆须蜜多、僧迦罗叉、后魏菩提达磨、北齐惠可、隋朝僧璨、唐朝道信、弘忍、惠能。"

师曰："众人，今当受法。汝等于后递相传付，须有禀承依约，莫失宗旨。"

法海白言："和尚留何教法，令后代迷人得见自性？"

师言："汝等听之。后代迷人若识众生，即见佛性；若不识众生，万劫觅佛难逢。吾今教汝识自心众生，见自心佛性。吾与汝说，后代之人欲求见佛，但识众生。只为众生迷佛，非是佛迷众生。自性若悟，众生是佛；自性若迷，佛是众生；自性平等，众生是佛；自心邪险，佛是众生。汝等心若险曲，即佛在众生中。一念平直，即是众生成佛。我心自有佛，自若无佛心，何处求真佛。汝等自心是佛，更莫狐疑。外无一切物而能建立，皆是本心生万种法。故经云：心生种种法生，心灭种种法灭。

"吾今留一偈，与汝等别，名《自性真佛偈》。后代迷人，识此偈意，自见本心，自成佛道。偈曰：

真如性净是真佛，邪见三毒是魔王。

邪迷之时魔在舍，正见之时佛在堂。

性中邪见三毒生，即是魔王来住舍。

正见自除三毒心，魔变成佛真无假。

法身报身及化身，三身本来是一身。

若向性中能自见，即是成佛菩提因。

本从化身生净性，净性常在化身中。

性使化身行正道，当来圆满真无穷。
淫性本是净性因，除淫即无净性身。
性中各自离五欲，见性刹那即是真。
今生若悟顿法门，忽悟自性见世尊。
汝若修行觅作佛，不知何处拟求真。
若能心中自见真，有真即是成佛因。
不见自性外觅佛，起心总是大痴人。
顿教法门今已留，救度世人须自修。
报汝当来学道者，不作此见大悠悠。"

师说偈了，报言："今共汝别。吾灭度后，莫作世情，悲泣雨泪，受人吊问，身着孝服，非吾弟子，亦非正法，但如吾在日，一时尽坐，但识自本心，见自本性，① 无动无静，无生无灭，无去无来，无是无非，无住无往，无名无字。恐汝心迷，不会吾意，吾今再嘱汝，令汝见性。吾灭度后，依此修行，如吾在日。汝等违法，纵吾在世，终无有益。"

大师言讫，夜至三更，奄然迁化。大师春秋七十有六。

师迁化日，寺内异香氛氲，经于七日，感地动林变，白日无光，风云失色，群鹿鸣叫，至夜不绝。

先天二年八月三日夜三更时，于新州国恩寺圆寂。余在功德塔记具述（及具王维碑铭）。

至十一月，韶、广二州门人迎师神座，向曹溪山葬。忽于龛内白光出现，直上冲天，三日始散。韶州奏闻，奉敕立碑供养。

---

① "但识自本心，见自本性"，原本无，致使前后不通。此参元代德异本、宗宝本补。

至元和十一年，诏追谥曰大鉴禅师。事具刘禹锡碑。

洎乎法海上座无常，以此《坛经》付嘱志道，志道付彼岸，彼岸付悟真，悟真付圆会，递代相传付嘱。

一切万法，不离自性中现也。

六祖坛经卷下

曹溪大师传

《曹溪大师传》，也作《曹溪大师别传》①，是8世纪名字不详的某僧编撰的唐代禅宗史书之一，记述中国禅宗南宗创始人惠能生平事迹和禅法语录。在中国久佚，然于日本迄今收藏有9世纪日本天台宗创始人最澄入唐求法期间于越州（治今浙江绍兴）的抄录本②，并在20世纪初编印的《续藏经》中载有日本临济宗汉兴祖芳（1722~1806）的校订本。

宋代云门宗高僧契嵩（1007~1072）受吏部侍郎郎简之托，对世上通行的"为俗所增损，而文字鄙俚繁杂"的《六祖坛经》重作改编，据说"得曹溪古本，校之勒成三卷"。他所说的"曹溪古本"即为《曹溪大师传》。此后，元代德异刊印本《坛经》承自契嵩改编本，宗宝本《坛经》也承自此本，然有较多改动。经比较可知，契嵩本系统的《坛经》中有不少内容是取自于《曹溪大师传》的。

因为《曹溪大师传》与诸本《六祖坛经》一样，记述惠能的

---

① 日本天台宗大本山比叡山所藏本题目作《曹溪大师传》，1762年京都兴圣寺木版刻印祖芳校订本的题目作《曹溪大师别传》（《续藏经》载录本）。
② 《大正藏》第55册所载《传教大师将来越州录》中有"《曹溪大师传》一卷"。

生平和禅法语录，故亦可看作是记述惠能"传法宗旨"《六祖坛经》的一种。

下面以日本柳田圣山主编、京都中文出版社出版《禅学丛书之七·六祖坛经集成》所载比叡山写本的影印本为底本，以京都大学图书馆所藏日本江户时代无著道忠据比叡山写本的抄写本（简称道忠抄本）、《续藏经》第一辑第二编乙第十九套第五册（《卍新续藏》第86册）所载1762年祖芳校订本（简称续藏本）为参校本，并参考驹泽大学禅宗史研究会1978年编、大修馆书店出版《慧能研究》第一章第二节《校订训注曹溪大师传》、1988年《驹泽大学佛教学部研究纪要》第46号所载石井修道《曹溪大师传考》，改用简体字重作校订和分段。

为尽可能保持原样，仅对正文中的部分错讹和遗漏之处或语句做修正补充，皆做页下注说明，对原本的夹注则用（）标出。

唐韶州曹溪宝林山国宁寺六祖惠能大师传法宗旨，并高宗[①]大帝敕书兼赐物改寺额，及大师印可门人并灭度时六种瑞相，及智药三藏悬记等传

梁天监壬午元年正月五日，时婆罗门三藏，字智药，是中天竺国那烂陀寺大德。辞彼国王，来此五台山，礼谒文殊，将弟子数十侍从。三藏博识多闻，善通经论星象之学，志弘大乘，巡历诸国，远涉沧波，泛舶至韶州曹溪口村，语村人曰："看此水源，必有胜地，堪为沙门居止，代代高僧不绝，吾欲寻之。"行至曹溪，劝村人修造住处。经五年，号此山门名宝林寺。人天所敬，海内归依。

至天监五年二月十五日，敕天下名僧大德，令所在州县，进入内道场供养。时韶州刺史侯公表进三藏入内。使君问三藏云："何以名此山门为宝林耶？"答曰："吾去后一百七十年，有无上法宝于此地弘化，有学者如林，故号宝林耶。"三藏四月初，得对奏为宝林寺，敕赐田五拾顷。至天监十年，三藏入台山，却还本国。

至隋大业十三年，天下荒乱，寺舍毁废。至天平元年[②]，乐

---

① 据正文相关年号，应为中宗。
② "天平元年"，是隋朝前北朝东魏孝静帝的年号，公元534年。原文显然有误。

昌县令李藏之请宝林额，于乐昌灵溪①村置寺。

至咸亨元年，时惠能大师，俗姓卢氏，新州人也。少失父母，三岁而孤。虽处群辈之中，介然有方外之志。其年，大师游行至曹溪，与村人刘至略结义为兄弟。时春秋三十②。

略有姑出家，配山涧寺，名无尽藏，常诵《涅槃经》。大师昼与略役力，夜即听经。至明，为无尽藏尼解释经义。尼将经与读，大师曰："不识文字。"尼曰："既不识字，如何解释其义？"大师曰："佛性之理，非关文字能解。今不识文字何怪。"

众人闻之，皆嗟叹曰："见解如此，天机自悟，非人所及，堪可出家住此宝林寺。"

大师即住此寺，修道经三年，正当智药三藏一百七十年悬记之时也。时大师春秋三十有三③。

后闻乐昌县西石窟有远禅师，遂投彼学坐禅。大师素不曾学书，竟未披寻经论。

时有惠纪禅师，诵《投陁经》。大师闻经叹曰："经意如此，今我空坐何为？"至咸亨五年，大师春秋三十有四④。惠纪禅师谓大师曰："久承蕲州黄梅山忍禅师开禅门，可往彼修学。"

大师其年正月三日，发韶州往东山寻忍大师。策杖涂跣，孤

---

① "灵溪"，或认为此为曹溪之误。但曹溪在曲江县，乐昌县在曲江县之北。
② "春秋三十"，惠能卒于唐先天二年（713），年七十六岁，当生于公元638年。据此，应为三十三岁。
③ "三十有三"，应为三十六岁。
④ "三十有四"，应为三十七岁。

然自行,至洪州东路。时多暴虎,大师独行山林无惧。遂至东山,见忍大师。

忍大师问曰:"汝化物来?"

能答曰:"唯求作佛来。"

忍问曰:"汝是何处人?"

能答曰:"岭南新州人。"

忍曰:"汝是岭南新州人,宁堪作佛?"

能答曰:"岭南新州人佛性与和尚[1]佛性,有何差别?"

忍大师更不复问。可谓自识佛性,顿悟真如,深奇之,奇之。

忍大师山中门徒至多,顾眄左右,悉皆龙象。遂令能入厨中供养,经八个月。能不避艰苦,忽同时戏调,嶷然不以为意,忘身为道,仍踏碓。自嫌身轻,乃系大石著腰,坠碓令重,遂损腰脚。

忍大师因行至碓米所,问曰:"汝为供养损腰脚,所痛如何?"

能答曰:"不见有身,谁言之痛?"

忍大师至夜,命能入房。大师问:"汝初来时,答吾岭南人佛性,与和尚佛性有何差别。谁教汝耶?"

答曰:"佛性非偏,和尚与能无别,乃至一切众生皆同,更无差别,但随根隐显耳。"

忍大师征曰:"佛性无形,云何隐显?"

---

[1] "尚",原本作"上",据文意改。下同。

能答曰:"佛性无形,悟即显,迷即隐。"

于时忍大师门徒,见能与和尚论佛性义。大师知诸徒不会,遂遣众人且散。

忍大师告能曰:"如来临般涅槃,以甚深般若波罗蜜法付嘱摩诃迦叶,迦叶付阿难,阿难付商那和修,和修付忧波掬多。在后展转相传,西国经二十八祖,至于达磨多罗大师,汉地为初祖,付嘱惠可,可付璨,璨付双峰信,信付于吾矣。吾今欲逝,法嘱于汝。汝可守护,无令断绝。"

能曰:"能是南人,不堪传授佛性。此间大有龙象。"

忍大师曰:"此虽多龙象,吾深浅皆知,犹兔与马,唯付嘱象王耳。"

忍大师即将所传袈裟付能,大师遂顶戴受之。大师问和尚曰:"法无文字,以心传心,以法传法,用此袈裟何为?"

忍大师曰:"衣为法信,法是衣宗。从上相传,更无别付。非衣不传于法,非法不传于衣。衣是西国师子尊者相传,令佛法不断。法是如来甚深般若,知般若空寂无住,即而了法身;见佛性空寂无住,是真解脱。汝可持衣去。"

遂则受持,不敢违命。然此传法袈裟,是中天布,梵云婆罗那,唐言第一好布,是木绵花作。时人不识,谬云丝布。

忍大师告能曰:"汝速去,吾当相送。"随至蕲州九江驿,忍大师告能曰:"汝传法之人,后多留难。"能问大师曰:"何以多难?"忍曰:"后有邪法竞兴,亲附国王大臣,蔽我正法。汝可好去。"能遂礼辞南行。

忍大师相送已,却还东山,更无言说。诸门人惊怪问:"和尚何故不言？"大师告众曰："众人散去，此间无佛法，佛法已向南去也。我今不说，于后自知。"

忍大师别能大师，经停三日，重告门人曰："大法已行，吾当逝矣。"忍大师迁化。百鸟悲鸣，异香芬馥，日无精光，风雨折树。

时有四品官，俗姓陈氏，舍俗出家事和尚，号惠明禅师。闻能大师将衣钵去，遂奔趁①南方。寻至大庾岭，见能大师。大师即将衣钵遂还明。明曰："来不为衣钵，不审和尚初付嘱时，更有何言教？愿垂指示。"能大师即为明禅师传嘱授密言。惠明唯然受教，遂即礼辞。明语能曰："急去急去，在后大有人来相趁②逐。"能大师即南行。

至来朝，果有数百人来至岭，见明禅师。禅师曰："吾先至此，不见此人。问南来者亦不见。此人患脚，计未过此。"诸人却向北寻。明禅师得言教，犹未晓悟，却居庐山峰顶寺三年，方悟密语。明③后居蒙山，广化群品。

能大师归南，略至曹溪，犹被人寻逐。便于广州四会、怀集两县界避难，经于五年，在猎师中。大师春秋三十九。

至仪凤元年初，于广州制旨寺，听印宗法师讲《涅槃经》。法师是江东人也。其制旨寺，是宋朝求那跋摩三藏置，今广州龙兴寺是也。法师每劝门人商量论义。时属④正月十五日悬幡。诸

---

① "趁"，原本作"迩"，参续藏本改。
② "趁"，原本作"迩"，参续藏本改。
③ "明"，原本作"能"，参续藏本改。
④ "属"，原本作"嘱"。

人夜论幡义。法师廊下隔壁而听。

初论幡者:"幡是无情,因风而动。"

第二人难言:"风幡俱是无情,如何得动?"

第三人:"因缘和合故动。"

第四人言:"幡不动,风自动耳。"

众人诤论,喧喧不止。能大师高声止诸人曰:"幡无如余种动,所言动者,仁者①心自动耳。"

印宗法师闻已,至明日讲次欲毕,问大众曰:"昨夜某房论义,在后者是谁?此人必禀承好师匠。"中有同房人云:"是新州卢行者。"法师云:"请行者过房。"能遂过房。

法师问曰:"曾事何人?"

能答曰:"事岭北蕲州东山忍大师。"

法师又问:"忍大师临终之时云佛法向南,莫不是贤者否?"

能答:"是。"

"既云是,应有传法袈裟,请一暂看。"

印宗见袈裟已,珍重礼敬,心大欢喜。叹曰:"何期南方有如是无上之法宝!"法师曰:"忍大师付嘱,如何指授言教?"

能大师答曰:"唯论见性,不论禅定解脱、无为无漏。"

法师曰:"如何不论禅定解脱、无漏无为?"

能答曰:"为此多法不是佛性。佛性是不二之法,《涅槃经》明其佛性不二之法,即此禅也。"

法师又问:"云何佛性是不二之法?"

---

① "仁者",原本作"人者"。

能曰："《涅槃经》高贵德王菩萨白佛言：世尊，犯四重禁，作五逆罪及一阐提等，为当断善根，佛性改否？佛告高贵德王菩萨：善根有二，一者常，二者无常，佛性非常非无常，是故不断，名之不二；一者善，二者不善，佛性非善非不善，是故不断，名为不二。又云：蕴之与界，凡夫见二，智者了达其性无二。无二之性即是实性。明与无明，凡夫见二，智者了达其性无二。无二之性即是实性。实性无二。"

能大师谓法师曰："故知佛性是不二之法。"

印宗闻斯解说①，即起合掌，虔诚愿事为师。明日讲次，告众人曰："印宗何幸，身是凡夫，不期座下法身菩萨。印宗所为众人说《涅槃经》，犹如瓦砾。昨夜请卢行者过房论义，犹如金玉。诸人信否？然此贤者，是东山忍大师传法之人。诸人永不信，请行者将传法袈裟呈示诸人。"

诸人见已，顶礼，咸生信重。

仪凤元年正月十七日，印宗与能大师剃发落。二月八日，于法性寺受戒。戒坛是宋朝求那跋摩三藏所置。当时遥记云："于后当有罗汉登此坛，有菩萨于此受戒。"今能大师受戒，应其记也。（出《高僧录》）

能大师受戒。和尚西京总持寺智光律师，羯磨阇梨苏州灵光寺惠静律师，教授阇梨荆州天皇寺道应律师。后时，三师皆于能大师所学道，终于曹溪。其证戒大德，一是中天耆多罗律师，二是密多三藏。此二大德，皆是罗汉，博达三藏，善中边言。印宗

---

① "解说"，原本误作"解脱"，参续藏本改。

法师请为尊证也。

又萧梁末,有真谛三藏,于坛边种菩提树两株,告众僧曰:"好看此树,于后有菩萨僧于此树下演无上乘。"于后能大师于此树下坐,为众人开东山法门,应真谛三藏记也。(出《真谛三藏传》)

其年四月八日,大师为大众初开法门,曰:"我有法,无名无字,无眼无耳,无身无意,无言无示,无头无尾,无内无外,亦无中间,不去不来,非青黄赤白黑,非有非无,非因非果。"

大师问众人:"此是何物?"

大众两两相看,不敢答。

时有荷泽寺小沙弥神会,年始十三,答:"此是佛之本源。"

大师问云:"何是本源?"

沙弥答曰:"本源者,诸佛本性。"

大师云:"我说无名无字,汝云何言佛性有名字?"

沙弥曰:"佛性无名字,因和尚问故立名字。正名字时,即无名字。"

大师打沙弥数下。大众礼谢曰:"沙弥小人,恼乱和尚。"

大师云:"大众且散去,留此饶舌沙弥。"

至夜间,大师问沙弥:"我打汝时,佛性受否?"答云:"佛性无受。"大师问:"汝知痛否?"沙弥答:"知痛。"大师问:"汝既知痛,云何道佛性无受?"沙弥答:"岂同木石!虽痛而心性不受。"大师语沙弥曰:"节节支解时,不生嗔恨,名之无受。我忘身为道,踏碓直至胯脱,不以为苦,名之无受。汝今被打,心性不受。汝受诸触如智证,得真正受三昧。"沙弥密受付嘱。

大师出家开法受戒,年登四十。

印宗法师请大师归制旨寺。今广州龙兴寺经藏院是大师开法堂。法师问能大师曰："久在何处住?"大师云："韶州曲江县①南五十里曹溪村故宝林寺。"

法师讲经了，将僧俗三千余人送大师归曹溪。因兹广阐禅门，学徒千万。

至神龙元年正月十五日，敕迎大师入内。表辞不去。高宗②大帝敕曰：

朕虔诚慕道，渴仰禅门，召诸州名山禅师，集内道场供养，安、秀二德，最为僧首。朕每咨求，再推南方有能禅师，密受忍大师记，传达磨衣钵以为法信，顿悟上乘，明见佛性，今居韶州曹溪山，示悟众生，即心是佛。朕闻如来以心传心，嘱付迦叶，迦叶展转相传，至于达磨，教被东土，代代相传，至今不绝。师既禀承有依，可往京城施化，缁俗归依，天人瞻仰。故遣中使薛简迎师，愿早降至。

神龙元年正月十五日下

韶州曹溪山释迦惠能辞疾表：

惠能生自偏方，幼而慕道，叨为忍大师嘱付如来心印，传西国衣钵，授东土佛心。奉天恩遣中使薛简，召能入内。惠能久处山林，年迈风疾。陛下德包物外，道贯万民，育养苍生，仁慈黎庶，旨弘大教，钦崇释门。恕惠能居山养疾，

---

① "曲江县"，原本作"曲县"。
② "高宗"，应为"中宗"。中宗于神龙元年即位。

修持道业，上答皇恩，下及诸王太子。

谨奉表

释迦惠能顿首顿首

中使薛简问大师："京城大德禅师教人，要假坐禅。若不因禅定解脱得道，无有是处。"

大师云："道由心悟，岂在坐耶！《金刚经》：若人言如来若坐若卧、是人不解我所说义。如来者，无所从来，亦无所去，故名如来。无所从来曰生，亦无所去曰灭，若无生灭，而是如来清净禅，诸法空即是坐。"

大师告言中使："道毕竟无得无证，岂况坐禅。"

薛简云："简至天庭，圣人必问。伏愿和尚指授心要，将传圣人及京城学道者，如灯转照，冥者皆明，明明无尽。"

大师云："道无明暗，明暗是代谢之义。明明无尽，亦是有尽，相待立名。《净名经》云：法无有比，无相待故。"

薛简云："明譬智慧①，暗喻烦恼。修道之人，若不用智慧①照生死烦恼，何得出离？"

大师云："烦恼即菩提，无二无别。汝见有智慧为能照，此是二乘见解。有智之人，悉不如是。"

薛简云："大师，何者是大乘见解？"

大师云："《涅槃经》云：明与无明，凡夫见二，智者了达其性无二。无二之性，即是实性。实性者即是佛性。佛性在凡夫不

---

① "智慧"，原本作"智惠"，现统改。

减,在贤圣不增,在烦恼而不垢,在禅定而不净,不断不常,不来不去,亦不中间及内外,不生不灭,性相常住,恒不变易。"

薛简问:"大师说不生不灭,何异外道?外道亦说不生不灭。"

大师答曰:"外道说不生不灭,将生止灭,灭犹不灭。我说本自无生,今即无灭,不同外道。外道无有奇特,所以有异。"

大师告薛简曰:"若欲将心要者,一切善恶都莫思量,心体湛寂,应用自在。"

薛简于言下大悟,云:"大师,今日始知佛性本自有之,昔日将为大远;今日始知至道不遥,行之即是;今日始知涅槃不远,触目菩提;今日始知佛性不念善恶,无思无念,无知无作不住;今日始知佛性常恒不变,不为诸惑所迁。"

中使薛简礼辞大师,将表赴京。

高宗[1]大帝赐磨衲袈裟一领及绢五百匹。敕书曰:

敕,师老疾为朕修道,国之福田。师若净名托疾,金粟阐弘大法,传诸佛心,谈不二之说,杜口毗耶,声闻被呵,菩萨辞退。师若此也。薛简传师指授如来知见,善恶都莫思量,自然得入心体,湛然常寂,妙用恒沙。朕积善余庆,宿种善因,得值师之出世,蒙师惠顿上乘佛心第一。朕感荷师恩,顶戴修行,永永不朽。奉磨衲袈裟一领、绢五百匹,供养大师。

---

[1] "高宗",应为中宗。

神龙三年四月二日下

又，神龙三年十一月十八日，敕下韶州百姓：可修大师中兴寺佛殿及大师经坊，赐额为"法泉寺"，大师生缘新州故宅为"国恩寺"。

延和元年，大师归新州修国恩寺。诸弟子问："和尚修寺去，卒应未归，此更有谁堪咨问？"大师云："翁山寺僧灵振，虽患脚跛，心里不跛。门人咨请振说法。"又问："大师何时得归？"答曰："我归无日也。"

大师在日，景云二年先于曹溪造龛塔。

后先天二年七月，廊宇犹未毕功，催令早了，吾当行矣。门人犹未悟意。

其年八月，大师染疾。诸门人问："大师，法当付嘱阿谁？"

答："法不付嘱，亦无人得。"

神会问："大师，传法袈裟云何不传？"

答云："若传此衣，传法之人短命。不传此衣，我法弘盛，留镇曹溪。我灭度七十年后，有东来菩萨：一在家菩萨，修造寺舍；二出家菩萨，重建我教。"

门徒问大师曰："云何传此衣短命？"

答曰："吾持此衣，三遍有刺客来取吾命，吾命若悬丝。恐后传法之人被损，故不付也。"

大师力疾劝诱徒众，令求道忘身，唯勤加行，直趣菩提。

其月三日，奄然端坐迁化，春秋七十有六。

灭度之日，烟云暴起，泉池枯涸，沟涧绝流，白虹贯日。岩东忽有众鸟数千，于树悲鸣。又寺西有白气如练，长一里余，天色清朗，孤然直上，经于五日乃散。复有五色云，见于西南。是日西方无云，忽有数阵凉风，从西南飘入寺舍。俄而香气氛氲，遍满廊宇。地皆振动，山崖崩颓。大师新州亡广果寺。寺西虹光三道，经于旬日。又寺前城头庄，有虹光经一百日，众鸟悲鸣，泉水如稠泔汁，不流数日。

又翁山寺振禅师，于房前与众人夜间说法。有一道虹光，从南来入房。禅师告众人曰："和尚多应新州亡。此虹光是和尚之灵瑞也。"新州寻有书报亡，曹溪门徒发哀。因虹光顿谢，泉水渐流。书至翁山，振禅师闻哀，设三七斋，于夜道俗毕集，忽有虹光从房而出。振禅师告众人曰："振不久住也。经云：大象既去，小象亦随。"其夕中夜，卧右胁而终也。

曹溪门人，迎大师全身归曹溪。其时首领不肯放，欲留国恩寺起塔供养。时门人僧崇一等，见刺史论理，方还曹溪。大师头颈，先以铁鍱封裹，全身胶漆。其年十一月十三日，迁神入龛。

至开元二十七年，有刺客来取头，移大师出庭中，刀斩数下。众人唯闻铁声，惊觉，见一孝子奔走出寺，寻迹①不获。

大师在日，受戒开法度人三十六年。先天二年壬子②岁灭度，至唐建中二年，计当七十一年。其年，众请上足弟子行滔守所传衣，经四十五年，有殿中侍御史韦据为大师立碑③。后北宗俗弟

---

① "迹"，原本作"迏"，参道忠抄本、续藏本改。
② "壬子"，应为"癸丑"。
③ "有殿中侍御史韦据为大师立碑"，诸敦煌本《坛经》作"韶州刺史韦璩立碑"。

子武平一，开元七年磨却韦据碑文，自著武平一文。

开元十一年，有潭州瑝禅师，曾事忍大师，后时归长沙禄山寺。常习坐禅，时时入定，远近知闻。时有大荣①禅师，住曹溪事大师，经三十年。大师常语荣曰："汝化众生得也。"荣即礼辞归北，路过瑝禅师处。荣顶礼问瑝曰："承和尚每入定。当入定时，为有心耶？为无心耶？若有心，一切众生有心应得入定；若无心，草木、瓦砾亦应入定。"瑝答曰："我入定，无此有无之心。"荣问曰："若无有无之心，即是常定，常定即无出入。"瑝即无对。瑝问："汝从能大师处来，大师以何法教汝？"荣答曰："大师教荣不定不乱，不坐不禅，是如来禅。"瑝于言下便悟，云："五蕴非有，六尘体空。非寂非照，离有离空，中间不住，无作无功，应用自在，佛性圆通。"叹曰："我三十年来空坐而已。"往曹溪，归依大师学道。世人传：瑝禅师三十年坐禅，近始发心修道。景云二年，却归长沙旧居，二月八日夜悟道。其夜空中有声，告合郭百姓，瑝禅师今夜得道。皆是能大师门徒也。

上元二年②，广州节度韦利见奏僧行滔及传袈裟入内。

孝感皇帝依奏，敕书曰：

敕，曹溪山六祖传法袈裟及僧行滔并俗弟子五人，利见令水陆给公乘。随中使刘楚江赴上都。

上元二年③十二月十七日下

---

① "荣"，参诸本《坛经》，当为"策"字，下同。
② "上元二年"，据下述行滔乾元二年上表，应为乾元元年。
③ "上元二年"，应为乾元元年。

又乾元二年正月一日，滔和尚有表辞老疾，遣上足僧惠象及家人永和送传法袈裟入内，随中使刘楚江赴上都。四月八日，得对。

滔和尚正月十七日身亡，春秋八十九。敕赐惠象紫罗袈裟一对，家人永和别敕赐度配本寺，改建兴寺为国宁寺，改和尚兰若，敕赐额为宝福寺。

又僧惠象随中使刘楚江将衣赴上都讫，辞归表：

沙门臣惠象言，臣偏方贱品，叨篸桑门，乐处山林，恭持圣教。其前件衣钵，自达磨大师已来转相传授，皆当时海内钦崇，沙界归依，天人瞻仰，俾令后学，睹物思人。臣虽不才，滥承付嘱。一昨奉恩命，敕送天宫，亲自保持，永无失坠。臣之感荷，悲不自胜。是知大法之衣，万劫不朽，京城缁侣，顶戴而行。然臣师主行滔，久传法印，保兹衣钵，如护髻珠。数奉德音，不敢违命。一朝亡殁，奄弃明时。臣今欲归至彼，启告神灵，宣述圣情，陈进衣改寺之由，叙念旧恤今之状。臣死将万足，不胜涕恋恳叹之至，供奉表辞以闻。

沙门惠象诚悲诚恋，顿首顿首，谨言。

孝感皇帝批僧惠象表。敕曰：

师之师主行滔，戒行清循，德业孤秀。传先师所付衣钵，在炎方而保持，亟换岁年，曾不失坠。朕虔诚慕道，发使遐求。师绵历畏途，顶戴而送，遂朕恳愿，何慰如之。行滔身虽云亡，其神如在。师归至彼，具告厥灵，知朕钦崇，永永不朽矣。即宜好去。

又乾元三年十一月二十日，孝感皇帝遣中使程京杞，送和香于能大师龛前供养，宣口敕，焚香。龛中一道虹光，直上高数丈。程使见光，与村人舞蹈，录表奏。

又宝应元皇帝送传法袈裟归曹溪，敕书曰：

（袈裟在京总持寺安置，经七年）敕，杨鉴卿久在炎方，得好在否？朕感梦，送能禅师传法袈裟归曹溪。寻遣中使镇国大将军杨崇景，顶戴而送。传法袈裟是国之宝，卿可于能大师本寺如法安置，专遣众僧亲承宗旨者守护，勿令坠失。朕自存问。

永泰元年五月七日下

六祖大师在日及灭度后六种灵瑞传

大师在日，寺侧有瓦窑匠，于水源所焊鸡。水被触秽，旬日不流。大师处分瓦匠，令于水所焚香设斋。稽告才毕，水即通流。

又，寺内前后两度经军马，水被触污，数日枯竭。军退散后，焚香礼谢，涓涓供用。

又，大师住国宁寺及新州国恩寺，至今两寺并无燕雀乌鸢。

又，大师每年八月三日远忌，村郭士女云集，在寺营斋。斋散，众人皆于塔所礼别。须臾之间，微风忽起，异香袭人，烟云覆寺，天降大雨，洗荡伽蓝寺，及村雨即不降。

又，大师灭后，法衣两度被人偷将，不经少时，寻即送来，盗者去不得。

又，大师灭后，精灵常在，恍恍如睹，龛塔中常有异香，或入人梦。

前后祥瑞，其数非一，年月淹久，书记不尽。

贞十九①二月十三日毕

---

① "贞十九"，即贞元十九年。

元代德异本《六祖坛经》(高丽传本)

宋代云门宗僧契嵩改编当时流通的《六祖坛经》，将唐代《曹溪大师传》的部分内容选择补入。元代禅僧德异、宗宝先后据此刊印或改编，此即所谓德异本《坛经》和宗宝本《坛经》。

德异在《六祖法宝坛经序》中说："惜乎《坛经》为后人节略太多，不见六祖大全之旨。德异幼年尝见古本，自后遍求三十余载，近得通上人寻到全文，遂刊于吴中休休禅庵。"德异所寻得的"古本"即为契嵩改编本《坛经》，其中有取自《曹溪大师传》中惠能赴黄梅途经韶州，结识刘至略，从其姑听读《大涅槃经》以及唐中宗派使者宣诏迎请等内容。德异大体依之于至元二十七年（1290）刊印于吴中休休禅庵，并在大德二年（1298）托商人送给高丽花山禅源的友人万恒，"嘱以流通、法施之愿"。万恒依此重刻，于大德四年（1300）付印流通。①

元代以后广为流通的是宗宝本《坛经》，一般将德异的《坛经序》置于卷首。德异本《坛经》虽在国内罕见，但也有流传，

---

① "元大德四年高丽版德异本《六祖坛经》跋"，载于日本黑田亮著、岩波书店1940年版《朝鲜旧书考》所载《关于朝鲜流通六祖坛经的形式》。

现存明代正统四年（1439）刊本《坛经》（简称明正统刊本）即属于德异本。①

然而在朝鲜（高丽王朝和以后的李氏朝鲜王朝），自元大德四年（1300）万恒刊印德异本《坛经》以后，历经延祐三年（1316）、明成化十五年（1479）、嘉靖三十七年（1558）、万历二年（1574）、清康熙四十二年（1703），直至光绪九年（1883），广为刊印流传的皆是德异本《坛经》。②

这次将《坛经》五本汇编，所选用的德异本《坛经》底本，取自日本柳田圣山主编、京都中文出版社出版《禅学丛书之七·六祖坛经集成》所载清光绪九年（1883）高丽传本《坛经》的影印本，参考敦煌新本、惠昕本、明正统刊本和"嘉兴藏"的宗宝本等加以校订，改用通用简体字并加分段和标点。

---

① 丁福保（1874~1952）《六祖坛经笺注》卷首载其《笺经杂记》说，他收藏的《坛经》佳本中有明正统四年（1439）刻本，"略序"尚未改为"六祖大师缘起外纪"，有九品（与高丽传本章名同，兹不录；实际漏掉最后一品"付嘱第十"）。此正统刊本即属德异本，在日本柳田圣山主编、京都中文出版社出版的《禅学丛书之七·六祖坛经集成》中有其影印本。

② 参考日本黑田亮著《朝鲜旧书考》中的《关于朝鲜流通六祖坛经的形式》以及柳田圣山《坛经集成》所载清光绪九年（1883）刊高丽传本《六祖坛经》之跋。

六祖法宝坛经序

古筠比丘德异　撰

妙道虚玄，不可思议，忘言得旨，端可悟明。故世尊分座于多子塔前，拈花于灵山会上，似火与火，以心印心。

西传四七，至菩提达磨，东来此土，直指人心，见性成佛。有可大师者，首于言下悟入，末上三拜得髓，受衣绍祖，开阐正宗。三传而至黄梅，会中高僧七百，惟负舂居士一偈传衣，为六代祖。南遁十余年，一旦以"非风幡动"之机，触开印宗正眼。居士由是祝发登坛，应跋陀罗悬记，开东山法门。韦使①君命海禅者录其语，目之曰《法宝坛经》。

大师始于五羊②，终至曹溪，说法三十七年。沾甘露味，入圣超凡者莫记其数。悟佛心宗，行解相应，为大知识者，名载《传灯》。惟南岳、青原，执侍最久，尽得无巴鼻，故出马祖、石头，机智圆明，玄风大震。乃有临济、沩仰、曹洞、云门、法眼诸公，巍然而出。道德超群，门庭崄峻，启迪英灵衲子，奋志冲关。一门深入，五派同源，历遍炉锤，规模广大，原其五家纲要，尽出《坛经》。

---

① "使"，原本作"史"，据元宗宝本改。以下凡将"使"作"史"，则径改，不再出注。
② "羊"，原本作"年"，据元宗宝本改。五羊，即广州。

夫《坛经》者，言简义丰，理明事备，具足诸佛无量法门。一一法门，具足无量妙义；一一妙义，发挥诸佛无量妙理。即弥勒楼阁中，即普贤毛孔中，善入者即同善财，于一念间圆满功德，与普贤等，与诸佛等。

　　惜乎《坛经》为后人节略太多，不见六祖大全之旨。德异幼年尝见古本，自后遍求三十余载，近得通上人寻到全文，遂刊于吴中休休禅庵，与诸胜士同一受用。惟愿开卷举目，直入大圆觉海，续佛祖慧命无穷。斯余志愿满矣。

　　至元二十七年庚寅岁仲春日叙。

六祖大师法宝坛经

门人法海　集

略序

大师名惠能，父卢氏，讳行瑫。母李氏，诞师于唐贞观十二年戊戌二月八日子时。时，毫光腾空，异香满室。黎明，有二异僧造谒，谓师之父曰："夜来生儿，专为安名，可上惠下能也。"父曰："何名惠能？"僧曰："惠者，以法惠施众生；能者，能作佛事。"言毕而出，不知所之。

师不饮乳，遇夜，神人灌以甘露。既长，年二十有四，闻经悟道，往黄梅求印可。五祖器之，付衣法，令嗣祖位，时龙朔元年辛酉岁也。

南归隐遁一十六年。至仪凤元年丙子正月八日，会印宗法师。宗悟契师旨，是月十五日，普会四众为师剃发。二月八日，集诸名德授具足戒。西京智光律师为授戒师，苏州慧静律师为羯磨，荆州通应律师为教授，中天耆多罗律师为说戒，西国蜜多三藏为证戒。其戒坛，乃宋朝求那跋陀罗三藏创建，立碑曰："后当有肉身菩萨于此授戒。"又，梁天监元年，智药三藏自西竺国航海而来，将彼土菩提树一株植此坛畔，亦预志曰："后一百七十年，有肉身菩萨于此树下开演上乘，度无量众，真传佛心印之法主也。"师至是祝发受戒，及与四众开示单传之法旨，一如昔谶（以梁天监元年壬午岁，考至唐仪凤元年丙子，是得一百七十五年）。

次年春，师辞众归宝林，印宗与缁白送者千余人，直至曹溪。时荆州通应律师与学人数百人依师而住。师至曹溪宝林，睹堂宇湫隘，不足容众，欲广之。遂谒里人陈亚仙曰："老僧欲就檀越求坐具地，得不？"仙曰："和尚坐具几许阔？"祖出坐具示之，亚仙惟然。祖以坐具一展，尽罩曹溪四境，四天王现身坐镇四方。今寺境有天王岭，因兹而名。仙曰："知和尚法力广大，但吾高祖坟墓并在此地，他日造塔，幸望存留，余愿尽舍，永为宝坊。然此地乃生龙白象来脉，只可平天，不可平地。"寺后营建，一依其言。

师游境内山水胜处，辄憩止，遂成兰若一十三所，今曰花果院，隶籍寺门。

兹宝林道场，亦先是西国智药三藏自南海经曹溪口，掬水而饮，香美，异之。谓其徒曰："此水与西天之水无别，溪源上必有胜地，堪为兰若。"随流至源上，四顾山水回环，峰峦奇秀，叹曰："宛如西天宝林山也。"乃谓曹侯村居民曰："可于此山建一梵刹，一百七十年后，当有无上法宝于此演化，得道者如林，宜号宝林。"时韶州牧侯敬中，以其言具表闻奏，上可其请，赐宝林为额，遂成梵宫，落成于梁天监三年。

寺殿前有潭一所，龙常出没其间，触挠林木。一日现形甚巨，波浪汹涌，云雾阴翳，徒众皆惧。师叱之曰："你只能现大身，不能现小身，若为神龙，当能变化以小现大、以大现小也。"

其龙忽没，俄顷复现小身跃出潭面。师展钵试之曰："你且不敢入老僧钵盂里。"龙乃游扬至前，师以钵舀之，龙不能动。师持钵上堂，与龙说法，龙遂蜕骨而去。其骨长可七寸，首尾角足皆具，留传寺门。师后以土石堙其潭，今殿前左侧有铁塔镇处是也。（龙骨至己卯，寺罹兵火因失，未知所之。）

（师坠腰石镌"龙朔元年卢居士志"八字。此石今存黄梅东禅。

又唐王维右丞，为神会大师作祖师记云："师混劳侣积十六载，会印宗讲经，因为削发。"

又柳宗元刺史，作祖师谥号碑云："师受信具，遁隐南海上十六年，度其可行，乃居曹溪为人师。"

又张商英丞相，作五祖记云："五祖演化于黄梅县之东禅院，盖其便①于将母。龙朔元年，以衣法付六祖已，散众入东山结庵。有居人冯茂，以山施师为道场焉。"

以此考之，则师至黄梅传受五祖衣法，实龙朔元年辛酉岁，至仪凤丙子，得十六年，师方至法性祝发。他本或作师咸亨中至黄梅者，恐②非。）

悟法传衣第一

时，大师至宝林。韶州韦刺史（名璩）与官僚入山，请师于大梵寺讲堂，为众开缘，说摩诃般若波罗蜜法。

师升座次，刺史官僚三十余人，儒宗学士三十余人，僧尼道俗一千余人，同时作礼，愿闻法要。

大师告曰：善知识，总净心念摩诃般若波罗蜜。

---

① "便"，原本作"使"，据明正统刊本改。
② "恐"，原本无，据明正统刊本改。

大师良久，复告众曰：善知识，菩提自性，本来清净，但用此心，直了成佛。善知识，且听惠能行由，得法事意。

能严父，本贯范阳，左降流于岭南，作新州百姓。此身不幸，父又早亡。老母孤遗，后来南海，艰辛贫乏，于市卖柴。时有一客买柴，使令送至客店。客收去，能得钱，却出门外，见一客诵经。能一闻经云"应无所住而生其心"，心即开悟，遂问客诵何经？客曰："《金刚经》。"复问："从何所来，持此经典？"客云："我从蕲州黄梅县东禅寺来。其寺，是五祖忍大师在彼主化，门人一千有余。我到彼中礼拜，听受此经。大师常劝僧俗，但持《金刚经》，即自见性，直了成佛。"能闻说，宿昔有缘，乃蒙一客取银十两与能，令充老母衣粮，教便往黄梅礼拜五祖。

能安置母毕，即便辞亲，不经三十余日，便至黄梅，礼拜五祖。

问能曰："汝何方人？欲求何物？"

能对曰："弟子是岭南新州百姓，远来礼师，惟求作佛，不求余物。"

祖言："汝是岭南人，又是獦獠，若为堪作佛？"

能曰："人虽有南北，佛性本无南北；獦獠身与和尚不同，佛性有何差别？"

祖更欲与语，且见徒众总在左右，乃令随众作务。

予曰："惠能启和尚，弟子自心，常生智慧，不离自性，即是福田。未审和尚教作何务？"

祖云："这獦獠根性大利。汝更勿言，著槽厂去。"

能退至后院，有一行者差惠能破柴，踏碓，经八余月。祖一日见能曰:"吾思汝之见可用,恐有恶人害汝,遂不与汝言。知之否?"能曰:"弟子亦知师意,不敢行至堂前,令人不觉。"

祖一日唤诸门人总来:"吾向汝说,世人生死事大。汝等终日只求福田,不求出离生死苦海。自性若迷,福何可救?汝等各去,自看智慧,取自本心般若之性,各作一偈,来呈吾看。若悟大意,付汝衣法,为第六代祖。火急速去,不得迟滞。思量即不中用,见性之人,言下须见。若如此者,轮刀上阵,亦得见之。"(古德云:譬如轮刀上阵,不问如何。若如①此,喻得底人见机而作,不在言句也。)

众得处分,退而递相谓曰:"我等众人,不须澄心用意作偈,将呈和尚,有何所益?神秀上座,现为教授师,必是他得。我辈谩作偈颂,枉用心力。"诸人闻②语,总皆息心,咸言:"我等已后依止秀师,何烦作偈?"

神秀思惟,诸人不呈偈者,为我与他为教授师。我须作偈将呈和尚,若不呈偈,和尚如何知我心中见解深浅。我呈偈意,求法即善,觅祖即恶,却同凡心,夺其圣位奚别?若不呈偈,终不得法。大难,大难。

五祖堂前,有步廊三间,拟请供奉卢珍画《楞伽经》变相,及五祖血脉图,流传供养。神秀作偈成,已数度欲呈,行至堂前,心中恍惚,遍体汗流,拟呈不得,前后经四日一十三度,呈偈不得。秀乃思惟,不如向廊下书著,从他和尚看见,忽若道好,即出礼拜,云是秀作;若道不堪,枉向山中数年受人礼拜,

---

① "如",原本作"何",据明正统本改。
② "闻",原本作"间",据明正统本改。

更修何道？是夜三更，不使人知，自执灯，书偈于南廊壁间，呈心所见。偈曰：

身是菩提树，心如明镜台。

时时勤拂拭，勿使惹尘埃。

秀书偈了，便却归房，人总不知。秀复思惟，五祖明日见偈欢喜，即我与法有缘；若言不堪，自是我迷，宿业障重，不合得法。圣意难测，房中思想，坐卧不安，直至五更。

祖已知神秀入门未得，不见自性。天明，祖唤卢供奉来，向南廊壁间绘画图相，忽见其偈。报言："供奉却不用画，劳尔远来。经云：凡所有相，皆是虚妄。但留此偈，与人诵持。依此偈修，免堕恶道；依此偈修，有大利益。"

令门人炷香礼敬，尽诵此偈，即得见性。门人诵偈，皆叹善哉。

祖三更唤秀入堂，问曰："偈是汝作否？"

秀言："实是秀作，不敢妄求祖位。望和尚慈悲，看弟子有少智慧不？"

祖曰："汝作此偈，未见本性，只到门外，未入门内。如此见解，觅无上菩提，了不可得。无上菩提，须得言下识自本心，见自本性不生不灭，于一切时中，念念自见万法无滞，一真一切真，万境自如如。如如之心，即是真实。若如是见，即是无上菩提之自性也。汝且去，一两日思惟，更作一偈，将来吾看。汝偈若入得门，付汝衣法。"

神秀作礼而出。又经数日，作偈不成，心中恍惚，神思不安，犹如梦中，行坐不乐。

复两日，有一童子于碓坊过，唱诵其偈。能一闻，便知此偈未见本性，虽未蒙教授，早识大意。遂问童子曰："诵者何偈？"

童子言："尔这獦獠不知。大师言，世人生死事大，欲得传付衣法，令门人作偈来看。若悟大意，即付衣法为第六祖。神秀上座于南廊壁上，书无相偈，大师令人皆诵此偈，依此偈修，免堕恶道。"

能曰："我亦要诵此，结来生缘，同生佛地。上人，我此踏碓八个余月，未曾行到堂前。望上人引至偈前礼拜。"

童子引至偈前作礼。能曰："能不识字，请上人为读。"

时有江州别驾，姓张，名日用，便高声读。能闻已，因自言："亦有一偈，望别驾为书。"

别驾言："獦獠，汝亦作偈？其事希有。"

能启别驾言："欲学无上菩提，不得轻于初学。下下人有上上智，上上人有没意智。若轻人，即有无量无边罪。"

别驾言："汝但诵偈，吾为汝书。汝若得法，先须度吾，勿忘此言。"

能偈曰：

菩提本无树，明镜亦非台。

本来无一物，何处惹尘埃？①

书此偈已，徒众总惊，无不嗟讶，各相谓言："奇哉！不得以貌取人，何得多时，使他肉身菩萨。"

祖见众人惊怪，恐人损害，遂将鞋擦了偈云："亦未见性。"

---

① 原本下有小字注："此依黄梅山祖偈正作惹字，或作有，非。"

众人疑息。

次日，祖潜至碓坊，见能腰石舂米，语曰："求道之人为法忘躯，当如是乎！"

即问曰："米熟也未？"

能曰："米熟久矣，犹欠筛在。"祖以杖击碓三下而去。能即会祖意，三鼓入室。祖以袈裟遮围，不令人见，为说《金刚经》，至"应无所住而生其心"。能言下大悟，一切万法，不离自性。遂启祖言："何期自性，本自清净；何期自性，本不生灭；何期自性，本自具足；何期自性，本无动摇；何期自性，能生万法。"

祖知悟本性，即名丈夫、天人师、佛。三更受法，人尽不知，便传顿教及衣钵，云："汝为第六代祖，善自护念，广度有情，流布将来，无令断绝。听吾偈曰：

有情来下种，因地果还生。

无情既无种，无性亦无生。"

祖复曰："昔达磨大师，初来此土，人未之信，故传此衣以为信体，代代相承；法则以心传心，皆令自悟自解。自古佛佛惟传本体，师师密付本心。衣为争端，止汝勿传。若传此衣，命如悬丝。汝须速去，恐人害汝。"

能曰："向甚处去？"

祖云："逢怀则止，遇会则藏。"

惠能三更领得衣钵，云："能本是南中人，久不知此山路，如何出得江口？"

五祖言："汝不须忧，吾自送汝。"

祖相送，直至九江驿边。有一只船子，祖令惠能上船。五祖把橹自摇。

惠能言:"请和尚坐,弟子合摇橹。"

五祖云:"合是吾渡汝。"

能云:"迷时师度,悟了自度;度名虽一,用处不同。惠能生在边方,语音不正,蒙师付法,今已得悟,只合自性自度。"

祖云:"如是,如是。以后佛法,由汝大行。汝去三年,吾方逝世。汝今好去,努力向南。不宜速说,佛法难起。"

能辞违祖已,发足南行。两月中间,至大庾岭。(五祖归,数日不上堂。众疑,诣问曰:和尚少病少恼否?曰:病即无。衣法已南矣。问:谁人传授?曰:能者得之。众乃知焉。)逐后数百人来,欲夺衣钵。

一僧俗姓陈,名惠明,先是四品将军,性行粗糙,极意参寻,为众人先,趁及于能。能掷下衣钵于石上云:"此衣表信,可力争耶?"能隐草莽中。惠明至,提掇不动,乃唤云:"行者,行者!我为法来,不为衣来。"能遂出,坐盘石上。

惠明作礼云:"望行者为我说法。"

能云:"汝既为法而来,可屏息诸缘,勿生一念,吾为汝说。"

良久,谓明曰:"不思善,不思恶,正与么时,那个是明上座本来面目?"

惠明言下大悟,复问云:"上来密①语密意外,还更有密意否?"

能云:"与汝说者,即非密也。汝若返照,密在汝边。"

---

① "密",原本作"蜜"。以下凡将"密"作"蜜",或将"蜜"作"密",则径改,不再出注。

明曰："惠明虽在黄梅，实未省自己面目。今蒙指示，如人饮水，冷暖自知。今行者即惠明师也。"

能曰："汝若如是，吾与汝同师黄梅，善自护持。"

明又问："惠明今后向甚处去？"

能曰："逢袁①则止，遇蒙则居。"

明礼辞。（明回至岭下，谓趁众曰：向陟崔嵬，竟无踪迹，当别道寻之。趁众咸以为然。惠明后改道明，避师上字。）

能后至曹溪，又被恶人寻逐。乃于四会县避难猎人队中，凡经一十五载，时与猎人随宜说法。猎人常令守网，每见生命，尽放之。每至饭时，以菜寄煮肉锅。或问，则对曰："但吃肉边菜。"

一日思惟，时当弘法，不可终遁。遂出至广州法性寺，值印宗法师讲《涅槃经》。时有风吹幡动。一僧云："风动。"一僧云："幡动。"议论不已。

能进曰："不是风动，不是幡动，仁者心动。"一众骇然。

印宗延至上席，征诘奥义，见能言简理当，不由文字。宗云："行者定非常人，久闻黄梅衣法南来，莫是行者否？"

能曰："不敢。"

宗于是执弟子礼，告请传来衣钵出示大众。宗复问曰："黄梅付嘱，如何指授？"

能曰："指授即无，唯论见性，不论禅定解脱。"

宗曰："何不论禅定解脱？"

谓曰："为是二法，不是佛法。佛法是不二之法。"

---

① "袁"，原本作"表"，据明正统刊本改。

宗又问:"如何是佛法不二之法?"

能曰:"法师讲《涅槃经》,明见佛性是佛法不二之法。如《涅槃经》高贵德王菩萨白佛言:犯四重禁,作五逆罪及一阐提等,当断善根佛性否?佛言:善根有二,一者常,二者无常,佛性非常非无常,是故不断,名为不二。一者善,二者不善,佛性非善非不善,是名不二。蕴之与界,凡夫见二,智者了达其性无二。无二之性,即是佛性。"

印宗闻说,欢喜合掌言:"某甲讲经,犹如瓦砾。仁者论义,犹如真金。于是为能剃发,愿事为师。"

能遂于菩提树下,开东山法门。

能于东山得法,辛苦受尽,命似悬丝。今日得与使君、官僚、僧尼、道俗同此一会,莫非累劫之因,亦是过去生中供养诸佛,同种善根,方始得闻如上顿教得法之因。教是先圣所传,不是惠能自智。愿闻先圣教者,各令净心,闻了各自除疑,如先代圣人无别。

师复告众曰:

善知识,菩提般若之智,世人本自有之,只缘心迷,不能自悟,须假大善知识示导见性。当知愚人智人,佛性本无差别,只缘迷悟不同,所以有愚有智。吾今为说摩诃般若波罗蜜法,使汝等各得智慧。志心谛听,吾为汝说。

善知识,世人终日口念般若,不识自性般若,犹如说食不饱。口但说空,万劫不得见性,终无有益。

善知识,摩诃般若波罗蜜是梵语,此言大智慧到彼岸。此须心行,不在口念。口念心不行,如幻如化,如露如电。口念心行，则心口相应。本性是佛，离性无别佛。何名摩诃？摩诃是大。心量广大，犹如虚空，无有边畔，亦无方圆大小，亦非青黄赤白，亦无上下长短，亦无嗔无喜，无是无非，无善无恶，无有头尾。诸佛刹土，尽同虚空。世人妙性本空，无有一法可得。自性真空，亦复如是。

善知识，莫闻吾说空，便即著空。第一莫著空，若空心静坐，即著无记空。

善知识，世界虚空，能含万物色像。日月星宿、山河大地、泉源溪涧、草木丛林、恶人善人、恶法善法、天堂地狱、一切大海、须弥诸山，总在空中。世人性空，亦复如是。

善知识，自性能含万法是大，万法在诸人性中。若见一切人恶之与善，尽皆不取不舍，亦不染著，心如虚空，名之为大，故曰摩诃。

善知识，迷人口说，智者心行。又有迷人，空心静坐，百无所思，自称为大。此一辈人，不可与语，为邪见故。

善知识，心量广大，遍周法界，用即了了分明，应用便知一切。一切即一，一即一切。去来自由，心体无滞，即是般若。

善知识，一切般若智，皆从自性而生，不从外入。莫错用意，名为真性自用，一真一切真。心量大事，不行小道。口莫终日说空，心中不修此行，恰似凡人自称国王，终不可得，非吾弟子。

善知识，何名般若？般若者，唐言智慧也。一切处所，一切时中，念念不愚，常行智慧，即是般若行。一念愚即般若绝，一念智即般若生。世人愚迷，不见般若，口说般若，心中常愚。常自言我修般若，念念说空，不识真空。般若无形相，智慧心即是。若作如是解，即名般若智。何名波罗蜜？此西国语，唐言到彼岸，解义离生灭，著境生灭起，如水有波浪，即名为此岸；离境无生灭，如水常通流，即名为彼岸，故号波罗蜜。

善知识，迷人口念，当念之时，有妄有非。念念若行，是名真性。悟此法者，是般若法；修此行者，是般若行。不修即凡；一念修行，自身等佛。

善知识，凡夫即佛，烦恼即菩提。前念迷即凡夫，后念悟即佛。前念著境即烦恼，后念离境即菩提。

善知识，摩诃般若波罗蜜，最尊最上最第一，无住无往亦无来，三世诸佛皆从中出。当用大智慧，打破五蕴烦恼尘劳。如此修行，定成佛道，变三毒为戒定慧。

善知识，我此法门，从一般若生八万四千智慧。何以故？为世人有八万四千尘劳。若无尘劳，智慧常现，不离自性。悟此法者，即是无念、无忆、无著，不起诳妄。用自真如性，以智慧观照，于一切法不取不舍，即是见性成佛道。

善知识，若欲入甚深法界及般若三昧者，须修般若行，持诵《金刚般若经》，即得见性。当知此经功德无量无边，经中分明赞叹，莫能具说。此法门是最上乘，为大智人说，为上根人说。小根小智人闻，心生不信。何以故？譬如大龙下雨于阎浮提，城邑聚落悉皆漂流如漂枣叶；若雨大海，不增不减。若大乘人，若最上乘人，闻说《金刚经》，心开悟解。故知本性自有般若之智，自用智慧常观照故，不假文字。譬如雨水，不从天有，元是龙能兴致，令一切众生、一切草木、有情无情，悉皆蒙润。百川众流，却入大海，合为一体。众生本性般若之智，亦复如是。

善知识，小根之人闻此顿教，犹如草木根性小者，若被大雨，悉皆自倒，不能增长。小根之人，亦复如是。元有般若之智，与大智人更无差别，因何闻法不自开悟？缘邪见障重、烦恼根深，犹如大云覆盖于日，不得风吹，日光不现。般若之智亦无大小，为一切众生自心迷悟不同，迷心外见，修行觅佛；未悟自性，即是小根。若开悟顿教，不执外修，但于自心常起正见，烦恼尘劳常不能染，即是见性。

善知识，内外不住，去来自由，能除执心，通达无碍。能修此行，与《般若经》本无差别。

善知识，一切修多罗及诸文字、大小二乘十二部经，皆因人置。因智慧性，方能建立。若无世人，一切万法本自不有，故知万法本自人兴；一切经书，因人说有。缘其人中有愚有智，愚为小人，智为大人。愚者问于智人，智者与愚人说法。愚人忽然悟解心开，即与智人无别。

善知识，不悟，即佛是众生；一念悟时，众生是佛，故知万法尽在自心。何不从自心中，顿见真如本性？《菩萨戒经》云：我本元自性清净①。若识自心见性，皆成佛道。《净名经》云：即时豁然，还得本心。

善知识，我于忍和尚处一闻，言下便悟，顿见真如本性。是以将此教法流行，令学道者顿悟菩提，各自观心，自见本性。若自不悟，须觅大善知识、解最上乘法者直示正路。是善知识有大

---

① "我本元自性清净"，源自《菩萨戒经》中的"戒本源自性清净"。《菩萨戒经》即后秦鸠摩罗什译《梵网经》，经文有"吾今当为此大众重说十无尽藏戒品，是一切众生戒本源自性清净"。"戒本源自性清净"节自"一切众生戒本源自性清净"。后世《坛经》多将"戒"误写为"我"字。"元""源"在此处义同。这里仅注明，而不改原文。

因缘，所谓化导，令得见性。一切善法，因善知识能发起故。三世诸佛、十二部经，在人性中本自具有。不能自悟，须求善知识指示方见；若自悟者，不假外求，若一向执谓须要他善知识，望得解脱者，无有是处。何以故？自心内有知识自悟。若起邪迷，妄念颠倒，外善知识虽有教授，救不可得。若起正真般若观照，一刹那间，妄念俱灭。若识自性，一悟即至佛地。

善知识，智慧观照，内外明彻，识自本心。若识本心，即本解脱。若得解脱，即是般若三昧，即是无念。何名无念？若见一切法，心不染著，是为无念。用即遍一切处，亦不著一切处。但净本心，使六识出六门，于六尘中无染无杂，来去自由，通用无滞，即是般若三昧、自在解脱，名无念行。若百物不思，当令念绝，即是法缚，即名边见。

善知识，悟无念法者，万法尽通；悟无念法者，见诸佛境界；悟无念法者，至佛地位。

善知识，后代得吾法者，将此顿教法门，于同见同行发愿受持，如事佛故，终身而不退者，定入圣位。然须传授，从上以来默传分付，不得匿其正法。若不同见同行，在别法中不得传付，损彼前人，究竟无益。恐愚人不解，谤此法门，百劫千生断佛种性。

善知识，吾有一《无相颂》，各须诵取，在家出家，但依此修。若不自修，惟记吾言，亦无有益。听吾颂曰：

　　说通及心通，如日处虚空；
　　唯传见性法，出世破邪宗。
　　法即无顿渐，迷悟有迟疾；
　　只此见性门，愚人不可悉。

说即虽万般，合理还归一；
烦恼暗宅中，常须生慧日。
邪来烦恼至，正来烦恼除；
邪正俱不用，清净至无余。
菩提本自性，起心即是妄；
净心在妄中，但正无三障。
世人若修道，一切尽不妨；
常自见己过，与道即相当。
色类自有道，各不相妨恼；
离道别觅道，终身不见道。
波波度一生，到头还自懊；
欲得见真道，行正即是道。
自若无道心，暗行不见道；
若真修道人，不见世间过。
若见他人非，自非却是左；
他非我不非，我非自有过。
但自却非心，打除烦恼破；
憎爱不关心，长伸两脚卧。
欲拟化他人，自须有方便；
勿令彼有疑，即是自性现。
佛法在世间，不离世间觉；
离世觅菩提，恰如求兔角。
正见名出世，邪见是世间；
邪正尽打却，菩提性宛然。

此颂是顿教，亦名大法船；

迷闻经累劫，悟则刹那间。

师复曰："今于大梵寺说此顿教，普愿法界众生，言下见性成佛。"

时韦使君与官僚道俗，闻师所说，无不省悟，一时作礼，皆叹："善哉！何期岭南有佛出世。"

释功德净土第二

次日，韦刺史为师设①大会斋。斋讫，刺史请师升座，同官僚士庶肃容再拜，问曰："弟子闻和尚说法，实不可思议。今有少疑，愿大慈悲，特为解说。"

师曰："有疑即问，吾当为说。"

韦公曰："和尚所说，可不是达摩大师宗旨乎？"

师曰："是。"

公曰："弟子闻达摩初化梁武帝，帝问云：朕一生造寺、供养、布施、设斋，有何功德？达摩言：实无功德。弟子未达此理，愿和尚为说。"

师曰："实无功德，勿疑先圣之言。武帝心邪，不知正法，造寺、供僧、布施、设斋，名为求福，不可将福便为功德。功德在法身中，不在修福。"

师又曰："见性是功，平等是德。念念无滞，常见本性，真

---

① "设"，原本作"说"，据明正统刊本改。

实妙用，名为功德。内心谦下是功，外行于礼是德。自性建立万法是功，心体离念是德。不离自性是功，应用无染是德。若觅功德法身，但依此作，是真功德。若修功德之人，心即不轻，常行普敬。心常轻人，吾我不断，即自无功；自性虚妄不实，即自无德。为吾我自大，常轻一切故。善知识，念念无间是功，心行平直是德。自修性是功，自修身是德。善知识，功德须自性内见，不是布施供养之所求也。是以福德与功德别。武帝不识真理，非我祖师有过。"

又问："弟子常见僧俗念阿弥陀佛，愿生西方。请和尚说，得生彼否？愿为破疑。"

师言："使君善听，惠能与说。世尊在舍卫城中，说西方引化。经文分明，去此不远。若论相说，里数有十万八千，即身中十恶八邪，便是说远。说远为其下根，说近为其上智。人有两种，法无两般。迷悟有殊，见有迟疾。迷人念佛求生于彼，悟人自净其心。所以佛言：随其心净，即佛土净。使君，东方人但心净即无罪，虽西方人，心不净亦有愆。东方人造罪，念佛求生西方。西方人造罪，念佛求生何国？凡愚不了自性，不识身中净土，愿东愿西。悟人在处一般，所以佛言：随所住处恒安乐。使君，心地但无不善，西方去此不遥，若怀不善之心，念佛往生难到。今劝善知识，先除十恶即行十万，后除八邪乃过八千。念念见性，常行平直，到如弹指，便睹弥陀。使君，但行十善，何须更愿往生？不断十恶之心，何佛即来迎请？若悟无生顿法，见西方只在刹那。不悟，念佛求生，路遥如何得达。惠能与诸人移西方于刹那间，目前便见。各愿见否？"

众皆顶礼云:"若此处见,何须更愿往生?愿和尚慈悲,便现西方,普令得见。"

师言:"大众,世人自色身是城,眼耳鼻舌是门,外有五门,内有意门。心是地,性是王。王居心地上,性在王在,性去王无。性在身心存,性去身坏。佛向性中作,莫向身外求。自性迷即是众生,自性觉即是佛。慈悲即是观音,喜舍名为势至,能净即释迦,平直即弥陀。人我是须弥,邪心是海水,烦恼是波浪,毒害是恶龙,虚妄是鬼神,尘劳是鱼鳖,贪嗔是地狱,愚痴是畜生。善知识,常行十善,天堂便至。除人我,须弥倒;无邪心,海水竭①;烦恼无,波浪灭;毒害除,鱼龙绝。自心地上觉性如来,放大光明,外照六门清净,能破六欲诸天;自性内照,三毒即除,地狱等罪一时消灭,内外明彻,不异西方。不作此修,如何到彼?"

大众闻说,了然见性,悉皆礼拜,俱叹善哉,唯言:"普愿法界众生,闻者一时悟解。"

师言:"善知识,若欲修行,在家亦得,不由在寺。在家能行,如东方人心善;在寺不修,如西方人心恶。但心清净,即是自性西方。"

韦公又问:"在家如何修行?愿为教授。"

师言:"吾与大众作《无相颂》,但依此修,常与吾同处无别;若不依此修,剃发出家,于道何益?颂曰:

心平何劳持戒,行直何用修禅。

恩则孝②养父母,义则上下相怜。

---

① "竭",原本作"渴",据明正统刊本改。
② "孝",原本作"亲",据明正统刊本改。

让则尊卑和睦,忍则众恶无喧。
若能钻木出火,淤泥定生红莲。
苦口的是良药,逆耳必是忠言。
改过必生智慧,护短心内非贤。
日用常行饶益,成道非由施钱。
菩提只向心觅,何劳向外求玄。
听说依此修行,天堂只在目前。"

师复曰:"善知识,总须依偈修行,见取自性,直成佛道,法不相待。众人且散,吾归曹溪。众若有疑,却来相问。"

时,刺史、官僚、在会善男信女,各得开悟,信受奉行。

定慧一体第三

师示众云:

善知识,我此法门,以定慧为本。大众,勿迷言定慧别。定慧一体,不是二。定是慧体,慧是定用。即慧之时定在慧,即定之时慧在定。若识此义,即是定慧等学。诸学道人,莫言先定发慧、先慧发定各别。作此见者,法有二相。口说善语,心中不善。空有定慧,定慧不等。若心口俱善,内外一种,定慧即等。自悟修行,不在于诤。若诤先后,即同迷人,不断胜负,却增我法,不离四相。

善知识,一行三昧者,于一切处行住坐卧,常行一直心是也。如《净名经》云:直心是道场,直心是净土。莫心行谄曲,口但说直;口说一行三昧,不行直心。但行直心,于一切法勿有执著。迷人著法相，执一行三昧，直言坐不动，妄不起心，即是一行三昧。作此解者，即同无情，却是障道因缘。

善知识，道须流通，何以却滞？心不住法，道即通流；心若住法，名为自缚。若言坐不动是，只如舍利弗宴坐林中，却被维摩诘诃。

善知识，又有人教坐，看心观静，不动不起，从此置功。迷人不会，便执成颠。如此者众，如是相教，故知大错。

善知识，定慧犹如何等？犹如灯光。有灯即光，无灯即暗。灯是光之体，光是灯之用，名虽有二，体本同一。此定慧法，亦复如是。

善知识，本来正教，无有顿渐，人性自有利钝。迷人渐契，悟人顿修。自识本心，自见本性，即无差别，所以立顿渐之假名。

善知识，我此法门，从上以来，先立无念为宗，无相为体，无住为本。无相者，于相而离相。无念者，于念而无念。无住者，人之本性，于世间善恶、好丑，乃至冤之与亲，言语触刺、欺争之时，并将为空，不思酬害，念念之中不思前境。若前念今念后念，念念相续不断，名为系缚。于诸法上念念不住，即无缚也。此是以无住为本。

善知识，外离一切相，名为无相。能离于相，即法体清净。此是以无相为体。

善知识，于诸境上心不染，曰无念。于自念上常离诸境，不于境上生心。若只百物不思，念尽除却，一念绝即死，别处受生，是为大错。学道者思之。若不识法意，自错犹可，更劝他人；自迷不见，又谤佛经，所以立无念为宗。

善知识，云何立无念为宗？只缘口说见性，迷人于境上有念，念上便起邪见，一切尘劳妄想从此而生。自性本无一法可得，若有所得，妄说祸福，即是尘劳邪见，故此法门立无念为宗。

善知识，无者无何事？念者念何物？无者，无二相，无诸尘劳之心。念者，念真如本性。真如即是念之体，念即是真如之用。真如自性起念，非眼耳鼻舌能念。真如有性，所以起念；真如若无，眼耳色声当时即坏。

善知识，真如自性起念，六根虽有见闻觉知，不染万境，而真性常自在。故经①云：能善分别诸法相，于第一义而不动。

教授坐禅第四

师示众云：

善知识，何名坐禅？此法门中，无障无碍，外于一切善恶境界，心念不起，名为坐；内见自性不动，名为禅。

善知识，何名禅定？外离相为禅，内不乱为定。外若著相，内心即乱；外若离相，心即不乱。本性自净自定，只为见境、思境即乱。若见诸境心不乱者，是真定也。

善知识，外离相即禅，内不乱即定。外禅内定，是为禅定。《净名经》云：即时豁然，还得本心。《菩萨戒经》云：我本性元

---

① "经"，原本缺，明正统刊本同，参宗宝本补。

自清净①。

善知识,于念念中,自见本性清净,自修自行,自成佛道。

然此门坐禅,元不看心,亦不看净,亦不是不动。若言看心,心元是妄,知心如幻,故无所看也。若言看净,人性本净,由妄念故,盖覆真如。但无妄想,性自清净;起心看净,却生净妄。妄无处所,看者是妄。净无形相,却立净相。言是工夫,作此见者,障自本性,却被净缚。②

善知识,若修不动者,但见一切人时,不见人之是非善恶过患,即是自性不动。

善知识,迷人身虽不动,开口便说他人是非长短好恶,与道违背。若看心看净③,却障道也。

传香忏悔第五

时,大师见广、韶洎四方士庶,骈集山中听法,于是升座,告众曰:

来,善知识,此事须从自性中起,于一切时,念念自净其心。自修自行,见自己法身,见自心佛,自度自戒,始得不假到此,既从远来,一会于此,皆共有缘。今可各各胡跪,先为传自性五分法身香,次授无相忏悔。

---

① "我本性元自清净",据《梵网经》应为"戒本源自性清净",详见"悟法传衣第一"同一引文之注。
② 这一段中的"看",原木皆作"著"。据"定慧一体第三"的"善知识,又有人教坐,看心观静,不动不起"并参考敦煌新本、真福寺本、大乘寺本改。
③ "看心看净",原本作"著心著净",参上注改。

众胡跪。师曰：

一、戒香。即自心中无非无恶、无嫉妒、无贪嗔、无劫害，名戒香。

二、定香。即睹诸善恶境相，自心不乱，名定香。

三、慧香。自心无碍，常以智慧观照自性，不造诸恶。虽修众善，心不执著，敬上念下，矜恤孤贫，名慧香。

四、解脱香。即自心无所攀缘，不思善，不思恶，自在无碍，名解脱香。

五、解脱知见香。自心既无所攀缘善恶，不可沉空守寂，即须广学多闻，识自本心，达诸佛理，和光接物，无我无人，直至菩提，真性不易，名解脱知见香。

善知识，此香各自内熏，莫向外觅。

今与汝等授无相忏悔，灭三世罪，令得三业清净。

善知识，各随语一时道：弟子等，从前念今念及后念，念念不被愚迷染，从前所有恶业愚迷等罪，悉皆忏悔，愿一时消灭，永不复起。弟子等，从前念今念及后念，念念不被憍诳染，从前所有恶业憍诳等罪，悉皆忏悔，愿一时消灭，永不复起。弟子等，从前念今念及后念，念念不被嫉妒染，从前所有恶业嫉妒等罪，悉皆忏悔，愿一时消灭，永不复起。

善知识，已上是为无相忏悔。云何名忏？云何名悔？忏者，忏其前愆，从前所有恶业，愚迷、憍诳、嫉妒等罪，悉皆尽忏，永不复起，是名为忏。悔者，悔其后过，从今已后，所有恶业，愚迷、憍诳、嫉妒等罪，今已觉悟，悉皆永断，更不复作，是名为悔。故称忏悔。凡夫愚迷，只知忏其前愆，不知悔其后过，以不悔故，前愆不灭，后过又生。前愆既不灭，后过复又生，何名忏悔？

善知识，既忏悔已，与善知识发四弘誓愿，各须用心正听：

自心众生无边誓愿度，自心烦恼无边誓愿断，

自性法门无尽誓愿学，自性无上佛道①誓愿成。

善知识，大家岂不道"众生无边誓愿度"。恁么道，且不是惠能度。善知识，心中众生，所谓邪迷心、诳妄心、不善心、嫉妒心、恶毒心，如是等心，尽是众生，各须自性自度，是名真度。何名自性自度？即自心中邪见、烦恼、愚痴众生，将正见度。既有正见，使般若智打破愚痴、迷妄，众生各各自度。邪来正度，迷来悟度，愚来智度，恶来善度。如是度者，名为真度。

又"烦恼无边誓愿断"，将自性般若智，除却虚妄思想心是也。

又"法门无尽誓愿学"，须自见性，常行正法，是名真学。

又"无上佛道誓愿成"，既常能下心，行于真正，离迷离觉，常生般若；除真除妄，即见佛性，即言下佛道成。常念修行，是愿力法。

善知识，今发四弘愿了，更与善知识授无相二归依戒。

善知识，归依觉二足尊，归依正离欲尊，归依净众中尊。从今日去，称觉为师，更不归依邪魔外道，以自性三宝常自证明，劝善知识归依自性三宝。佛者，觉也。法者，正也。僧者，净也。自心归依觉，邪迷不生，少欲知足，能离财色，名二足尊。

---

① "无上佛道"，原本作"佛道无上"，据明正统刊本改。

自心归依正，念念无邪见，以无邪见故，即无人我贡高、贪爱执著，名离欲尊。自心归依净，一切尘劳爱欲境界，自性皆不染著，名众中尊。若修此行，是自归依。凡夫不会，从①日至夜，受三归戒。若言归依佛，佛在何处？若不见佛，凭何所归，言却成妄。

善知识，各自观察，莫错用心。经文分明言自归依佛，不言归依他佛。自佛不归，无所依处。今既自悟，各须归依自心三宝，内调心性，外敬他人，是自归依也。

善知识，既归依自三宝竟，各各志心，吾与说一体三身自性佛，令汝等见三身了然，自悟自性。总随我道：于自色身归依清净法身佛，于自色身归依千百亿化身佛，于自色身归依圆满报身佛。

善知识，色身是舍宅，不可言归。向者三身佛，在自性中，世人总有为自心迷，不见内性，外觅三身如来，不见自身中有三身佛。汝等听说，令汝等于自身中，见自性有三身佛。此三身佛，从自性生，不从外得。

何名清净法身佛？世人性本清净，万法从自性生。思量一切恶事，即生恶行；思量一切善事，即生善行。如是诸法在自性中，如天常清，日月常明，为浮云盖覆，上明下暗，忽遇风吹云散，上下俱明，万象皆现。世人性常浮游，如彼天云。

善知识，智如日，慧如月，智慧常明。于外著境，被妄念浮云盖覆自性，不得明朗。若遇善知识，闻真正法，自除迷妄，内

---

① "从"，原本作"终"，据宗宝本改。

外明彻，于自性中万法皆现。见性之人，亦复如是。此名清净法身佛。

善知识，自心归依自性，是归依真佛。自归依者，除却自性中不善心、嫉妒心、憍慢心、吾我心、诳妄心、轻人心、慢人心、邪见心、贡高心，及一切时中不善之行，常自见己过，不说他人好恶，是自归依。常须下心，普行恭敬，即是见性通达，更无滞碍，是自归依。

何名千百亿化身？若不思万法，性本如空，一念思量，名为变化。思量恶事，化为地狱；思量善事，化为天堂。毒害化为龙蛇，慈悲化为菩萨，智慧化为上界，愚痴化为下方。自性变化甚多，迷人不能省觉，念念起恶，常行恶道。回一念善，智慧即生，此名自性化身佛。

何名圆满报身？譬如一灯能除千年暗，一智能灭万年愚。莫思向前，已过不可得；常思于后，念念圆明，自见本性。善恶虽殊，本性无二；无二之性，名为实性。于实性中，不染善恶，此名圆满报身佛。自性起一念恶，灭万劫善因；自性起一念善，得恒沙恶尽，直至无上菩提，念念自见，不失本念，名为报身。

善知识，从法身思量，即是化身佛。念念自性自见，即是报身佛。

自悟自修自性功德，是真归依。皮肉是色身，色身是舍宅，不言归依也。但悟自性三身，即识自性佛。

吾有一《无相颂》，若能诵持，言下令汝积劫迷罪一时消灭。颂曰：

> 迷人修福不修道，只言修福便是道，

布施供养福无边，心中三恶元来造。
拟将修福欲灭罪，后世得福罪还在，
但向心中除罪缘，各自性中真忏悔。
忽悟大乘真忏悔，除邪行正即无罪，
学道常于自性观，即与诸佛同一类。
吾祖惟传此顿法，普愿见性同一体，
若欲当来觅法身，离诸法相心中洗。
努力自见莫悠悠，后念忽绝一世休，
若悟大乘得见性，虔恭合掌至心求。

师言：

善知识，总须诵取，依此修行，言下见性。虽去吾千里，如常在吾边。于此言下不悟，即对面千里，何勤远来。珍重！好去。

一众闻法，靡不开悟，欢喜奉行。

参请机缘第六

师自黄梅得法，回至韶州曹侯村，人无知者。

有儒士刘志略，礼遇甚厚。志略有姑为尼，名无尽藏，常诵《大涅槃经》。师暂听，即知妙义，遂为解说。尼乃执卷问字，师曰："字即不识，义即请问。"尼曰："字尚不识，曷能会义？"师曰："诸佛妙理，非关文字。"尼惊异之，遍告里中耆德云："此是有道之士，宜请供养。"

有晋①武侯玄孙曹叔良及居民,竞来瞻礼。

时,宝林古寺,自隋末兵火已废,遂于故基重建梵宇,延师居之,俄成宝坊。

师住九月余日,又为恶党寻逐。师乃遁于前山,被其纵火焚烧草木。师隐身挨入石中得免。石于是有师趺坐膝痕及衣布之纹,因名避难石。师忆五祖怀会止藏之嘱,遂行隐于二邑焉。

一僧法海,韶州曲江人也。初参祖师,问曰:"即心即佛,愿垂指谕。"

师曰:"前念不生即心,后念不灭即佛;成一切相即心,离一切相即佛。吾若具说,穷劫不尽。听吾偈曰:

即心名慧,即佛乃定。

定慧等等②,意中清净。

悟此法门,由汝习性。

用本无生,双修是正。"

法海言下大悟,以偈赞曰:

即心元是佛,不悟而自屈。

我知定慧因,双修离诸物。

僧法达,洪州人,七岁出家,常诵《法华经》。来礼祖师,头不至地。

祖诃曰:"礼不投地,何如不礼?汝心中必有一物,蕴习何事耶?"

---

① "晋",宗宝本作"魏",并加注"魏,一作晋"。
② "定慧等等",明正统刊本同,宗宝本作"定慧等持"。

曰："念《法华经》已及三千部。"

祖曰："汝若念至万部，得其经意，不以为胜，则与吾偕行。汝今负此事业，都不知过。听吾偈曰：

礼本折慢幢，头奚不至地？

有我罪即生，亡功福无比。"

师又曰："汝名什么？"

曰："法达。"

师曰："汝名法达，何曾达法？"复说偈曰：

汝今名法达，勤诵未休歇，

空诵但循声，明心号菩萨。

汝今有缘故，吾今为汝说，

但信佛无言，莲华从口发。

达闻偈，悔谢曰："而今而后，当谦恭一切。弟子诵《法华经》，未解经义，心常有疑。和尚智慧广大，愿略说经中义理。"

师曰："法达！法即甚达，汝心不达。经本无疑，汝心自疑。汝念此经，以何为宗？"

达曰："学人根性暗钝，从来但依文诵念，岂知宗趣？"

师曰："吾不识文字，汝试取经诵之一遍，吾当为汝解说。"法达即高声念经，至"譬喻品"。

师曰："止！此经元来以因缘出世为宗，纵说多种譬喻，亦无越于此。何者因缘？经云：诸佛世尊，惟以一大事因缘故出现于世。一大事者，佛之知见也。世人外迷著相，内迷著空。若能于相离相、于空离空，即是内外不迷。若悟此法，一念心开，是为开佛知见。佛，犹觉也。分为四门，开觉知见、示觉知见、悟觉知见、入觉知见。若闻开示，便能悟入，即觉知见，本来真性而得出现。汝慎勿错解经意，见他道开示悟入，自是佛之知见，我辈无分。若作此解，乃是谤经毁佛也。彼既是佛，已具知见，何用更开？汝今当信，佛知见者，只汝自心，更无别佛。盖为一切众生，自蔽光明，贪爱尘境，外缘内扰，甘受驱驰。便劳他世尊，从三昧起，种种苦口，劝令寝息，莫向外求，与佛无二。故云开佛知见。吾亦劝一切人，于自心中，常开佛之知见。世人心邪，愚迷造罪，口善心恶，贪嗔、嫉妒、谄佞、我慢，侵人害物，自开众生知见。若能正心，常生智慧，观照自心，止恶行善，是自开佛之知见。汝须念念开佛知见，勿开众生知见。开佛知见，即是出世；开众生知见，即是世间。汝若但劳劳执念，以为功课者，何异牦牛爱尾。"

达曰："若然者，但得解义，不劳诵经耶？"

师曰："经有何过，岂障汝念？只为迷悟在人，损益由己。口诵心行，即是转经；口诵心不行，即是被经转。听吾偈曰①：

　　心迷《法华》转，心悟转《法华》，

　　诵经久不明，与义作仇家。

　　无念念即正，有念念成邪，

　　有无俱不计，长御白牛车。"

达闻偈，不觉悲泣，言下大悟，而告师曰："法达从昔已来，实未曾转《法华》，乃被《法华》转。"再启曰："经云：诸大声闻乃至菩萨，皆尽思共度量，不能测佛智。今令凡夫但悟自心，

---

① "曰"，原本缺，参明正统刊本补。

便名佛之知见。自非上根，未免疑谤。又经说三车，羊鹿之车①与白牛之车，如何区别？愿和尚再垂开示。"

师曰："经意分明，汝自迷背。诸三乘人，不能测佛智者，患在度量也。饶伊尽思共推，转加悬远。佛本为凡夫说，不为佛说。此理若不肯信者，从他退席。殊不知，坐却白牛车，更于门外觅三车。况经文明向汝道：惟一佛乘，无有余乘。若二若三，乃至无数方便，种种因缘譬喻言词，是法皆为一佛乘故。汝何不省，三车是假，为昔时故；一乘是实，为今时故。只教汝去假归实，归实之后，实亦无名。应知所有珍财，尽属于汝，由汝受用，更不作父想，亦不作子想，亦无用想，是名持《法华经》，从劫至劫，手不释卷，从昼至夜，无不念时也。"

达蒙启发，踊跃欢喜，以偈赞曰：

经诵三千部，曹溪一句亡，
未明出世旨，宁歇累生狂。
羊鹿牛权设，初中后善扬，
谁知火宅内，元是法中王。

师曰："汝今后方可名念经僧也。"

达从此领玄旨，亦不辍诵经。

又僧智通，寿州安丰人。初看《楞伽经》，约千余遍，而不会三身四智，礼师，求解其义。

---

① "羊鹿之车"，明正统刊本同。宗宝本作"羊鹿牛车"。《法华经·譬喻品》：长者许诺赠羊车、鹿车、牛车（喻声闻、缘觉、菩萨三乘）以诱诸子出火宅，然而在诸子出宅之后实赐以大白牛之车（喻佛乘）。

师曰:"三身者,清净法身,汝之性也;圆满报身,汝之智也;千百亿化身,汝之行也。若离本性,别说三身,即名有身无智;若悟三身,无有自性,即名四智菩提。听吾偈曰:

　　自性具三身,发明成四智,

　　不离见闻缘,超然登佛地。

　　吾今为汝说,谛信永无迷,

　　莫学驰求者,终日说菩提。"

通再启曰:"四智之义,可得闻乎?"

师曰:"既会三身,便明四智。何更问耶?若离三身,别谈四智,此名有智无身也。即此有智,还成无智。"复说①偈曰:

　　大圆镜智性清净,平等性智心无病,

　　妙观察智见非功,成所作智同圆镜。

　　五八六七果因转,但用名言无实性,

　　若于转处不留情,繁兴永处那伽定。

(如上转识为智也。教中云,转前五识为成所作智,转第六识为妙观察智,转第七识为平等性智,转第八识为大圆镜智。虽六七因中转,五八果上转,但转其名而不转其体也。)

通顿悟性智,遂呈偈曰:

　　三身元我体,四智本心明,

　　身智融无碍,应物任随形。

　　起修皆妄动,守住匪真精,

　　妙旨因师晓,终亡染污名。

---

① "说",原本缺,参明正统刊本补。

僧智常，信州贵溪人，髫年出家，志求见性，一日参礼，师问曰："汝从何来？欲求何事？"

曰："学人近往洪州白峰山，礼大通和尚，蒙示见性成佛之义，未决狐疑，远来投礼，伏望和尚慈悲指示。"

师曰："彼有何言句？汝试举看。"

曰："智常到彼，凡经三月，未蒙示诲，为法切故，一夕独入丈室，请问：如何是某甲本心本性？大通乃曰：汝见虚空否①？对曰：见。彼曰：汝见虚空有相貌否？对曰：虚空无形，有何相貌？彼曰：汝之本性，犹如虚空，了无一物可见，是名正见；无一物可知，是名真知；无有青黄长短，但见本源清净，觉体圆明，即名见性成佛，亦名如来知见。学人虽闻此说，犹未决了，乞和尚开示。"

师曰："彼师所说，犹存见知，故令汝未了。吾今示汝一偈：

不见一法存无见，大似浮云遮日面，

不知一法守空知，还如太虚生闪电。

此之知见瞥然兴，错认何曾解方便，

汝当一念自知非，自己灵光常显现。"

常闻偈已，心意豁然。乃述偈曰：

无端起知见，著相求菩提，

情存一念悟，宁越昔时迷。

自性觉源体，随照枉迁流，

不入祖师室，茫然趣两头。

---

① "否"，原本作"不"，据明正统刊本改。

智常一日问师曰:"佛说三乘法,又言最上乘。弟子未解,愿为教授。"

师曰:"汝观自本心,莫著外法相。法无四乘,人心自有等差。见闻转诵是小乘,悟法解义是中乘,依法修行是大乘。万法尽通,万法俱备,一切不染,离诸法相,一无所得,名最上乘。乘是行义,不在口诤。汝须自修,莫问吾也。一切时中,自性自如。"

常礼谢执侍,终师之世。

一僧志道,广州南海人也。请益曰:"学人自出家,览《涅槃经》,十载有余,未明大意,愿和尚垂诲。"

师曰:"汝何处未明?"

曰:"诸行无常,是生灭法;生灭灭已,寂灭为乐。于此疑惑。"

师曰:"汝作么生疑?"

曰:"一切众生皆有二身,谓色身、法身也。色身无常,有生有灭;法身有常,无知无觉。经云生灭灭已,寂灭为乐者,不审何身寂灭?何身受乐?若色身者,色身灭时,四大分散,全然是苦,苦不可言乐。若法身寂灭,即同草木瓦石,谁当受乐?又法性是生灭之体,五蕴是生灭之用,一体五用,生灭是常。生则从体起用,灭则摄用归体。若听更生,即有情之类,不断不灭;若不听更生,则永归寂灭,同于无情之物。如是,则一切诸法被涅槃之所禁伏,尚不得生,何乐之有?"

师曰:"汝是释子,何习外道断常邪见,而议最上乘法?据汝所说，即色身外别有法身，离生灭求于寂灭；又推涅槃常乐，言有身受用。斯乃执吝生死，耽著世乐。汝今当知，佛为一切迷人，认五蕴和合为自体相，分别一切法为外尘相，好生恶死，念念迁流，不知梦幻虚假，枉受轮回，以常乐涅槃翻为苦相，终日驰求。佛愍此故，乃示涅槃真乐，刹那无有生相，刹那无有灭相，更无生灭可灭，是则寂灭现前。当现前时，亦无现前之量，乃谓常乐。此乐无有受者，亦无不受者，岂有一体五用之名？何况更言涅槃禁伏诸法，令永不生。斯乃谤佛毁法。听吾偈曰：

无上大涅槃，圆明常寂照，
凡愚谓之死，外道执为断。
诸求二乘人，目以为无作，
尽属情所计，六十二见本。
妄立虚假名，何为真实义，
惟有过量人，通达无取舍。
以知五蕴法，及以蕴中我，
外现众色像，一一音声相。
平等如梦幻，不起凡圣见，
不作涅槃解，二边三际断。
常应诸根用，而不起用想，
分别一切法，不起分别想。
劫火烧海底，风鼓山相击，
真常寂灭乐，涅槃相如是。
吾今强言说，令汝舍邪见，
汝勿随言解，许汝知少分。

志道闻偈大悟，踊跃作礼而退。

行思禅师，姓刘氏，吉州安城人也。闻曹溪法席盛化，径来参礼，遂问曰："当何所务，即不落阶级？"

师曰："汝曾作什么来？"

曰："圣谛亦不为。"

师曰："落何阶级？"

曰："圣谛尚不为，何阶级之有？"

师甚器之，令思首众。一日，师谓曰："汝当分化一方，无令断绝。"

思既得法，遂回吉州青原山，弘法绍化。

怀让禅师，金州杜氏子也。初谒嵩山安国师，安发之曹溪参扣。让至礼拜，师曰："甚处来？"

曰："嵩山。"

师曰："什么物？恁么来？"

曰："说似一物即不中。"

师曰："还可修证否？"

曰："修证即不无，污染即不得。"

师曰："只此不污染，诸佛之所护念。汝既如是，吾亦如是。西天般若多罗谶，汝足下出一马驹，踏杀天下人。应在汝心，不须速说。"

让豁然契会，遂执侍左右一十五载，日益玄奥，后往南岳，大阐禅宗。

永嘉玄觉禅师，少习经论，精天台止观法门，因看《维摩经》发明心地。偶师弟子玄策相访，与其剧谈，出言暗合诸祖。玄策云："仁者得法师谁？"曰："我听方等经论，各有师承，后于《维摩经》悟佛心宗，未有证明者。"策云："威音王已前即得，威音王已后，无师自悟，尽是天然外道。"云："愿仁者为我证据。"策云："我言轻，曹溪有六祖大师，四方云集，并是受法者。若去，则与偕行。"觉遂同策来参，绕师三匝，振锡而立。

师曰："夫沙门者，具三千威仪、八万细行。大德自何方而来，生大我慢？"

觉曰："生死事大，无常迅速。"

师曰："何不体取无生，了无速乎？"

曰："体即无生，了本无速。"

师曰："如是，如是！"

玄觉方具威仪礼拜，须臾告辞。师曰："返太速乎？"

曰："本自非动，岂有速耶？"

师曰："谁知非动？"

曰："仁者自生分别。"

师曰："汝甚得无生之意。"

曰："无生岂有意耶？"

师曰："无意，谁当分别？"

曰："分别亦非意。"

师曰："善哉！少留一宿。"

时谓一宿觉，后著《证道歌》，盛行于世。

禅者智隍，初参五祖，自谓已得正受，庵居长坐，积二十年。

师弟子玄策游方至河朔，闻隍之名，造庵问云："汝在此作什么？"隍曰："入定。"策云："汝云入定，为有心入耶？无心入耶？若无心入者，一切无情草木瓦石，应合得定；若有心入者，一切有情含识之流，亦应得定。"隍曰："我正入定时，不见有有无之心。"策云："不见有有无之心，即是常定，何有出入？若有出入，即非大定。"隍无对，良久，问曰："师嗣谁耶？"策云："我师曹溪六祖。"隍云："六祖以何为禅定？"策云："我师所说，妙湛圆寂，体用如如。五阴本空，六尘非有，不出不入，不定不乱。禅性无住，离住禅寂；禅性无生，离生禅想。心如虚空，亦无虚空之量。"

隍闻是说，径来谒师。

师问云："仁者何来？"隍具述前缘。

师云："诚如所言。汝但心如虚空，不著空见，应用无碍，动静无心，凡圣情忘，能所俱泯，性相如如，无不定时也。"

隍于是大悟，二十年所得心，都无影响。其夜河北士庶，闻空中有声云："隍禅师今日得道。"隍后礼辞，复归河北，开化四众。

一僧问师云："黄梅意旨，甚么人得？"

师云："会佛法人得。"

僧云："和尚还得否？"

师云："我不会佛法。"

师一日欲濯所授之衣而无美泉，因至寺后五里许，见山林郁茂，瑞气盘旋。师振锡卓地，泉应手而出，积以为池，乃跪膝浣衣石上。忽有一僧来礼拜，云："方辩是西蜀人，昨于南天竺国见达磨大师，嘱方辩速往唐土，吾传大迦叶正法眼藏及僧伽梨，见传六代，于韶州曹溪，汝去瞻礼。方辩远来，愿见我师传来衣钵。"师乃出示，次问："上人攻何事业？"方辩曰："善塑。"师正色曰："汝试塑看。"方辩罔措，数日塑就真相，可高七寸，曲尽其妙，呈似师。师笑曰："汝只解塑性，不解佛性。"师舒手摩方辩顶，曰："永为人天福田。"

有僧举卧轮禅师偈曰：

　　卧轮有伎俩，能断百思想，

　　　对境心不起，菩提日日长。

师闻之，曰："此偈未明心地，若依而行之，是加系缚。"因示一偈曰：

　　惠能没伎俩，不断百思想，

　　　对境心数起，菩提作么长。

南顿北渐第七

时，祖师居曹溪宝林，神秀大师在荆南玉泉寺。于时两宗盛化，人皆称南能北秀，故有南北二宗顿渐之分，而学者莫知宗趣。

师谓众曰:"法本一宗,人有南北。法即一种,见有迟疾。何名顿渐?法无顿渐,人有利钝,故名顿渐。"

然秀之徒众,往往讥南宗祖师不识一字,有何所长。秀曰:"他得无师之智,深悟上乘。吾不如也。且吾师五祖,亲传衣法,岂徒然哉!吾恨不能远去亲近,虚受国恩。汝等诸人,勿①滞于此,可往曹溪参决。"乃命门人志诚曰:"汝聪明多智,可为吾到曹溪听法。汝若闻法,尽心记取,还为吾说。"

志诚禀命至曹溪,随众参请,不言来处。

时祖师告众曰:"今有盗法之人,潜在此会。"志诚即出礼拜,具陈其事。

师曰:"汝从玉泉来,应是细作。"

对曰:"不是。"

师曰:"何得不是?"

对曰:"未说即是,说了不是。"

师曰:"汝师若为示众?"

对曰:"常指诲大众,住心观静,长坐不卧。"

师曰:"住心观静,是病非禅;长坐拘身,于理何益?听吾偈曰:

　　生来坐不卧,死去卧不坐,

　　一具臭骨头,何为立功课?"

---

① "勿",原本作"无",据明正统刊本改。

志诚再拜曰："弟子在秀大师处学道九年，不得契悟。今闻和尚一说，便契本心。弟子生死事大，和尚大慈，更为教示。"

师曰："吾闻汝师教示学人戒定慧法，未审汝师说戒定慧行相如何？与吾说看。"

诚曰："秀大师说，诸恶不作名为戒，诸善奉行名为慧，自净其意名为定。彼说如此，未审和尚以何法诲人？"

师曰："吾若言有法与人，即为诳汝，但且随方解缚，假名三昧。如汝师所说戒定慧，实不可思议。吾所见戒定慧又别。"

志诚曰："戒定慧只合一种，如何更别？"

师曰："汝师戒定慧接大乘人，吾戒定慧接最上乘人。悟解不同，见有迟疾。汝听吾说，与彼同否？吾所说法，不离自性，离体说法，名为相说，自性常迷。须知一切万法，皆从自性起用，是真戒定慧法。听吾偈曰：

心地无非自性戒，心地无乱自性定，

心地无痴自性慧，不增不减自金刚，

身去身来本三昧。"

诚闻偈，悔谢，乃呈一偈：

五蕴幻身，幻何究竟？

回趣真如，法还不净。

师然之，复语诚曰："汝师戒定慧，劝小根智人；吾戒定慧，劝大根智人。若悟自性，亦不立菩提涅槃，亦不立解脱知见。无一法可得，方能建立万法。若解此意，亦名佛身，亦名菩提涅槃，亦名解脱知见。见性之人，立亦得，不立亦得，去来自由，无滞无碍，应用随作，应语随答，普见化身，不离自性，即得自在神通游戏三昧,是名见性。"

志诚再启师曰:"如何是不立义?"

师曰:"自性无非,无痴无乱,念念般若观照,常离法相,自由自在,纵横尽得,有何可立?自性自悟,顿悟顿修,亦无渐次,所以不立一切法。诸法寂灭,有何次第?"

志诚礼拜,愿为执侍,朝夕不懈(志诚,吉州太和人也)。

一僧志彻,江西人,本姓张,名行昌,少任侠。自南北分化,二宗主虽亡彼我,而徒侣竞起爱憎。时北宗门人,自立秀师为第六祖,而忌祖师传衣为天下所闻,乃嘱行昌来刺于师。

师,他心通,预知其事,即置金十两于座间。时夜暮,行昌入祖室,将欲加害。师舒颈就之,行昌挥刃者三,悉无所损。师曰:"正剑不邪,邪剑不正。只负汝金,不负汝命。"行昌惊仆,久而方苏,求哀悔过,即愿出家。师遂与金,言:"汝且去,恐徒众翻害于汝。汝可他日易形而来,吾当摄受。"

行昌禀旨宵遁,后投僧出家。一日,忆师之言,远来礼觐。

师曰:"吾久念汝,汝来何晚?"

曰:"昨蒙和尚舍罪,今虽出家苦行[①],终难报德,其惟传法度生乎?弟子尝览《涅槃经》,未晓常、无常义,乞和尚慈悲,略为解说。"

师曰:"无常者,即佛性也。有常者,即一切善恶诸法分别心也。"

---

① "苦行",原本作"若行",参明正统刊本及宗宝本改。

曰:"和尚所说,大违经文。"

师曰:"吾传佛心印,安敢违于佛经?"

曰:"经说佛性是常,和尚却言无常。善恶诸法乃至菩提心皆是无常,和尚却言是常。此即相违,令学人转加疑惑。"

师曰:"《涅槃经》,吾昔听尼无尽藏读诵一遍,便为讲说,无一字一义不合经文,乃至为汝,终无二说。"

曰:"学人识量浅昧,愿和尚委曲开示。"

师曰:"汝知否?佛性若常,更说什么善恶诸法,乃至穷劫无有一人发菩提心者,故吾说无常,正是佛说真常之道也。又,一切诸法若无常者,即物物皆有自性容受生死,而真常性有不遍之处,故吾说常者,正是佛说真无常义。佛比为凡夫外道执于邪常,诸二乘人于常计无常,共成八倒,故于《涅槃》了义教中,破彼偏见,而显说真常、真乐、真我、真净。汝今依言背义,以断灭无常及确定死常,而错解佛之圆妙最后微言。纵览千遍,有何所益?"

行昌忽然大悟,乃说偈曰:

因守无常心,佛说有常性,

不知方便者,犹春池拾砾。

我今不施功,佛性而现前,

非师相授与,我亦无所得。

师曰:"汝今彻也,宜名志彻。"

彻礼谢而退。

有一童子,名神会,襄阳高氏子,年十三,自玉泉来参礼。

师曰:"知识,远来艰辛,还将得本来否?若有本,则合识主。试说看。"

会曰:"以无住为本,见即是主。"

师曰:"这沙弥,争合取次语?"以柱杖打三下。

会乃问曰:"和尚坐禅,还见不见?"

师云:"吾打汝,是痛不痛?"

对曰:"亦痛亦不痛。"

师曰:"吾亦见亦不见。"

神会问:"如何是亦见亦不见?"

师云:"吾之所见,常见自心过愆,不见他人是非好恶,是以亦见亦不见。汝言亦痛亦不痛,如何?汝若不痛,同其木石;若痛,则同凡夫,即起恚恨。汝向前见不见是二边,痛不痛是生灭。汝自性且不见,敢尔戏论!"

神会礼拜悔谢。

师又曰:"汝若心迷不见,问善知识觅路。汝若心悟,即自见性,依法修行。汝自迷不见自心,却来问吾见与不见。吾见自知,岂代汝迷?汝若自见,亦不代吾迷。何不自知自见,乃问吾见与不见?"

神会再礼百余拜,求谢过愆,服勤给侍,不离左右。

一日,师告众曰:"吾有一物,无头无尾,无名无字,无背无面,诸人还识否?"

神会出曰:"是诸佛之本源,神会之佛性。"

师曰:"向汝道无名无字,汝便唤作本源佛性。汝向去有把茆盖头也,也只成个知解宗徒。"

会后入京洛，大弘曹溪顿教，著《显宗记》行于世。

师见诸宗难问，咸起恶心，多集座下，愍而谓曰："学道之人，一切善念恶念应当尽除。无名可名，名于自性；无二之性，是名实性，于实性上建立一切教门，言下便须自见。"

诸人闻说，总皆作礼，请事为师。

唐朝征诏第八

神龙元年①上元日，则天、中宗诏云："朕请安、秀二师宫中供养，万机之暇，每究一乘。二师推让云，南方有能禅师密受忍大师衣法，传佛心印，可请彼问。今遣内侍薛简驰诏迎请，愿师慈念，速赴上京。"

师上表辞疾，愿终林麓。

薛简曰："京城禅德皆云，欲得会道，必须坐禅习定；若不因禅定而得解脱者，未之有也。未审师所说法如何？"

师曰："道由心悟，岂在坐也。经云：若言如来若坐若卧，是行邪道。何故？无所从来，亦无所去，无生无灭，是如来清净禅；诸法空寂，是如来清净坐。究竟无证，岂况坐耶。"

简曰："弟子回京，主上必问。愿师慈悲，指示心要，传奏两宫及京城道学者，譬如一灯然百千灯，冥者皆明，明明无尽。"

师云："道无明暗，明暗是代谢之义。明明无尽，亦是有尽，

---

① "元年"，原本作"二年"，明正统刊本同，可知德异本本来如此，据《曹溪大师传》和宗宝本改。武则天死于神龙元年（705）十一月。

相待立名故。《净名经》云：法无有比，无相待故。"

简曰："明喻智慧，暗喻烦恼。修道之人，倘不以智慧照破烦恼，无始生死凭何出离？"

师曰："烦恼即是菩提，无二无别。若以智慧照破烦恼者，此是二乘见解，羊鹿等机。上智大根，悉不如是。"

简曰："如何是大乘见解？"

师曰："明与无明，凡夫见二；智者了达其性无二。无二之性，即是实性。实性者，处凡愚而不减，在贤圣而不增，住烦恼而不乱，居禅定而不寂，不断不常，不来不去，不在中间及其内外，不生不灭，性相如如，常住不迁，名之曰道。"

简曰："师说不生不灭，何异外道？"

师曰："外道所说不生不灭者，将灭止生，以生显灭，灭犹不灭，生说不生。我说不生不灭者，本自无生，今亦不灭，所以不同外道。汝若欲知心要，但一切善恶都莫思量，自然得入清净心体，湛然常寂，妙用恒沙。"

简蒙指教，豁然大悟，礼辞归阙，表奏师语。

其年九月三日，有诏奖谕师曰："师辞老疾，为朕修道，国之福田。师若净名托疾毗耶，阐扬大乘，传诸①佛心，谈不二法。薛简传师指授如来知见。朕积善余庆，宿种善根，值师出世，顿悟上乘，感荷师恩，顶戴无已，并奉磨衲袈裟及水晶钵，敕韶州刺史修②饰寺宇，赐师旧居为国恩寺。"

---

① "诸"，原本作"语"，据明正统刊本及宗宝本改。
② "修"，原本缺，参明正统刊本及宗宝本补。

法门对示第九

师一日唤门人法海、志诚、法达、神会、智常、智通、志彻、志道、法珍、法如等,曰:

汝等不同余人,吾灭度后,各为一方师。吾今教汝说法不失本宗。先须举三科法门,动用三十六对,出没即离两边。说一切法,莫离自性。忽有人问汝法,出语尽双,皆取对法,来去相因,究竟二法尽除,更无去处。

三科法门者,阴、界、入也。阴是五阴,色、受、想、行、识是也。入是十二入,外六尘,色、声、香、味、触、法;内六门,眼、耳、鼻、舌、身、意是也。界是十八界,六尘、六门、六识是也。

自性能含万法,名含藏识。若起思量,即是转识,生六识,出六门,见六尘,如是一十八界,皆从自性起用。自性若邪,起十八邪;自性若正,起十八正。含恶用即众生用,善用即佛用。用由何等?由自性。

有对法:

外境无情五对:天与地对,日与月对,明与暗对,阴与阳对,水与火对。此是五对也。

法相语言十二对:语与法对,有与无对,有色与无色对,有相与无相对,有漏与无漏对,色与空对,动与静对,清与浊对,凡与圣对,僧与俗对,老与少对,大与小对。此是十二对也。

自性起用十九对:长与短对,邪与正对,痴与慧对,愚与智对，乱与定对，慈与毒对，戒与非对，直与曲对，实与虚对，险与平对，烦恼与菩提对，常与无常对，悲与害对，喜与嗔对，舍与悭对，进与退对，生与灭对，法身与色身对，化身与报身对。此是十九对也。

师言：

此三十六对法，若解用，即道贯一切经法，出入即离两边。自性动用，共人言语，外于相离相，内于空离空。若全著相，即长邪见；若全执空，即长无明。执空之人，有谤经直言不用文字。既云不用文字，人亦不合语言。只此语言，便是文字之相。又云直道不立文字。即此不立两字，亦是文字。见人所说，便即谤他言著文字。汝等须知，自迷犹可，又谤佛经。不要谤经，罪障无数。若著相于外，而作法求真，或广立道场，说有无之过患。如是之人，累劫不可见性。但听依法修行，又莫百物不思，而于道性窒碍。若听说不修，令人反生邪念。但依法修行，无住相法施。汝等若悟，依此说，依此用，依此行，依此作，即不失本宗。若有人问汝义，问有将无对，问无将有对，问凡以圣对，问圣以凡对。二道相因，生中道义。如①一问一对，余问一依此作，即不失理也。设有人问：何名为暗？答云：明是因，暗是缘，明没即暗，以明显暗，以暗显明，来去相因，成中道义。余问悉皆如此。汝等于后传法，依此迭相教授，勿失宗旨。

---

① "如"，原本作"汝"，明正统刊本同，此参宗宝本改。

付嘱流通第十

师于太极元年壬子七月（玄宗八月即位，方改先天元年，次年遂改为开元，先天即无二年。他本作先天二年者，非）①，命门人往新州国恩寺建塔，仍命促工，次年夏末落成。

七月一日，集徒众曰："吾至八月，欲离世间。汝等有疑，早须相问，为汝破疑，令汝迷尽。吾若去后，无人教汝。"

法海等闻，悉皆涕泣。惟有神会，不动神情，亦无涕泣。师曰："神会小师，却得善不善等，毁誉不动，哀乐不生。余者不得，数年在山，竟修何道？汝今悲泣，为忧阿谁？若忧吾不知去处，吾自知去处。吾若不知去处，终不预报于汝。汝等悲泣，盖为不知吾去处；若知吾去处，即不合悲泣。法性本无生灭去来。汝等尽坐，吾与汝等一偈，名曰《真假动静偈》。汝等诵取此偈，与吾意同，依此修行，不失宗旨。"

众僧作礼，请师说偈。偈曰：

一切无有真，不以见于真，

若见于真者，是见尽非真。

若能自有真，离假即心真，

自心不离假，无真何处真？

---

① 原本所记年代有误。据《旧唐书·睿宗纪》，太极元年（岁次壬子，712）前四月称太极，五月改元延和，睿宗在位；八月玄宗即位，改元先天。至先天二年（岁次癸丑，713）十二月方改元开元。宗宝本原文作"太极元年壬子延和七月"，后加小注"是年五月改延和，八月玄宗即位方改元先天，次年遂改开元。他本作先天者，非"。亦不准确。既然太极元年五月已改元延和，那么七月应为延和元年七月。另，先天二年并非不存在，至十二月方改元开元。

> 有情即解动，无情即不动，
> 若修不动行，同无情不动。
> 若觅真不动，动上有不动，
> 不动是不动，无情无佛种。
> 能善分别相，第一义不动，
> 但作如此见，即是真如用。
> 报诸学道人，努力须用意，
> 莫于大乘门，却执生死智。
> 若言下相应，即共论佛义，
> 若实不相应，合掌令欢喜。
> 此宗本无诤，诤即失道意，
> 执逆诤法门，自性入生死。

时，徒众闻说偈已，普皆作礼，并体师意，各各摄心，依法修行，更不敢诤，乃知大师不久住世。

法海上座，再拜问曰："和尚入灭之后，衣法当付何人？"

师曰："吾于大梵寺说法，以至于今抄录流行，目曰'法宝坛经'。汝等守护，递相传授，度诸群生，但依此说，是名正法。今为汝等说法，不付其衣，盖为汝等信根淳熟，决定无疑，堪任大事。然据先祖达磨大师付授偈意，衣不合传。偈曰：

> 吾本来兹土，传法救迷情，
> 一花开五叶，结果自然成。"

师复曰："汝等若欲成就种智，须达一相三昧、一行三昧。若于一切处而不住相，于彼相中不生憎爱，亦无取舍，不念利益成坏等事，安闲恬静，虚融澹泊，此名一相三昧。若于一切处行住坐卧，纯一直心，不动道场，真成净土，此名一行三昧。若人具二三昧，如地有种，含藏长养，成熟其实。一相、一行，亦复如是。我今说法，犹如时雨，普润大地。汝等佛性，譬诸种子，遇兹沾洽，悉得发生。承吾旨者，决获菩提。依吾行者，定证妙果。听吾偈曰：

　　心地含诸种，普雨悉皆萌，
　　顿悟花情已，菩提果自成。"

师说偈已，曰："其法无二，其心亦然。其道清净，亦无诸相。汝等慎勿观静及空其心。此心本净，无可取舍。各自努力，随缘好去。"尔时，徒众作礼而退。

大师，七月八日忽谓门人曰："吾欲归新州，汝等速理舟楫。"大众哀留甚坚。

师曰："诸佛出现，犹示涅槃。有来必去，理亦常然。吾此形骸，归必有所。"

众曰："师从此去，早晚可回？"

师曰："叶落归根，来时无口。"

又问曰："正法眼藏，传付何人？"

师曰："有道者得，无心者通。"

又问："后，莫有难否？"

师曰："吾灭后五六年，当有一人来取吾首。听吾记曰：头上养亲，口里须餐，遇满之难，杨柳为官。"

又云："吾去七十年，有二菩萨从东方来，一出家，一在家，同时兴化，建立吾宗，缔缉伽蓝，昌隆法嗣。"

问曰："未知从上佛祖应现已来，传授几代？愿垂开示。"

师云:"古佛应世,已无数量,不可计也。今以七佛为始,过去庄严劫,毗婆尸佛、尸弃佛、毗舍浮佛;今贤劫,拘留孙佛、拘那含牟尼佛、迦叶佛、释迦文佛。是为七佛。

释迦文佛首传摩诃迦叶尊者、第二阿难尊者、第三商那和修尊者、第四优波毱多尊者、第五提多迦尊者、第六弥遮迦尊者、第七婆须密多尊者、第八佛驮难提尊者、第九伏驮密多尊者、第十胁尊者、十一富那夜奢尊者、十二马鸣大士、十三迦毗摩罗尊者、十四龙树大士、十五迦那提婆尊者、十六罗睺罗多尊者、十七僧伽难提尊者、十八伽耶舍多尊者、十九鸠摩罗多尊者、二十阇耶多尊者、二十一婆修般头①尊者、二十二摩拏罗尊者、二十三鹤勒那尊者、二十四师子尊者、二十五婆舍斯多尊者、二十六不如密多尊者、二十七般若多罗尊者、二十八菩提达摩尊者(此土是为初祖)、二十九慧可大师、三十僧璨大师、三十一道信大师、三十二弘忍大师,惠能是为三十三祖。

从上诸祖,各有禀承。汝等向后递代流传,毋令乖误。"

大师开元元年②癸丑岁八月初三日,于国恩寺斋罢,谓诸徒众曰:"汝等各依位坐,吾与汝别。"

法海白言:"和尚留何教法,令后代迷人得见佛性?"

师言:"汝等谛听,后代迷人,若识众生,即见③佛性,若不识众生,万劫觅佛难逢。吾今教汝,识自心众生,见自心佛性。欲求见佛,但识众生。只为众生迷佛,非是佛迷众生。自性若

---

① "婆修般头",原本作"婆须般头",据明正统刊本及宗宝本改。
② "开元元年",应为"先天二年",十二月方改元开元。兹保持原样,当是原本错误。宗宝本作先天二年。
③ "见",原本作"是",据惠昕本兴圣寺藏本改。

悟,众生是佛;自性若迷,佛是众生。自性平等,众生是佛;自性邪险,佛是众生。汝等心若险曲,即佛在众生中;一念平直,即是众生成佛。我心自有佛,自佛是真佛。自若无佛心,何处求真佛?汝等自心是佛,更莫狐疑。外无一物而能建立,皆是本心生万种法。故经云:心生种种法生,心灭种种法灭。吾今留一偈,与汝等别,名《自性真佛偈》。后代之人,识此偈意,自见本心,自成佛道。偈曰:

真如自性是真佛,邪见三毒是魔王,
邪迷之时魔在舍,正见之时佛在堂。
性中邪见三毒生,即是魔王来住舍,
正见自除三毒心,魔变成佛真无假。
法身报身及化身,三身本来是一身,
若向性中能自见,即是成佛菩提因。
本从化身生净性,净性常在化身中,
性使化身行正道,当来圆满真无穷。
淫性本是净性因,除淫即是净性身,
性中各自离五欲,见性刹那即是真。
今生若遇顿教门,忽悟自性见世尊,
若欲修行觅作佛,不知何处拟求真?
若能心中自见真,有真即是成佛因,
不见自性外觅佛,起心总是大痴人。
顿教法门今已留,救度世人须自修,
报汝当来学道者,不作此见大悠悠。"

师说偈已,告曰:"汝等好住,吾灭度后,莫作世情悲泣雨泪,受人吊问，身著孝服，非吾弟子，亦非正法。但识自本心，见自本性，无动无静，无生无灭，无去无来，无是无非，无住无往。恐汝等心迷，不会吾意，今再嘱汝，令汝见性。吾灭度后，依此修行，如吾在日；若违吾教，纵吾在世，亦无有益。"复说偈曰：

兀兀不修善，腾腾不造恶，

寂寂断见闻，荡荡心无著。

师说偈已，端坐至三更，忽谓门人曰："吾行矣！"奄然迁化。于时异香满室，白虹属地，林木变白，禽兽哀鸣。

十一月，广、韶、新三郡官僚，洎门人缁白，争迎真身，莫决所之。乃焚香祷曰："香烟指处，师所归焉。"时香烟直贯曹溪。十一月十三日，迁神龛并所传衣钵而回。

次年七月二十五日出龛，弟子方辩以香泥上之。门人忆念取首之记，须先以铁叶漆布固护师颈入塔。忽于塔内白光出现，直上冲天，三日始散。

韶州奏闻，奉敕立碑，纪师道行。

师春秋七十有六，年二十四传衣，三十九祝发，说法利生三十七载，得旨嗣法者四十三人，悟道超凡者莫知其数。达摩所传信衣（系西域屈眴布也）、中宗赐磨衲宝钵及方辩塑师真相并道具，永镇宝林道场。

流传《坛经》以显宗旨，兴隆三宝，普利群生者。

六祖禅师法宝坛经（终）

师入塔后，至开元十年壬戌八月三日，夜半忽闻塔中如拽铁索声。众僧惊起，见一孝子从塔中走出，寻见师颈有伤，具以贼事闻于州县。县令杨侃、刺史柳无忝，得牒切加擒捉。五日，于石角村捕得贼人，送韶州鞠问。云，姓张名净满，汝州梁县人也，于洪州开元寺受新罗僧金大悲钱二十千，令取六祖大师首归海东供养。

柳守闻状，未即加刑，乃躬至曹溪，问师上足令韬曰："如何处断？"韬曰："若以国法论，理须诛夷，但以佛教慈悲，冤亲平等，况彼求欲供养，罪可恕矣。"柳守嘉叹曰："始知佛门广大。"遂赦之。

上元元年，肃宗遣使，就请师衣钵归内供养。至永泰元年五月五日，代宗梦六祖大师请衣钵，七日敕刺史杨缄云："朕梦感能禅师请传衣袈裟却归①曹溪，今遣镇国大将军刘崇景顶戴而送。朕谓之国宝，卿可于本寺如法安置，专令僧众亲承宗旨者严加守护，勿令遗坠。"

后或为人偷窃，皆不远而获。如是者数四。

宪宗谥大鉴禅师，塔曰元和灵照。

其余事迹，系于载唐尚书王维、刺史柳宗元、刺史刘禹锡等碑。

守塔沙门令韬录。

宋太祖开国之初，王师平南海，刘氏残兵作梗，师之塔庙，鞠为煨烬，而真身为守塔僧保护，一无所损。寻有制兴修，功未毕，会宋太宗②即位，留心禅门，诏新师塔七层，加谥大鉴真空禅师、太平兴国之塔。

宋仁宗天圣十年，具安舆迎师真身及衣钵入大内供养，加谥大

---

① "归"，原本缺，据明正统刊本补。
② "宗"，原本作"祖"，据明正统刊本改。

鉴真空普觉禅师。

宋神宗加谥大鉴真空普觉圆明禅师。

本州复兴梵刹事迹，元献公晏殊所作碑记具载。

六祖禅师自唐开元元年癸丑岁示寂，至大元至元二十七年庚寅岁，已得五百七十八年矣。

成化十五年己亥五月日白云山屏风庵所开刊者，而今大清光绪九年癸未五月日伽耶山海印寺重修刊板，其间年数，凡三百七十三年矣。

至元庚寅至成化己亥凡为几年乎？无文不可考矣。

自师灭度至于今日，几百年载，而其迹完存，可知其剞劂之功至大矣夫！

古者刊跋

《坛经》乃述六祖禅师本末与夫接门弟子问答之语。其辞直截豁露，分明示人，更无隐语。达摩而下，最为奇特，可为直指人心，见性成佛之捷径。但其间别有一句，虽不出于文字语言之外，却不在于文字语言之中。试问诸人，还读得么？若读得出，立地化凡成圣，其或未然，且只循行数墨，亦福不唐捐。

秋谷长老捐财入梓流通，撒向诸人面前，直是老婆心切。不知谁解体悉此意耶？

所南翁跋。

《法宝坛经》乃是佛祖骨髓，直截根源，了无枝叶，如日丽天,靡所不照;如水归海,同一咸味,见者饮者,莫不具足。

报国秋谷老师刊板印施,以广其传,欲令学者若菩萨,顿悟心宗,令趣觉地。虽然,叶落归根来时无。若谓老卢末后句,此卷向甚么处得来?

延祐丙辰三月日,瑞光景瞻拜书。

泰和七年①十二月日,社内道人湛默持一卷文到室中曰:"近得《法宝记坛经》,将重刻之,以广其传,师其跋之。"

予欣然对曰:"此予平生宗承修学之龟鉴也。子其雕印流行,以寿后世,甚惬老僧意。然此有一段疑焉。南阳忠国师谓禅客曰:我此间身心一如,心外无余,所以全不生灭。汝南方身是无常,神性是常,所以半生半灭,半不生灭。又曰:吾比游方,多见此色,近尤盛矣。把他《坛经》改换,云是南方宗旨,添糅鄙谈,削除圣意,惑乱后徒。②子今所得正是本文,非所沾记,可免国师所诃。然细详本文,亦有"身生灭,心不生灭"之义,如云:真如性自起念,非眼耳鼻舌能念等,正是国师所诃之义。修心者到此,不无疑念,如何消遣,令其深信,亦令圣教流通耶?"

默曰:"然则会通之义,可得闻乎?"

予曰:"老僧曩者,依此心玩味忘致,故得祖师善权之意。何者?祖师为怀让、行思等密传心印,外为韦璩等道俗千余人说

---

① 金章宗泰和七年(1207),尚无德异本《坛经》。故此跋所说《坛经》,当是传入朝鲜的惠昕本或契嵩本《坛经》。
② 出自《景德传灯录》卷二十八"南阳慧忠国师语":"吾比游方多见此色,近尤盛矣。聚却三五百众,目视云汉,云是南方宗旨,把他《坛经》改换,添糅鄙谈,削除圣意,惑乱后徒……"。

无相心地戒，故不可以一往谈真而逆俗，又不可一往顺俗而违真，故半随他意，半称自证。说真如起念，非眼耳能念等语，要令道俗等先须返观身中见闻之性，了达真如，然后方见祖师身心一如之密意耳。若无如是善权，直说身心一如，则缘自观身生灭，故出家修道者尚生疑惑，况千人俗士如何信受？是乃祖师随机诱引之说也。忠国师诃破南方佛法之病，可谓再整颓纲，扶现圣意，堪报不报之恩。我等云孙，既未亲承密传，当依如此显传门诚实之语，返照自心本来是佛，不落断常，可为离过矣。若观心不生灭，而见身有生灭，则于法上以生二见，非性相融会者也。是知依此一卷灵文，得意参详，则不历僧祇速证菩提。可不雕印流行，作大利益耶？"

默曰："唯，唯。"

于是乎书。

海东曹溪山修禅社沙门知讷跋。

《法宝记坛经》是曹溪六祖说见性成佛决定无疑法。依此经者，佛在堂；背此经者，魔在舍。魔佛之辨，莫由此经矣。

其或目究耳闻而尚由魔者，吾未如之何也矣。普照祖翁依此经而自除眼眚，与人刮膜，亦由此经。故此经之流播海东也，异乎他书。

道人永淑得科正本，摭缘锓梓，欲广印施。嘉其知宝在所，与人共之，故书而为跋。

柔兆执徐宿月①清明二日，晦堂安其书。

天无先后，道何南北。迟速有异，顿渐斯分。利钝在人，不关于法。于此，有上根大智一拨便转，先得其源，穷之又究，随其言迹，不生取舍之心，会融宗旨，归就自心，则已到佛祖之地，不亦易乎？

古人之至理妙言，虽载于龙宫满藏，若不刊施，如何流布？文字传来，我亦得见。无住幸生千载之后，暂尝禅门之味，非宿世之因缘，岂今日之感遇。我曹溪大士一生所至，随缘问答，玄言妙句，仍成一卷，流于后世，实灵山微笑之旨，自此盛兴。青原②、南岳后裔，绳绳直指人心，成佛捷径。

捐财入梓，流通无穷，此乃法海之功，秋谷之德。噫，长老拏云授唐本《法宝坛经》，具跋文是我国曹溪牧牛子所述，不胜庆抃，而无住亦不揆蠡测，而随喜重雕，印施若干，所冀使后之学者，心心相印，灯灯相续，与天地无尽也云。

万历二年甲戌仲秋，曹溪后学知幻堂无住子行思稽首谨跋。

山之僧普净，梵行异常者也。高超俗表，白云岩间，天影台上，结庵居者十二年矣。一日，净持一卷文而到室中曰："近得《法宝记坛经》，乃成化十五年此白云山屏风庵开板也。异乎！多

---

① "柔兆执徐宿月"，元代延祐三年（丙辰，1316）三月。"柔兆执徐"即丙辰岁，"宿月"是三月。自金泰和七年（1207）之后，丙辰岁有南宋理宗宝祐四年（1256）、元延祐三年（1316）。可以认为，晦堂安其此跋是上接元延祐（三年）丙辰三月日瑞光景瞻之跋的。"永淑得科正本"当即德异本。

② "青原"，原本作"清源"，乃"青原"之误。

历年纪,而手接目睹,实为有缘,将重镂板,以广其传。师其跋之。"

余曰:"诺。若无古人之刊传,岂至于今日乎?今若不传,后之者何可得见?后不可见,则见性成佛之法已矣。余故随喜而跋。"

康熙四十二年癸未八月日,曹溪后学中华子大宪志。

刊行《坛经》后跋

光绪九年癸未之夏,山之道人茵峰西公,募其缘而重修刊板,印施若干,谓余其跋。

余欣然曰:此文之高峻,义趣之深远,昭在于古师之序跋,不须烦重。然祖云:吾灭度后,依此修行,如吾在日。若违吾教,纵吾在世,亦无利益。又云:心之一法,无头尾,无形相,元无名字可立,但以众生自迷其性,妄想执著,种种分别,故吾假设文字以度迷人。是老婆心切至矣,尽矣。然固非剖传,祖去后数百载,承其言赫赫若今日乎?噫,吾曹生于千载之下,虽未亲承密传,如此目睹其文,幸莫大矣。若依此修行,默得乎无名字之心,则吾祖之苦口丁说,真不归虚矣。今日之捐财剖功,亦不虚浪矣。既然如是,则师与吾等,先忧其文之不传世,而次忧其人之不依修行乎?

信海门人龙溟沙弥凤机稽首谨书。

自大元至元二十七年庚寅岁,至延祐丙辰重刊。

至泰和七年重刊。

至大明成化十五年己亥重刊。

然而自至元庚寅至成化己亥，于焉过元至明，无纪年代，中间年数不知几何矣。

自成化己亥，过九十六年而至于万历二年甲戌重刊，自三年乙亥，过一百二十九年而至崇祯。

后大清康熙四十二年癸未重刊，自三年甲申过一百八十一年而至光绪九年癸未夏，今此重刊。

呜呼，自成化己亥至今年，凡为四百有六年，而其文完存。又自师灭至成化己亥，凡经几百年代。自释尊灭后至六祖入灭，又经几许百年。始知佛法亘古亘今，尽未来际，常住不灭也。

元代宗宝本《六祖大师法宝坛经》(嘉兴藏本)

元代宗宝改编本《六祖大师法宝坛经》成书于至元二十八年（1291），是明代以后最通行的《坛经》。明永乐《南藏》（密）、《北藏》（扶）、《嘉兴藏》（扶）、房山石经（万历四十八年刻石）等都收有此本，至于单刻本也多属此本。

宗宝在跋文中说，因读契嵩《坛经赞》有感，开始留心《坛经》，出家后"续见三本不同，互有得失，其板亦已漫灭。因取其本校雠，讹者正之，略者详之，复增入弟子请益机缘，庶几学者得尽曹溪之旨"。

可见宗宝看过契嵩的《坛经赞》，也有契嵩修订的《坛经》。在他改编的《坛经》前面载有契嵩的《坛经赞》。他所说的三本，也许是唐代惠昕本、契嵩本和元代德异本。他说的"复增入弟子请益机缘"，不好理解，因为迄今没有发现元代以前缺此部分内容的《坛经》本子。

与德异本相比，宗宝本没有重大变动，最明显的改动是将品目由四字改为二字，如将"教授坐禅"改为"坐禅"等；另外是分割和合并品文，如将"悟法传衣"分为"行由"和"般若"

二品，把"法门对示""付嘱流通"二品并为"付嘱"一品；还有在段落的承接之处增删字句，改变文句前后次序，把正文改为小注等情形。

如果德异本即是契嵩本的再刊本，那么，宗宝本所用底本即是契嵩本，而德异本应是它的重要参校本。这样，对于宗宝本内容与德异本基本相同，前有德异的序及《坛经赞》的事实就可以得到解释和理解。

现以《嘉兴藏》收载的宗宝本《坛经》为底本，以惠昕本、德异本等为参校本，改用通用简体字并重做分段和标点。

六祖大师法宝坛经目录

卷首
    序、赞（各一篇）

经
    行由第一
    般若第二
    疑问第三
    定慧第四
    坐禅第五
    忏悔第六
    机缘第七
    顿渐第八
    宣诏第九
    付嘱第十

附录
    缘起外纪
    历朝崇奉事迹
    赐谥大鉴禅师碑
    大鉴禅师碑
    佛衣铭
    跋

六祖大师法宝坛经序

古筠比丘德异　撰

妙道虚玄，不可思议，忘言得旨，端可悟明。故世尊分座于多子塔前，拈花于灵山会上，似火与火，以心印心。

西传四七，至菩提达磨，东来此土，直指人心，见性成佛。有可大师者，首于言下悟入，末上三拜得髓，受衣绍祖，开阐正宗。三传而至黄梅，会中高僧七百，惟负春居士一偈传衣，为六代祖。南遁十余年，一旦以"非风幡动"之机，触开印宗正眼。居士由是祝发登坛，应跋陀罗悬记，开东山法门。韦使君命海禅者录其语，目之曰《法宝坛经》。

大师始于五羊，终至曹溪，说法三十七年。沾甘露味，入圣超凡者莫记其数。悟佛心宗，行解相应，为大知识者，名载《传灯》。惟南岳、青原，执侍最久，尽得无巴鼻，故出马祖、石头，机智圆明，玄风大震。乃有临济、沩仰、曹洞、云门、法眼诸公，巍然而出。道德超群，门庭险峻，启迪英灵衲子，奋志冲关。一门深入，五派同源，历遍炉锤，规模广大，原其五家纲要，尽出《坛经》。

夫《坛经》者，言简义丰，理明事备，具足诸佛无量法门。

一一法门，具足无量妙义；一一妙义，发挥诸佛无量妙理。即弥勒楼阁中，即普贤毛孔中，善入者即同善财，于一念间圆满功德，与普贤等，与诸佛等。

惜乎《坛经》为后人节略太多，不见六祖大全之旨。德异幼年尝见古本，自后遍求三十余载，近得通上人寻到全文，遂刊于吴中休休禅庵，与诸胜士同一受用。惟愿开卷举目，直入大圆觉海，续佛祖慧命无穷。斯余志愿满矣。

至元二十七年庚寅岁仲春日叙。

六祖大师法宝坛经赞

〔宋〕明教大师契嵩 撰

赞者,告也,发经而溥告也。《坛经》者,至人之所以宣其心也(至人谓六祖,篇内同)。

何心邪?佛所传之妙心也。大哉心乎!资始变化,而清净常若。凡然,圣然,幽然,显然,无所处而不自得之。圣言乎明,凡言乎昧。昧也者,变也;明也者,复也。变、复虽殊,而妙心一也。始释迦文佛以是而传之大龟氏,大龟氏相传之三十三世者传诸大鉴(六祖谥号大鉴禅师);大鉴传之而益传也。

说之者抑亦多端,固有名同而实异者也,固有义多而心一者也。曰血肉心者,曰缘虑心者,曰集起心者,曰坚实心者,若心所之心,益多也。是所谓名同而实异者也。曰真如心者,曰生灭心者,曰烦恼心者,曰菩提心者,诸修多罗其类此者,殆不可胜数。是所谓义多而心一者也。义有觉义,有不觉义;心有真心,有妄心,皆所以别其正心也。方《坛经》之所谓心者,亦义之觉义,心之实心也。

昔者圣人之将隐也,乃命乎龟氏教外以传法之要,意其人滞迹而忘返,固欲后世者提本而正末也。故《涅槃》曰:"我有无上正法,悉已付嘱摩诃迦叶矣。"

天之道存乎易，地之道存乎简，圣人之道存乎要；要也者，至妙之谓也。圣人之道，以要则为法界门之枢机，为无量义之所会，为大乘之椎轮。《法华》岂不曰"当知是妙法，诸佛之秘要"？《华严》岂不曰"以少方便，疾成菩提"？要乎，其于圣人之道，利而大矣哉！是故《坛经》之宗，尊其心要也。

心乎，若明若冥，若空若灵，若寂若惺。有物乎？无物乎？谓之一物，固弥于万物；谓之万物，固统于一物。一物犹万物也，万物犹一物也。此谓可思议也。及其不可思也，不可议也，天下谓之玄解，谓之神会，谓之绝待，谓之默体，谓之冥通，一皆离之遣之，遣之又遣，亦乌能至之。微其果然独得，与夫至人之相似者，孰能谅乎？推而广之，则无往不可也；探而裁之，则无所不当也。施于证性，则所见至亲；施于修心，则所诣至正；施于崇德辩惑，则真忘易显；施于出世，则佛道速成；施于救世，则尘劳易歇。此《坛经》之宗，所以旁行天下而不厌。彼谓即心即佛浅者，何其不知量也。以折锥探地而浅地，以屋漏窥天而小天，岂天地之然邪？

然百家者，虽苟胜之，弗如也。而至人通而贯之，合乎群经，断可见矣。至人变而通之，非预名字，不可测也。故其显说之，有伦有义；密说之，无首无尾。天机利者得其深，天机钝者得其浅。可拟乎？可议乎？不得已况之，则圆顿教也，最上乘也，如来之清净禅也，菩萨藏之正宗也。论者谓之玄学，不亦详乎？天下谓之宗门，不亦宜乎？

《坛经》曰"定慧为本"者，趣道之始也。定也者，静也；慧也者，明也。明以观之，静以安之。安其心，可以体心也；观其道，可以语道也。"一行三昧"者，法界一相之谓也。谓万善虽殊，皆正于一行者也。"无相为体"者，尊大戒也。"无念为宗"者，尊大定也。"无住为本"者，尊大慧也。夫戒定慧者，三乘之达道也。夫妙心者，戒定慧之大资也。以一妙心而统乎三法，故曰大也。"无相戒"者，戒其必正觉也。"四弘愿"者，愿度，度苦也；愿断，断集也；愿学，学道也；愿成，成寂灭也。灭无所灭，故无所不断也；道无所道，故无所不度也。"无相忏"者，忏非所忏也。"三归戒"者，归其一也。一也者，三宝之所以出也。"说摩诃般若"者，谓其心之至中也。"般若"也者，圣人之方便也，圣人之大智也，固能寂之、明之、权之、实之。天下以其寂，可以泯众恶也。天下以其明，可以集众善也。天下以其权，可以大有为也。天下以其实，可以大无为也。至矣哉，般若也。圣人之道，非夫般若不明也、不成也。天下之务，非夫般若不宜也、不当也。至人之为以般若振，不亦远乎！"我法为上上根人说"者，宜之也。轻物重用则不胜，大方小授则过也。"从来默传分付"者，密说之谓也。密也者，非不言而暗证也，真而密之也。"不解此法"而辄"谤毁"，谓"百劫千生断佛种性"者，防天下亡其心也。

伟乎《坛经》之作也！其本正，其迹效，其因真，其果不谬。前圣也，后圣也，如此起之，如此示之，如此复之。浩然沛乎，若大川之注也，若虚空之通也，若日月之明也，若形影之无碍也，若鸿渐之有序也。妙而得之之谓本，推而用之之谓迹，以其非始者始之之谓因，以其非成者成之之谓果。果不异乎因，谓之正果也。因不异乎果，谓之正因也。迹必顾乎本，谓之大用也。本必顾乎迹，谓之大乘也。乘也者，圣人之喻道也。用也者，圣人之起教也。

夫圣人之道，莫至乎心。圣人之教，莫至乎修。调神入道，莫至乎一相止观。轨善成德，莫至乎一行三昧。资一切戒，莫至乎无相。正一切定，莫至乎无念。通一切智，莫至乎无住。生善灭恶，莫至乎无相戒。笃道推德，莫至乎四弘愿。善观过，莫至乎无相忏。正所趣，莫至乎三归戒。正大体，裁大用，莫至乎大般若。发大信，务大道，莫至乎大志。天下之穷理尽性，莫至乎默传。欲心无过，莫善乎不谤。定慧，为始道之基也。一行三昧，德之端也。无念之宗，解脱之谓也。无住之本，般若之谓也。无相之体，法身之谓也。无相戒，戒之最也。四弘愿，愿之极也。无相忏，忏之至也。三归戒，真所归也。摩诃智慧，圣凡之大范也。为上上根人说，直说也。默传，传之至也。戒谤，戒之当也。

夫妙心者，非修所成也，非证所明也；本成也，本明也。以迷明者复明，所以证也。以背成者复成，所以修也。以非修而修之，故曰正修也。以非明而明之，故曰正证也。至人暗然不见其威仪，而成德为行谒如也。至人颓然若无所持，而道显于天下也。盖以正修而修之也，以正证而证之也。于此乃曰罔修罔证，罔因罔果。穿凿丛脞，竞为其说，缪乎至人之意焉。

噫！放戒定慧而必趋乎混茫之空，则吾未如之何也。甚乎，含识溺心而浮识，识与业相乘循诸响，而未始息也。

象之形之，人与物偕生，纷然乎天地之间，可胜数邪？得其形于人者，固万万之一耳。人而能觉，几其鲜矣！圣人怀此，虽以多义发之，而天下犹有所不明者也。圣人救此，虽以多方治之，而天下犹有所不醒者也。贤者以智乱，不肖者以愚壅，平平之人以无记悟。及其感物而发，喜之，怒之，哀之，乐之，益蔽者万端，暧然若夜行而不知所至。其承于圣人之言，则计之，博之，若蒙雾而望远，谓有也，谓无也，谓非有也，谓非无也，谓亦有也，谓亦无也，以不见而却蔽，固终身而不得其审焉。海所以在水也，鱼龙死生在海而不见乎水。道所以在心也，其人终日说道而不见乎心。悲夫！心固微妙幽远，难明难凑，其如此也矣。

圣人既隐，天下百世虽以书传，而莫得其明验。故《坛经》之宗举，乃直示其心，而天下方知即正乎性命也。若排云雾而顿见太清，若登泰山而所视廓如也。王氏以方乎世书曰："齐一变，至于鲁；鲁一变，至于道。"① 斯言近之矣。

《涅槃》曰"始从鹿野苑，终至跋提河，中间五十年，未曾说一字"者，示法非文字也，防以文字而求其所谓也。曰"依法不依人"者，以法真而人假也；曰"依义不依语"者，以义实而语假也；曰"依智而不依识"者，以智至而识妄也；曰"依了义经，不依不了义经"者，以了义经尽理也。而菩萨所谓即是宣说《大涅槃》者，谓自说与经同也。圣人所谓四人出世（即四依也），护持正法，应当证知者。应当证知，故至人推本以正其末也。自说与经同，故至人说经如经也。依义，依了义经，故至人显说而

---

① 王氏，指王曙。宋代张商英《护法论》："尝爱本朝王文康公，著《大同论》，谓儒道释之教，沿浅至深，犹齐一变至于鲁，鲁一变至于道。"王曙（963~1034），字晦叔，历任工部侍郎参知政事、枢密使等，景祐元年（1034）拜同中书门下平章事，亲近佛教，卒谥文康。

合义也、合经也。依法,依智,故至人密说变之、通之而不苟滞也。示法非文字,故至人之宗尚乎默传也。圣人如春,陶陶而发之也。至人如秋,濯濯而成之也。圣人命之而至人效之也,至人固圣人之门之奇德殊勋者也。

夫至人者,始起于微,自谓不识世俗文字;及其成至也,方一席之说而显道救世,与乎大圣人之云为者,若合符契也。固其玄德上智,生而知之,将自表其法而示其不识乎?殁殆四百年,法流四海而不息。帝王者、圣贤者,更三十世求其道而益敬。非至乎大圣人之所至,天且厌之久矣,乌能若此也。

予固岂尽其道,幸蚊虻饮海亦预其味,敢稽首布之,以遗后学者也。

六祖大师法宝坛经

风幡报恩光孝禅寺住持嗣祖比丘宗宝　编

行由第一

时，大师至宝林。韶州韦刺史（名璩）与官僚入山，请师出于城中大梵寺讲堂，为众开缘说法。师升座次，刺史官僚三十余人，儒宗学士三十余人，僧尼道俗一千余人，同时作礼，愿闻法要。

大师告众曰：

善知识，菩提自性，本来清净，但用此心，直了成佛。

善知识，且听惠能行由，得法事意。惠能严父，本贯范阳，左降流于岭南，作新州百姓。此身不幸，父又早亡。老母孤遗，移来南海，艰辛贫乏，于市卖柴。时，有一客买柴，使令送至客店。客收去，惠能得钱，却出门外，见一客诵经。惠能一闻经语，心即开悟，遂问："客诵何经？"客曰："《金刚经》。"复问："从何所来，持此经典？"客云："我从蕲州黄梅县东禅寺来。其寺是五祖忍大师在彼主化，门人一千有余。我到彼中礼拜，听受此经。大师常劝僧俗，但持《金刚经》，即自见性，直了成佛。"

惠能闻说，宿昔有缘，乃蒙一客取银十两与惠能，令充老母衣粮，教便往黄梅参礼五祖。

惠能安置母毕，即便辞违。不经三十余日便至黄梅，礼拜五祖。

祖问曰："汝何方人？欲求何物？"

惠能对曰："弟子是岭南新州百姓，远来礼师，惟求作佛，不求余物。"

祖言："汝是岭南人，又是獦獠，若为堪作佛？"

惠能曰："人虽有南北，佛性本无南北；獦獠身与和尚不同，佛性有何差别？"

五祖更欲与语，且见徒众总在左右，乃令随众作务。

惠能曰："惠能启和尚，弟子自心常生智慧，不离自性，即是福田，未审和尚教作何务？"

祖云："这獦獠，根性大利！汝更勿言，著槽厂去。"

惠能退至后院，有一行者差惠能破柴、踏碓，经八月余。

祖一日忽见惠能曰："吾思汝之见可用，恐有恶人害汝，遂不与汝言。汝知之否？"

惠能曰："弟子亦知师意，不敢行至堂前，令人不觉。"

善知识，祖一日唤诸门人总来："吾向汝说，世人生死事大。汝等终日只求福田，不求出离生死苦海。自性若迷，福何可救？汝等各去，自看智慧，取自本心般若之性，各作一偈，来呈吾看。若悟大意，付汝衣法为第六代祖。火急速去，不得迟滞，思量即不中用。见性之人，言下须见。若如此者，轮刀上阵，亦得见之。（喻利根者。）"

众得处分，退而递相谓曰："我等众人，不须澄心用意作偈，将呈和尚,有何所益?神秀上座,现为教授师,必是他得。我辈谩作偈颂,枉用心力。"余人闻语,总皆息心,咸言:"我等已后依止秀师,何烦作偈?"

神秀思惟:"诸人不呈偈者,为我与他为教授师。我须作偈,将呈和尚;若不呈偈,和尚如何知我心中见解深浅?我呈偈意,求法即善;觅祖即恶,却同凡心,夺其圣位奚别?若不呈偈,终不得法。大难,大难!"

五祖堂前有步廊三间,拟请供奉卢珍画《楞伽经》变相及五祖血脉图,流传供养。神秀作偈成已,数度欲呈,行至堂前心中恍惚,遍身汗流,拟呈不得,前后经四日一十三度,呈偈不得。秀乃思惟:"不如向廊下书著,从他和尚看见,忽若道好,即出礼拜,云是秀作;若道不堪,枉向山中数年受人礼拜,更修何道?"是夜三更,不使人知,自执灯,书偈于南廊壁间,呈心所见。偈曰:

身是菩提树,心如明镜台,

时时勤拂拭,勿使惹尘埃。

秀书偈了,便却归房,人总不知。秀复思惟,五祖明日见偈欢喜,即我与法有缘;若言不堪,自是我迷,宿业障重,不合得法,圣意难测。房中思想,坐卧不安,直至五更。

祖已知神秀入门未得,不见自性。天明,祖唤卢供奉来,向南廊壁间绘画图相,忽见其偈,报言:"供奉却不用画,劳尔远来。经云:凡所有相,皆是虚妄。但留此偈,与人诵持。依此偈修,免堕恶道;依此偈修,有大利益。"

令门人炷香礼敬,尽诵此偈,即得见性。门人诵偈,皆叹善哉。

祖三更唤秀入堂，问曰："偈是汝作否？"

秀言："实是秀作，不敢妄求祖位，望和尚慈悲，看弟子有少智慧否？"

祖曰："汝作此偈，未见本性，只到门外，未入门内。如此见解，觅无上菩提，了不可得。无上菩提，须得言下识自本心，见自本性不生不灭，于一切时中，念念自见万法无滞，一真一切真，万境自如如。如如之心，即是真实。若如是见，即是无上菩提之自性也。汝且去，一两日思惟，更作一偈将来吾看。汝偈若入得门，付汝衣法。"

神秀作礼而出，又经数日，作偈不成，心中恍惚，神思不安，犹如梦中，行坐不乐。

复两日，有一童子于碓坊过，唱诵其偈。惠能一闻，便知此偈未见本性，虽未蒙教授，早识大意。遂问童子曰："诵者何偈？"

童子曰："尔这獦獠不知，大师言，世人生死事大，欲得传付衣法，令门人作偈来看。若悟大意，即付衣法为第六祖。神秀上座，于南廊壁上书无相偈。大师令人皆诵，依此偈修，免堕恶道；依此偈修，有大利益。"

惠能曰："（一本有：我亦要诵此，结来生缘。）上人，我此踏碓，八个余月，未曾行到堂前，望上人引至偈前礼拜。"

童子引至偈前礼拜。惠能曰："惠能不识字，请上人为读。"

时有江州别驾，姓张名日用，便高声读。惠能闻已，遂言："亦有一偈，望别驾为书。"

别驾言："汝亦作偈？其事希有。"

惠能向别驾言："欲学无上菩提，不得轻于初学。下下人有上上智，上上人有没意智。若轻人，即有无量无边罪。"

别驾言："汝但诵偈，吾为汝书。汝若得法，先须度吾，勿忘此言。"

惠能偈曰：

  菩提本无树，明镜亦非台；

  本来无一物，何处惹尘埃？

书此偈已，徒众总惊，无不嗟讶，各相谓言："奇哉！不得以貌取人，何得多时，使他肉身菩萨。"

祖见众人惊怪，恐人损害，遂将鞋擦了偈，曰："亦未见性。"众以为然。

次日，祖潜至碓坊，见能腰石舂米，语曰："求道之人，为法忘躯，当如是乎！"

乃问曰："米熟也未？"

惠能曰："米熟久矣，犹欠筛在。"

祖以杖击碓三下而去。惠能即会祖意，三鼓入室。祖以袈裟遮围，不令人见，为说《金刚经》，至应无所住而生其心。惠能言下大悟，一切万法，不离自性。遂启祖言："何期自性，本自清净；何期自性，本不生灭；何期自性，本自具足；何期自性，本无动摇；何期自性，能生万法。"

祖知悟本性，谓惠能曰："不识本心，学法无益；若识自本心，见自本性，即名丈夫、天人师、佛。"

三更受法，人尽不知，便传顿教及衣钵，云："汝为第六代

祖,善自护念,广度有情,流布将来,无令断绝。听吾偈曰:

　　有情来下种,因地果还生,

　　无情既无种,无性亦无生。"

祖复曰:"昔达磨大师,初来此土,人未之信,故传此衣,以为信体,代代相承。法则以心传心,皆令自悟自解。自古佛佛惟传本体,师师密付本心。衣为争端,止汝勿传。若传此衣,命如悬丝。汝须速去,恐人害汝。"

惠能启曰:"向甚处去?"

祖云:"逢怀则止,遇会则藏。"

惠能三更领得衣钵,云:"能本是南中人,素不知此山路,如何出得江口?"

五祖言:"汝不须忧,吾自送汝。"

祖相送,直至九江驿。祖令上船,五祖把橹自摇。

惠能言:"请和尚坐。弟子合摇橹。"

祖云:"合是吾渡汝。"

惠能云:"迷时师度,悟了自度;度名虽一,用处不同。惠能生在边方,语音不正,蒙师传法,今已得悟,只合自性自度。"

祖云:"如是,如是。以后佛法,由汝大行。汝去三年,吾方逝世。汝今好去,努力向南。不宜速说,佛法难起。"

惠能辞违祖已,发足南行,两月中间至大庾岭。(五祖归,数日不上堂。众疑,诣问曰:和尚少病少恼否?曰:病即无。衣法已南矣。问:谁人传授?曰:能者得之。众乃知焉。)逐后数百人来,欲夺衣钵。一僧俗姓陈,名惠明,先是四品将军,性行粗慥,极意参寻,为众人先,趁及惠能。惠能掷下衣钵于石上,云:"此衣表信,可力争耶?"能隐草莽中。惠明至,提掇不动,乃唤云:"行者,行者!我为法来,不为衣来。"惠能遂出,坐盘石上。

惠明作礼云:"望行者为我说法。"

惠能云:"汝既为法而来,可屏息诸缘,勿生一念,吾为汝说。"

明良久。惠能云:"不思善,不思恶,正与么时,那个是明上座本来面目?"

惠明言下大悟。复问云:"上来密语密意外,还更有密意否?"

惠能云:"与汝说者,即非密也。汝若返照,密在汝边。"

明曰:"惠明虽在黄梅,实未省自己面目。今蒙指示,如人饮水,冷暖自知。今行者即惠明师也。"

惠能曰:"汝若如是,吾与汝同师黄梅,善自护持。"

明又问:"惠明今后向甚处去?"

惠能曰:"逢袁则止,遇蒙则居。"明礼辞。(明回至岭下,谓趁众曰:向陟崔嵬,竟无踪迹,当别道寻之。趁众咸以为然。惠明后改道明,避师上字。)

惠能后至曹溪,又被恶人寻逐,乃于四会避难猎人队中,凡经一十五载,时与猎人随宜说法。猎人常令守网,每见生命,尽放之。每至饭时,以菜寄煮肉锅。或问,则对曰:"但吃肉边菜。"

一日思惟,时当弘法,不可终遁。遂出至广州法性寺,值印宗法师讲《涅槃经》。时有风吹幡动,一僧曰:"风动。"一僧曰:"幡动。"议论不已。

惠能进曰："不是风动，不是幡动，仁者心动。"一众骇然。

印宗延至上席，征诘奥义。见惠能言简理当，不由文字，宗云："行者定非常人。久闻黄梅衣法南来，莫是行者否？"

惠能曰："不敢。"

宗于是作礼，告请传来衣钵出示大众。宗复问曰："黄梅付嘱，如何指授？"

惠能曰："指授即无，惟论见性，不论禅定解脱。"

宗曰："何不论禅定解脱？"

能曰："为是二法，不是佛法。佛法是不二之法。"

宗又问："如何是佛法不二之法？"

惠能曰："法师讲《涅槃经》，明佛性是佛法不二之法。如高贵德王菩萨白佛言：犯四重禁，作五逆罪及一阐提等，当断善根佛性否？佛言：善根有二，一者常，二者无常，佛性非常非无常，是故不断，名为不二。一者善，二者不善，佛性非善非不善，是名不二。蕴之与界，凡夫见二，智者了达其性无二。无二之性，即是佛性。"

印宗闻说，欢喜合掌，言："某甲讲经，犹如瓦砾；仁者论义，犹如真金。"

于是为惠能剃发，愿事为师。惠能遂于菩提树下，开东山法门。

惠能于东山得法，辛苦受尽，命似悬丝。今日得与使君、官僚、僧尼、道俗同此一会，莫非累劫之缘，亦是过去生中供养诸佛，同种善根，方始得闻如上顿教得法之因。教是先圣所传，不是惠能自智。愿闻先圣教者，各令净心，闻了各自除疑，如先代圣人无别。

一众闻法,欢喜作礼而退。

般若第二

次日,韦使君请益。师升座,告大众曰:总净心念摩诃般若波罗蜜多。

复云:善知识,菩提般若之智,世人本自有之,只缘心迷,不能自悟,须假大善知识示导见性。当知愚人智人,佛性本无差别,只缘迷悟不同,所以有愚有智。吾今为说摩诃般若波罗蜜法,使汝等各得智慧。志心谛听,吾为汝说。

善知识,世人终日口念般若,不识自性般若,犹如说食不饱。口但说空,万劫不得见性,终无有益。

善知识,摩诃般若波罗蜜是梵语,此言大智慧到彼岸。此须心行,不在口念。口念心不行,如幻如化,如露如电;口念心行,则心口相应。本性是佛,离性无别佛。何名摩诃?摩诃是大。心量广大,犹如虚空,无有边畔,亦无方圆大小,亦非青黄赤白,亦无上下长短,亦无嗔无喜,无是无非,无善无恶,无有头尾。诸佛刹土,尽同虚空。世人妙性本空,无有一法可得。自性真空,亦复如是。

善知识,莫闻吾说空,便即著空。第一莫著空,若空心静坐,即著无记空。

善知识,世界虚空,能含万物色像,日月星宿、山河大地、泉源溪涧、草木丛林、恶人善人、恶法善法、天堂地狱、一切大海、须弥诸山,总在空中。世人性空,亦复如是。

善知识,自性能含万法是大,万法在诸人性中。若见一切人恶之与善,尽皆不取不舍,亦不染著,心如虚空,名之为大,故曰摩诃。

善知识,迷人口说,智者心行。又有迷人,空心静坐,百无所思,自称为大。此一辈人,不可与语,为邪见故。

善知识,心量广大,遍周法界,用即了了分明,应用便知一切。一切即一,一即一切,去来自由,心体无滞,即是般若。

善知识,一切般若智,皆从自性而生,不从外入。莫错用意,名为真性自用,一真一切真。心量大事,不行小道。口莫终日说空,心中不修此行,恰似凡人自称国王,终不可得,非吾弟子。

善知识,何名般若?般若者,唐言智慧也。一切处所、一切时中,念念不愚,常行智慧,即是般若行。一念愚即般若绝,一念智即般若生。世人愚迷,不见般若,口说般若,心中常愚。常自言我修般若,念念说空,不识真空。般若无形相,智慧心即是。若作如是解,即名般若智。何名波罗蜜?此是西国语,唐言到彼岸,解义离生灭,著境生灭起,如水有波浪,即名为此岸;离境无生灭,如水常通流,即名为彼岸,故号波罗蜜。

善知识,迷人口念,当念之时,有妄有非。念念若行,是名真性。悟此法者,是般若法;修此行者,是般若行。不修即凡,一念修行,自身等佛。

善知识,凡夫即佛,烦恼即菩提。前念迷即凡夫,后念悟即佛。前念著境即烦恼,后念离境即菩提。

善知识，摩诃般若波罗蜜，最尊最上最第一，无住无往亦无来，三世诸佛从中出。当用大智慧，打破五蕴烦恼尘劳。如此修行，定成佛道，变三毒为戒定慧。

善知识，我此法门，从一般若生八万四千智慧。何以故？为世人有八万四千尘劳。若无尘劳，智慧常现，不离自性。悟此法者，即是无念、无忆、无著，不起诳妄。用自真如性，以智慧观照，于一切法不取不舍，即是见性成佛道。

善知识，若欲入甚深法界及般若三昧者，须修般若行，持诵《金刚般若经》，即得见性。当知此经功德无量无边，经中分明赞叹，莫能具说。此法门是最上乘，为大智人说，为上根人说。小根小智人闻，心生不信。何以故？譬如大龙下雨于阎浮提，城邑聚落悉皆漂流，如漂枣叶；若雨大海，不增不减。若大乘人，若最上乘人，闻说《金刚经》，心开悟解。故知本性自有般若之智，自用智慧，常观照故，不假文字。譬如雨水，不从天有，元是龙能兴致，令一切众生、一切草木、有情无情，悉皆蒙润。百川众流，却入大海，合为一体。众生本性般若之智，亦复如是。

善知识，小根之人，闻此顿教，犹如草木根性小者，若被大雨，悉皆自倒，不能增长。小根之人，亦复如是。元有般若之智，与大智人更无差别，因何闻法不自开悟？缘邪见障重，烦恼根深。犹如大云覆盖于日，不得风吹，日光不现。般若之智亦无大小，为一切众生自心迷悟不同，迷心外见，修行觅佛；未悟自性，即是小根。若开悟顿教，不执①外修，但于自心常起正见，

---

① "执"，原本作"能"，参德异本改。

烦恼尘劳常不能染,即是见性。

善知识,内外不住,去来自由,能除执心,通达无碍。能修此行,与《般若经》本无差别。

善知识,一切修多罗及诸文字、大小二乘十二部经,皆因人置,因智慧性,方能建立。若无世人,一切万法本自不有,故知万法本自人兴;一切经书,因人说有。缘其人中有愚有智,愚为小人,智为大人。愚者问于智人,智者与愚人说法。愚人忽然悟解心开,即与智人无别。

善知识,不悟,即佛是众生;一念悟时,众生是佛,故知万法尽在自心。何不从自心中,顿见真如本性?《菩萨戒经》云:我本元自性清净。① 若识自心见性,皆成佛道。《净名经》云:即时豁然,还得本心。

善知识,我于忍和尚处一闻,言下便悟,顿见真如本性,是以将此教法流行,令学道者顿悟菩提,各自观心,自见本性。若自不悟,须觅大善知识、解最上乘法者直示正路。是善知识有大因缘,所谓化导,令得见性。一切善法,因善知识能发起故。三世诸佛、十二部经,在人性中本自具有。不能自悟,须求善知识指示方见;若自悟者,不假外求。若一向执谓须他善知识方得解脱者,无有是处。何以故?自心内有知识自悟。若起邪迷,妄念颠倒,外善知识虽有教授,救不可得。若起正真般若观照,一刹那间,妄念俱灭。若识自性,一悟即至佛地。

---

① 《菩萨戒经》,即后秦鸠摩罗什译《梵网经》,经文有"吾今当为此大众重说十无尽藏戒品,是一切众生戒本源自性清净"。可见"我本元自性清净"是源自《菩萨戒经》中的"戒本源自性清净",是节自"一切众生戒本源自性清净"。后世《坛经》多将"戒"误写为"我"字。"元""源"在此处义同。

善知识，智慧观照，内外明彻，识自本心。若识本心，即本解脱。若得解脱，即是般若三昧，即是无念。何名无念？若见一切法，心不染著，是为无念。用即遍一切处，亦不著一切处。但净本心，使六识出六门，于六尘中无染无杂，来去自由，通用无滞，即是般若三昧、自在解脱，名无念行。若百物不思，当令念绝，即是法缚，即名边见。

善知识，悟无念法者，万法尽通；悟无念法者，见诸佛境界；悟无念法者，至佛地位。

善知识，后代得吾法者，将此顿教法门，于同见同行发愿受持，如事佛故，终身而不退者，定入圣位。然须传授从上以来默传分付，不得匿其正法。若不同见同行，在别法中不得传付，损彼前人，究竟无益。恐愚人不解，谤此法门，百劫千生断佛种性。

善知识，吾有一《无相颂》，各须诵取，在家出家，但依此修。若不自修，惟记吾言，亦无有益。听吾颂曰：

说通及心通，如日处虚空；
唯传见性法，出世破邪宗。
法即无顿渐，迷悟有迟疾；
只此见性门，愚人不可悉。
说即虽万般，合理还归一；
烦恼暗宅中，常须生慧日。
邪来烦恼至，正来烦恼除；
邪正俱不用，清净至无余。
菩提本自性，起心即是妄；

净心在妄中，但正无三障。
世人若修道，一切尽不妨；
常自见己过，与道即相当。
色类自有道，各不相妨恼；
离道别觅道，终身不见道。
波波度一生，到头还自懊；
欲得见真道，行正即是道。
自若无道心，暗行不见道；
若真修道人，不见世间过。
若见他人非，自非却是左；
他非我不非，我非自有过。
但自却非心，打除烦恼破；
憎爱不关心，长伸两脚卧。
欲拟化他人，自须有方便；
勿令彼有疑，即是自性现。
佛法在世间，不离世间觉；
离世觅菩提，恰如求兔角。
正见名出世，邪见是世间；
邪正尽打却，菩提性宛然。
此颂是顿教，亦名大法船；
迷闻经累劫，悟则刹那间。

师复曰：今于大梵寺说此顿教，普愿法界众生言下见性成佛。

时韦使君与官僚、道俗，闻师所说，无不省悟。一时作礼，皆叹:"善哉!何期岭南有佛出世。"

疑问第三

一日,韦刺史为师设大会斋。斋讫,刺史请师升座,同官僚士庶肃容再拜,问曰:"弟子闻和尚说法,实不可思议。今有少疑,愿大慈悲,特为解说。"

师曰:"有疑即问,吾当为说。"

韦公曰:"和尚所说,可不是达磨大师宗旨乎?"

师曰:"是。"

公曰:"弟子闻达磨初化梁武帝,帝问云:朕一生造寺、度僧、布施、设斋,有何功德?达磨言:实无功德。弟子未达此理,愿和尚为说。"

师曰:"实无功德,勿疑先圣之言。武帝心邪,不知正法,造寺、度僧、布施、设斋,名为求福,不可将福便为功德。功德在法身中,不在修福。"

师又曰:"见性是功,平等是德。念念无滞,常见本性,真实妙用,名为功德。内心谦下是功,外行于礼是德。自性建立万法是功,心体离念是德。不离自性是功,应用无染是德。若觅功德法身,但依此作是真功德。若修功德之人,心即不轻,常行普敬。心常轻人,吾我不断,即自无功;自性虚妄不实,即自无德。为吾我自大,常轻一切故。善知识,念念无间是功,心行平直是德;自修性是功,自修身是德。善知识,功德须自性内见,不是布施供养之所求也。是以福德与功德别。武帝不识真理,非我祖师有过。"

刺史又问曰:"弟子常见僧俗念阿弥陀佛,愿生西方。请和尚说得生彼否?愿为破疑。"

师言:"使君善听,惠能与说。世尊在舍卫城中,说西方引化。经文分明,去此不远。若论相说,里数有十万八千,即身中十恶八邪,便是说远。说远为其下根,说近为其上智。人有两种,法无两般。迷悟有殊,见有迟疾。迷人念佛求生于彼,悟人自净其心。所以佛言:随其心净,即佛土净。使君,东方人但心净即无罪;虽西方人,心不净亦有愆。东方人造罪,念佛求生西方。西方人造罪,念佛求生何国?凡愚不了自性,不识身中净土,愿东愿西;悟人在处一般。所以佛言:随所住处恒安乐。使君,心地但无不善,西方去此不遥。若怀不善之心,念佛往生难到。今劝善知识,先除十恶即行十万,后除八邪乃过八千。念念见性,常行平直,到如弹指,便睹弥陀。使君,但行十善,何须更愿往生?不断十恶之心,何佛即来迎请?若悟无生顿法,见西方只在刹那。不悟念佛求生,路遥如何得达。惠能与诸人,移西方于刹那间,目前便见。各愿见否?"

众皆顶礼云:"若此处见,何须更愿往生?愿和尚慈悲,便现西方,普令得见。"

师言:"大众,世人自色身是城,眼耳鼻舌是门,外有五门,内有意门。心是地,性是王。王居心地上,性在王在,性去王无。性在身心存,性去身心坏。佛向性中作,莫向身外求。自性迷即是众生,自性觉即是佛。慈悲即是观音,喜舍名为势至,能净即释迦,平直即弥陀,人我是须弥,贪欲是海水,烦恼是波浪,毒害是恶龙,虚妄是鬼神,尘劳是鱼鳖,贪瞋是地狱,愚痴是畜生。善知识,常行十善,天堂便至。除人我,须弥倒;去贪欲,海水竭;烦恼无,波浪灭;毒害除,鱼龙绝。自心地上觉性如来,放大光明,外照六门清净,能破六欲诸天;自性内照,三毒即除;地狱等罪一时消灭,内外明彻不异西方。不作此修,如何到彼?"

大众闻说,了然见性,悉皆礼拜,俱叹善哉。唱言:"普愿法界众生,闻者一时悟解。"

师言:"善知识,若欲修行,在家亦得,不由在寺。在家能行,如东方人心善;在寺不修,如西方人心恶。但心清净,即是自性西方。"

韦公又问:"在家如何修行?愿为教授。"

师言:"吾与大众说《无相颂》。但依此修,常与吾同处无别;若不依此修,剃发出家于道何益?颂曰:

> 心平何劳持戒,行直何用修禅。
> 恩则孝养父母,义则上下相怜,
> 让则尊卑和睦,忍则众恶无喧。
> 若能钻木出火,淤泥定生红莲。
> 苦口的是良药,逆耳必是忠言,
> 改过必生智慧,护短心内非贤。
> 日用常行饶益,成道非由施钱,
> 菩提只向心觅,何劳向外求玄。
> 听说依此修行,天堂只在目前。"

师复曰:"善知识,总须依偈修行,见取自性,直成佛道。

时不相待，众人且散，吾归曹溪。众若有疑，却来相问。"

时，刺史、官僚、在会善男信女，各得开悟，信受奉行。

定慧第四

师示众云：

善知识，我此法门，以定慧为本。

大众，勿迷言定慧别。定慧一体不是二。定是慧体，慧是定用。即慧之时定在慧，即定之时慧在定。若识此义，即是定慧等学。诸学道人，莫言先定发慧、先慧发定各别。作此见者，法有二相。口说善语，心中不善。空有定慧，定慧不等。若心口俱善、内外一如，定慧即等。自悟修行，不在于诤。若诤先后，即同迷人，不断胜负，却增我法，不离四相。

善知识，定慧犹如何等？犹如灯光，有灯即光，无灯即暗。灯是光之体，光是灯之用；名虽有二，体本同一。此定慧法，亦复如是。

师示众云：

善知识，一行三昧者，于一切处行住坐卧，常行一直心是也。《净名》云：直心是道场，直心是净土。莫心行谄曲，口但说直；口说一行三昧，不行直心。但行直心，于一切法勿有执著。迷人著法相，执一行三昧，直言常坐不动，妄不起心，即是一行三昧。作此解者，即同无情，却是障道因缘。

善知识，道须通流，何以却滞？心不住法，道即通流；心若住法，名为自缚。若言常坐不动是，只如舍利弗宴坐林中，却被维摩诘诃。善知识，又有人教坐，看心观静，不动不起，从此置功。迷人不会，便执成颠，如此者众。如是相教，故知大错。

师示众云：

善知识，本来正教，无有顿渐，人性自有利钝。迷人渐修，悟人顿契。自识本心，自见本性，即无差别，所以立顿渐之假名。

善知识，我此法门，从上以来，先立无念为宗，无相为体，无住为本。无相者，于相而离相。无念者，于念而无念。无住者，人之本性，于世间善恶、好丑，乃至冤之与亲、言语触刺欺争之时，并将为空，不思酬害，念念之中不思前境。若前念今念后念，念念相续不断，名为系缚。于诸法上念念不住，即无缚也。此是以无住为本。

善知识，外离一切相，名为无相。能离于相，即法体清净。此是以无相为体。

善知识，于诸境上心不染，曰无念。于自念上，常离诸境，不于境上生心。若只百物不思，念尽除却，一念绝即死，别处受生，是为大错。学道者思之，若不识法意，自错犹可，更误他人；自迷不见，又谤佛经，所以立无念为宗。

善知识，云何立无念为宗？只缘口说见性，迷人于境上有念，念上便起邪见，一切尘劳妄想从此而生。自性本无一法可得，若有所得，妄说祸福，即是尘劳邪见，故此法门立无念为宗。

善知识，无者，无何事？念者，念何物？无者，无二相，无诸尘劳之心。念者，念真如本性。真如即是念之体，念即是真如之用。真如自性起念,非眼耳鼻舌能念。真如有性,所以起念;真如若无,眼耳色声当时即坏。

善知识,真如自性起念,六根虽有见闻觉知,不染万境,而真性常自在。故经云:能善分别诸法相,于第一义而不动。

坐禅第五

师示众云:

此门坐禅,元不看心,亦不看净,亦不是不动。若言看心,心元是妄,知心如幻,故无所看也。若言看净,人性本净,由妄念故,盖覆真如,但无妄想,性自清净;起心看净,却生净妄。妄无处所,看者是妄。净无形相,却立净相。言是工夫,作此见者,障自本性,却被净缚。①

善知识,若修不动者,但见一切人时,不见人之是非善恶过患,即是自性不动。

善知识,迷人身虽不动,开口便说他人是非长短好恶,与道违背。若看心看净②,即障道也。

师示众云:

善知识,何名坐禅?此法门中,无障无碍,外于一切善恶境界,心念不起,名为坐;内见自性不动,名为禅。

善知识,何名禅定?外离相为禅,内不乱为定。外若著相,

---

① 本段中的"看",原本皆作"著"。据"定慧第四"的"又有人教坐,看心观静,不动不起"并参考敦煌新本、真福寺本、大乘寺本改。
② "看心看净",原本作"著心著净",参上注改。

内心即乱；外若离相，心即不乱。本性自净自定，只为见境、思境即乱。若见诸境心不乱者，是真定也。

善知识，外离相即禅，内不乱即定。外禅内定，是为禅定。《菩萨戒经》云：我本元自性清净①。

善知识，于念念中，自见本性清净，自修自行，自成佛道。

忏悔第六

时，大师见广、韶洎四方士庶，骈集山中听法，于是升座，告众曰：

来，诸善知识，此事须从自性中起，于一切时，念念自净其心，自修自行，见自己法身，见自心佛，自度自戒，始得不假到此。既从远来，一会于此，皆共有缘。今可各各胡跪，先为传自性五分法身香，次授无相忏悔。

众胡跪。师曰：

一、戒香。即自心中无非、无恶、无嫉妒、无贪瞋、无劫害，名戒香。

二、定香。即睹诸善恶境相，自心不乱，名定香。

三、慧香。自心无碍，常以智慧观照自性，不造诸恶；虽修众善，心不执著，敬上念下，矜恤孤贫，名慧香。

四、解脱香。即自心无所攀缘，不思善、不思恶，自在无碍，名解脱香。

---

① "我本元自性清净"，据《梵网经》应为"戒本源自性清净"，详见"般若第二"同一引文之注。

五、解脱知见香。自心既无所攀缘善恶，不可沉空守寂，即须广学多闻，识自本心，达诸佛理，和光接物，无我无人，直至菩提，真性不易，名解脱知见香。

善知识，此香各自内熏，莫向外觅。

今与汝等授无相忏悔，灭三世罪，令得三业清净。

善知识，各随我语，一时道：弟子等，从前念、今念及后念，念念不被愚迷染。从前所有恶业愚迷等罪，悉皆忏悔，愿一时消灭，永不复起。弟子等，从前念、今念及后念，念念不被憍诳染。从前所有恶业憍诳等罪，悉皆忏悔，愿一时消灭，永不复起。弟子等，从前念、今念及后念，念念不被嫉妒染。从前所有恶业嫉妒等罪，悉皆忏悔，愿一时消灭，永不复起。

善知识，已上是为无相忏悔。云何名忏？云何名悔？忏者，忏其前愆，从前所有恶业，愚迷、憍诳、嫉妒等罪，悉皆尽忏，永不复起，是名为忏。悔者，悔其后过，从今以后，所有恶业，愚迷、憍诳、嫉妒等罪，今已觉悟，悉皆永断，更不复作，是名为悔。故称忏悔。凡夫愚迷，只知忏其前愆，不知悔其后过。以不悔故，前愆不灭，后过又生。前愆既不灭，后过复又生，何名忏悔？

善知识，既忏悔已，与善知识发四弘誓愿，各须用心正听：

自心众生无边誓愿度，自心烦恼无边誓愿断，

自性法门无尽誓愿学，自性无上佛道誓愿成。

善知识，大家岂不道"众生无边誓愿度"。恁么道，且不是惠能度。善知识，心中众生，所谓邪迷心、诳妄心、不善心、嫉妒心、恶毒心，如是等心，尽是众生。各须自性自度，是名真

度。何名自性自度？即自心中邪见、烦恼、愚痴众生，将正见度。既有正见，使般若智打破愚痴、迷妄，众生各各自度。邪来正度，迷来悟度，愚来智度，恶来善度。如是度者，名为真度。

又"烦恼无边誓愿断"，将自性般若智，除却虚妄思想心是也。

又"法门无尽誓愿学"，须自见性，常行正法，是名真学。

又"无上佛道誓愿成"，既常能下心，行于真正，离迷离觉，常生般若；除真除妄，即见佛性，即言下佛道成。常念修行，是愿力法。

善知识，今发四弘愿了，更与善知识授无相三归依戒。

善知识，归依觉，两足尊；归依正，离欲尊；归依净，众中尊。从今日去，称觉为师，更不归依邪魔外道，以自性三宝常自证明，劝善知识归依自性三宝。佛者，觉也；法者，正也；僧者，净也。自心归依觉，邪迷不生，少欲知足，能离财色，名两足尊。自心归依正，念念无邪见，以无邪见故，即无人我贡高，贪爱执著，名离欲尊。自心归依净，一切尘劳爱欲境界，自性皆不染著，名众中尊。若修此行，是自归依。凡夫不会，从日至夜受三归戒。若言归依佛，佛在何处？若不见佛，凭何所归，言却成妄。

善知识，各自观察，莫错用心。经文分明言自归依佛，不言归依他佛。自佛不归，无所依处。今既自悟，各须归依自心三宝，内调心性，外敬他人，是自归依也。

善知识，既归依自三宝竟，各各志心，吾与说一体三身自性佛，令汝等见三身了然，自悟自性。总随我道：于自色身归依清净法身佛，于自色身归依圆满报身佛，于自色身归依千百亿化身佛。

善知识，色身是舍宅，不可言归。向者三身佛，在自性中。世人总有为自心迷，不见内性，外觅三身如来，不见自身中有三身佛。汝等听说，令汝等于自身中见自性有三身佛。此三身佛，从自性生，不从外得。何名清净法身佛？世人性本清净，万法从自性生。思量一切恶事，即生恶行；思量一切善事，即生善行。如是诸法在自性中，如天常清，日月常明，为浮云盖覆，上明下暗，忽遇风吹云散，上下俱明，万象皆现。世人性常浮游，如彼天云。善知识，智如日，慧如月，智慧常明，于外著境，被妄念浮云盖覆自性，不得明朗。若遇善知识，闻真正法，自除迷妄，内外明彻，于自性中万法皆现。见性之人，亦复如是。此名清净法身佛。

善知识，自心归依自性，是归依真佛。自归依者，除却自性中不善心、嫉妒心、谄曲心、吾我心、诳妄心、轻人心、慢他心、邪见心、贡高心及一切时中不善之行，常自见己过，不说他人好恶，是自归依。常须下心，普行恭敬，即是见性通达，更无滞碍，是自归依。

何名圆满报身？譬如一灯能除千年暗，一智能灭万年愚。莫思向前，已过不可得；常思于后，念念圆明，自见本性。善恶虽殊，本性无二；无二之性，名为实性。于实性中，不染善恶，此名圆满报身佛。自性起一念恶，灭万劫善因；自性起一念善，得恒沙恶尽，直至无上菩提，念念自见，不失本念，名为报身。

何名千百亿化身？若不思万法，性本如空，一念思量，名为变化。思量恶事，化为地狱；思量善事，化为天堂。毒害化为龙蛇，慈悲化为菩萨，智慧化为上界，愚痴化为下方。自性变化甚多，迷人不能省觉，念念起恶，常行恶道。回一念善，智慧即生，此名自性化身佛。

善知识，法身本具，念念自性自见，即是报身佛。从报身思量，即是化身佛。自悟自修自性功德，是真归依。皮肉是色身，色身是舍宅，不言归依也。但悟自性三身，即识自性佛。吾有一《无相颂》，若能诵持①，言下令汝积劫迷罪一时消灭。颂曰：

> 迷人修福不修道，只言修福便是道，
> 布施供养福无边，心中三恶元来造。
> 拟将修福欲灭罪，后世得福罪还在，
> 但向心中除罪缘，各自性中真忏悔。
> 忽悟大乘真忏悔，除邪行正即无罪，
> 学道常于自性观，即与诸佛同一类。
> 吾祖惟传此顿法，普愿见性同一体，
> 若欲当来觅法身，离诸法相心中洗。
> 努力自见莫悠悠，后念忽绝一世休，
> 若悟大乘得见性，虔恭合掌至心求。

师言：

善知识，总须诵取，依此修行，言下见性。虽去吾千里，如常在吾边。于此言下不悟，即对面千里，何勤远来。珍重！好去。

---

① "诵持"，原本作"师持"，据德异本改。

一众闻法，靡不开悟，欢喜奉行。

机缘第七

师自黄梅得法，回至韶州曹侯村，人无知者。(他本云，师去时，至曹侯村，住九月余。然师自言："不经三十余日便至黄梅。"此求道之切，岂有逗留？作去时者非是)

有儒士刘志略，礼遇甚厚。志略有姑为尼，名无尽藏，常诵《大涅槃经》。师暂听，即知妙义，遂为解说。尼乃执卷问字，师曰："字即不识，义即请问。"尼曰："字尚不识，焉能会义？"师曰："诸佛妙理，非关文字。"尼惊异之，遍告里中耆德云："此是有道之士，宜请供养。"

有魏（魏，一作晋）武侯玄孙曹叔良及居民，竞来瞻礼。

时，宝林古寺，自隋末兵火已废，遂于故基重建梵宇，延师居之。俄成宝坊。

师住九月余日，又为恶党寻逐。师乃遁于前山，被其纵火焚草木。师隐身挨入石中得免。石今有师趺坐膝痕及衣布之纹，因名避难石。师忆五祖怀会止藏之嘱，遂行隐于二邑焉。

僧法海，韶州曲江人也。初参祖师，问曰："即心即佛，愿垂指谕。"

师曰："前念不生即心，后念不灭即佛；成一切相即心，离一切相即佛。吾若具说，穷劫不尽。听吾偈曰：

即心名慧，即佛乃定。

定慧等持，意中清净。
　　　悟此法门，由汝习性。
　　　用本无生，双修是正。"
法海言下大悟，以偈赞曰：
　　　即心元是佛，不悟而自屈，
　　　我知定慧因，双修离诸物。

僧法达，洪州人，七岁出家，常诵《法华经》，来礼祖师，头不至地。师诃曰："礼不投地，何如不礼？汝心中必有一物，蕴习何事耶？"

曰："念《法华经》已及三千部。"

师曰："汝若念至万部，得其经意，不以为胜，则与吾偕行。汝今负此事业，都不知过。听吾偈曰：
　　　礼本折慢幢，头奚不至地？
　　　有我罪即生，亡功福无比。"

师又曰："汝名什么？"

曰："法达。"

师曰："汝名法达，何曾达法？"复说偈曰：
　　　汝今名法达，勤诵未休歇，
　　　空诵但循声，明心号菩萨。
　　　汝今有缘故，吾今为汝说，
　　　但信佛无言，莲华从口发。

达闻偈，悔谢曰："而今而后，当谦恭一切。弟子诵《法华经》，未解经义，心常有疑。和尚智慧广大，愿略说经中义理。"

师曰:"法达,法即甚达,汝心不达。经本无疑,汝心自疑。汝念此经,以何为宗?"

达曰:"学人根性暗钝,从来但依文诵念,岂知宗趣?"

师曰:"吾不识文字,汝试取经诵一遍,吾当为汝解说。"

法达即高声念经,至《譬喻品》。

师曰:"止,此经元来以因缘出世为宗,纵说多种譬喻,亦无越于此。何者因缘?经云:诸佛世尊,唯以一大事因缘出现于世。一大事者,佛之知见也。世人外迷著相,内迷著空。若能于相离相,于空离空,即是内外不迷。若悟此法,一念心开,是为开佛知见。佛,犹觉也。分为四门,开觉知见、示觉知见、悟觉知见、入觉知见。若闻开示,便能悟入,即觉知见,本来真性而得出现。汝慎勿错解经意,见他道开示悟入,自是佛之知见,我辈无分。若作此解,乃是谤经毁佛也。彼既是佛,已具知见,何用更开?汝今当信,佛知见者,只汝自心,更无别佛。盖为一切众生,自蔽光明,贪爱尘境,外缘内扰,甘受驱驰,便劳他世尊从三昧起,种种苦口,劝令寝息,莫向外求,与佛无二。故云开佛知见。吾亦劝一切人,于自心中,常开佛之知见。世人心邪,愚迷造罪,口善心恶,贪瞋、嫉妒、谄佞、我慢,侵人害物,自开众生知见。若能正心,常生智慧,观照自心,止恶行善,是自开佛之知见。汝须念念开佛知见,勿开众生知见。开佛知见,即是出世;开众生知见,即是世间。汝若但劳劳执念,以为功课者,何异牦牛爱尾。"

达曰:"若然者,但得解义,不劳诵经耶?"

师曰:"经有何过,岂障汝念?只为迷悟在人,损益由己。

口诵心行,即是转经;口诵心不行,即是被经转。听吾偈曰:

　　心迷《法华》转,心悟转《法华》,

　　诵经久不明,与义作仇家。

　　无念念即正,有念念成邪,

　　有无俱不计,长御白牛车。"

达闻偈,不觉悲泣,言下大悟,而告师曰:"法达从昔已来,实未曾转《法华》,乃被《法华》转。"再启曰:"经云:诸大声闻乃至菩萨,皆尽思共度量,不能测佛智。今令凡夫但悟自心,便名佛之知见。自非上根,未免疑谤。又经说三车,羊、鹿、牛车与白牛之车,如何区别?愿和尚再垂开示。"

师曰:"经意分明,汝自迷背。诸三乘人,不能测佛智者,患在度量也。饶伊尽思共推,转加悬远。佛本为凡夫说,不为佛说。此理若不肯信者,从他退席。殊不知,坐却白牛车,更于门外觅三车。况经文明向汝道,唯一佛乘,无有余乘,若二若三,乃至无数方便,种种因缘譬喻言词,是法皆为一佛乘故。汝何不省,三车是假,为昔时故;一乘是实,为今时故。只教汝去假归实,归实之后,实亦无名。应知所有珍财,尽属于汝,由汝受用,更不作父想,亦不作子想,亦无用想,是名持《法华经》,从劫至劫,手不释卷,从昼至夜,无不念时也。"

达蒙启发,踊跃欢喜,以偈赞曰:

　　经诵三千部,曹溪一句亡,

　　未明出世旨,宁歇累生狂。

　　羊鹿牛权设,初中后善扬,

　　谁知火宅内,元是法中王。

师曰："汝今后，方可名念经僧也。"

达从此领玄旨，亦不辍诵经。

僧智通，寿州安丰人，初看《楞伽经》，约千余遍，而不会三身、四智，礼师求解其义。

师曰："三身者，清净法身，汝之性也；圆满报身，汝之智也；千百亿化身，汝之行也。若离本性，别说三身，即名有身无智；若悟三身无有自性，即明四智菩提。听吾偈曰：

自性具三身，发明成四智，

不离见闻缘，超然登佛地。

吾今为汝说，谛信永无迷，

莫学驰求者，终日说菩提。"

通再启曰："四智之义，可得闻乎？"

师曰："既会三身，便明四智，何更问耶？若离三身，别谈四智，此名有智无身。即此有智，还成无智。"复说偈曰：

大圆镜智性清净，平等性智心无病，

妙观察智见非功，成所作智同圆镜。

五八六七果因转，但用名言无实性，

若于转处不留情，繁兴永处那伽定。

（如上转识为智也。教中云，转前五识为成所作智，转第六识为妙观察智，转第七识为平等性智，转第八识为大圆镜智。虽六七因中转，五八果上转，但转其名而不转其体也。）

通顿悟性智，遂呈偈曰：

三身元我体，四智本心明，

身智融无碍，应物任随形。

起修皆妄动，守住匪真精，

妙旨因师晓，终亡染污名。

僧智常，信州贵溪人，髫年出家，志求见性。一日参礼，师问曰："汝从何来？欲求何事？"

曰："学人近往洪州白峰山礼大通和尚，蒙示见性成佛之义，未决狐疑，远来投礼，伏望和尚慈悲指示。"

师曰："彼有何言句？汝试举看。"

曰："智常到彼，凡经三月，未蒙示诲，为法切故，一夕独入丈室，请问：如何是某甲本心本性？大通乃曰：汝见虚空否？对曰：见。彼曰：汝见虚空有相貌否？对曰：虚空无形，有何相貌？彼曰：汝之本性，犹如虚空，了无一物可见，是名正见；无一物可知，是名真知。无有青黄长短，但见本源清净、觉体圆明，即名见性成佛，亦名如来知见。学人虽闻此说，犹未决了，乞和尚开示。"

师曰："彼师所说，犹存见知，故令汝未了。吾今示汝一偈：

不见一法存无见，大似浮云遮日面，

不知一法守空知，还如太虚生闪电。

此之知见瞥然兴，错认何曾解方便，

汝当一念自知非，自己灵光常显现。"

常闻偈已，心意豁然。乃述偈曰：

无端起知见，著相求菩提，

情存一念悟，宁越昔时迷。

自性觉源体，随照枉迁流，

　　不入祖师室，茫然趣两头。

　　智常一日问师曰："佛说三乘法，又言最上乘。弟子未解，愿为教授。"

　　师曰："汝观自本心，莫著外法相。法无四乘，人心自有等差。见闻转诵是小乘，悟法解义是中乘，依法修行是大乘。万法尽通，万法俱备，一切不染，离诸法相，一无所得，名最上乘。乘是行义，不在口争。汝须自修，莫问吾也。一切时中，自性自如。"

　　常礼谢执侍，终师之世。

　　僧志道，广州南海人也。请益曰："学人自出家，览《涅槃经》十载有余，未明大意，愿和尚垂诲。"

　　师曰："汝何处未明？"

　　曰："诸行无常，是生灭法；生灭灭已，寂灭为乐。于此疑惑。"

　　师曰："汝作么生疑？"

　　曰："一切众生皆有二身，谓色身、法身也。色身无常，有生有灭；法身有常，无知无觉。经云'生灭灭已，寂灭为乐'者，不审何身寂灭？何身受乐？若色身者，色身灭时，四大分散，全然是苦，苦不可言乐。若法身寂灭，即同草木瓦石，谁当受乐？又法性是生灭之体，五蕴是生灭之用，一体五用，生灭是常。生则从体起用，灭则摄用归体。若听更生，即有情之类，不断不灭；若不听更生，则永归寂灭，同于无情之物。如是，则一切诸法被涅槃之所禁伏,尚不得生,何乐之有?"

师曰:"汝是释子,何习外道断常邪见,而议最上乘法?据汝所说,即色身外别有法身,离生灭求于寂灭。又推涅槃常乐,言有身受用。斯乃执吝生死,耽著世乐。汝今当知,佛为一切迷人认五蕴和合为自体相,分别一切法为外尘相,好生恶死,念念迁流,不知梦幻虚假,枉受轮回,以常乐涅槃翻为苦相,终日驰求。佛愍此故,乃示涅槃真乐,刹那无有生相,刹那无有灭相,更无生灭可灭,是则寂灭现前。当现前时,亦无现前之量,乃谓常乐。此乐无有受者,亦无不受者,岂有一体五用之名?何况更言涅槃禁伏诸法,令永不生。斯乃谤佛毁法。听吾偈曰:

无上大涅槃,圆明常寂照,
凡愚谓之死,外道执为断,
诸求二乘人,目以为无作,
尽属情所计,六十二见本。
妄立虚假名,何为真实义?
惟有过量人,通达无取舍。
以知五蕴法,及以蕴中我,
外现众色象,一一音声相,
平等如梦幻,不起凡圣见,
不作涅槃解,二边三际断。
常应诸根用,而不起用想,
分别一切法,不起分别想。
劫火烧海底,风鼓山相击,
真常寂灭乐,涅槃相如是。

吾今强言说，令汝舍邪见，

汝勿随言解，许汝知少分。"

志道闻偈大悟，踊跃作礼而退。

行思禅师，生吉州安城刘氏，闻曹溪法席盛化，径来参礼，遂问曰："当何所务，即不落阶级？"

师曰："汝曾作什么来？"

曰："圣谛亦不为。"

师曰："落何阶级？"

曰："圣谛尚不为，何阶级之有？"

师深器之，令思首众。一日，师谓曰："汝当分化一方，无令断绝。"思既得法，遂回吉州青原山弘法绍化（谥弘济禅师）。

怀让禅师，金州杜氏子也。初谒嵩山安国师，安发之曹溪参扣。让至礼拜，师曰："甚处来？"

曰："嵩山。"

师曰："什么物？恁么来？"

曰："说似一物即不中。"

师曰："还可修证否？"

曰："修证即不无，污染即不得。"

师曰："只此不污染，诸佛之所护念。汝既如是，吾亦如是。西天般若多罗谶，汝足下出一马驹，踏杀天下人。应在汝心，不须速说（一本无西天以下二十七字）。"

让豁然契会，遂执侍左右一十五载，日臻玄奥。后往南岳，大阐禅宗（敕谥大慧禅师）。

永嘉玄觉禅师，温州戴氏子，少习经论，精天台止观法门。因看《维摩经》，发明心地。偶师弟子玄策相访，与其剧谈，出言暗合诸祖。策云："仁者得法师谁？"曰："我听方等经论，各有师承，后于《维摩经》悟佛心宗，未有证明者。"策云："威音王已前即得，威音王已后无师自悟，尽是天然外道。"曰："愿仁者为我证据。"策云："我言轻。曹溪有六祖大师，四方云集，并是受法者，若去，则与偕行。"觉遂同策来参，绕师三匝，振锡而立。

师曰："夫沙门者，具三千威仪、八万细行。大德自何方而来，生大我慢？"

觉曰："生死事大，无常迅速。"

师曰："何不体取无生，了无速乎？"

曰："体即无生，了本无速。"

师曰："如是，如是！"

玄觉方具威仪礼拜，须臾告辞。

师曰："返太速乎？"

曰："本自非动，岂有速耶？"

师曰："谁知非动？"

曰："仁者自生分别。"

师曰："汝甚得无生之意。"

曰："无生岂有意耶？"

师曰："无意，谁当分别？"

曰:"分别亦非意。"

师曰:"善哉!少留一宿。"

时谓一宿觉,后著《证道歌》,盛行于世。(谥曰无相大师,时称为真觉焉。)

禅者智隍,初参五祖,自谓已得正受,庵居长坐,积二十年。师弟子玄策游方至河朔,闻隍之名,造庵问云:"汝在此作什么?"隍曰:"入定。"策云:"汝云入定,为有心入耶?无心入耶?若无心入者,一切无情草木瓦石,应合得定;若有心入者,一切有情含识之流,亦应得定。"隍曰:"我正入定时,不见有有无之心。"策云:"不见有有无之心,即是常定。何有出入?若有出入,即非大定。"隍无对,良久,问曰:"师嗣谁耶?"策云:"我师曹溪六祖。"隍云:"六祖以何为禅定?"策云:"我师所说,妙湛圆寂,体用如如。五阴本空,六尘非有,不出不入,不定不乱。禅性无住,离住禅寂;禅性无生,离生禅想。心如虚空,亦无虚空之量。"隍闻是说,径来谒师。

师问云:"仁者何来?"隍具述前缘。

师云:"诚如所言。汝但心如虚空,不著空见,应用无碍,动静无心,凡圣情忘,能所俱泯,性相如如,无不定时也。(一本无汝但以下三十五字。止云:师悯其远来,遂垂开决。)"

隍于是大悟,二十年所得心都无影响。其夜,河北士庶闻空中有声云:"隍禅师今日得道。"

隍后礼辞,复归河北,开化四众。

一僧问师云："黄梅意旨，甚么人得？"

师云："会佛法人得。"

僧云："和尚还得否？"

师云："我不会佛法。"

师一日欲濯所授之衣而无美泉，因至寺后五里许，见山林郁茂，瑞气盘旋。师振锡卓地，泉应手而出，积以为池，乃跪膝浣衣石上。忽有一僧来礼拜，云："方辩是西蜀人，昨于南天竺国见达磨大师，嘱方辩速往唐土，吾传大迦叶正法眼藏及僧伽梨，见传六代，于韶州曹溪，汝去瞻礼。方辩远来，愿见我师传来衣钵。"

师乃出示，次问："上人攻何事业？"

曰："善塑。"

师正色曰："汝试塑看。"

辩罔措。过数日，塑就真相，可高七寸，曲尽其妙。师笑曰："汝只解塑性，不解佛性。"

师舒手摩方辩顶，曰："永为人天福田。"

（师仍以衣酬之。辩取衣分为三，一披塑像，一自留，一用棕裹瘗地中。誓曰："后得此衣，乃吾出世，住持于此，重建殿宇。"宋嘉祐八年，有僧惟先，修殿掘地，得衣如新。像在高泉寺，祈祷辄应。）

有僧举卧轮禅师偈曰：

　　卧轮有伎俩，能断百思想，

　　对境心不起，菩提日日长。

师闻之,曰:"此偈未明心地,若依而行之,是加系缚。"因示一偈曰:

惠能没伎俩,不断百思想,

对境心数起,菩提作么长。

顿渐第八

时,祖师居曹溪宝林,神秀大师在荆南玉泉寺。于时两宗盛化,人皆称南能北秀,故有南北二宗顿渐之分,而学者莫知宗趣。

师谓众曰:"法本一宗,人有南北。法即一种,见有迟疾。何名顿渐?法无顿渐,人有利钝,故名顿渐。"

然秀之徒众,往往讥南宗祖师不识一字,有何所长。秀曰:"他得无师之智,深悟上乘,吾不如也。且吾师五祖亲传衣法,岂徒然哉!吾恨不能远去亲近,虚受国恩。汝等诸人,毋滞于此,可往曹溪参决。"

一日,命门人志诚曰:"汝聪明多智,可为吾到曹溪听法,若有所闻,尽心记取,还为吾说。"

志诚禀命至曹溪,随众参请,不言来处。

时,祖师告众曰:"今有盗法之人,潜在此会。"

志诚即出礼拜,具陈其事。师曰:"汝从玉泉来,应是细作。"

对曰:"不是。"

师曰:"何得不是?"

对曰:"未说即是,说了不是。"

师曰:"汝师若为示众?"

对曰:"常指诲大众,住心观静,长坐不卧。"

师曰:"住心观静,是病非禅;长坐拘身,于理何益?听吾偈曰:

　　生来坐不卧,死去卧不坐,

　　一具臭骨头,何为立功课?"

志诚再拜曰:"弟子在秀大师处学道九年,不得契悟。今闻和尚一说,便契本心。弟子生死事大,和尚大慈,更为教示。"

师云:"吾闻汝师教示学人戒定慧法,未审汝师说戒定慧行相如何?与吾说看。"

诚曰:"秀大师说,诸恶莫作名为戒,诸善奉行名为慧,自净其意名为定。彼说如此,未审和尚以何法诲人?"

师曰:"吾若言有法与人,即为诳汝,但且随方解缚,假名三昧。如汝师所说戒定慧,实不可思议。吾所见戒定慧又别。"

志诚曰:"戒定慧只合一种,如何更别?"

师曰:"汝师戒定慧接大乘人,吾戒定慧接最上乘人。悟解不同,见有迟疾。汝听吾说,与彼同否?吾所说法,不离自性,离体说法,名为相说,自性常迷。须知一切万法,皆从自性起用,是真戒定慧法。听吾偈曰:

　　心地无非自性戒,心地无痴自性慧,

　　心地无乱自性定,不增不减自金刚,

　　身去身来本三昧。"

诚闻偈，悔谢，乃呈一偈曰：

　　五蕴幻身，幻何究竟？

　　回趣真如，法还不净。

师然之，复语诚曰："汝师戒定慧，劝小根智人；吾戒定慧，劝大根智人。若悟自性，亦不立菩提涅槃，亦不立解脱知见。无一法可得，方能建立万法。若解此意，亦名佛身，亦名菩提涅槃，亦名解脱知见。见性之人，立亦得，不立亦得，去来自由，无滞无碍，应用随作，应语随答，普见化身，不离自性，即得自在神通游戏三昧，是名见性。"

志诚再启师曰："如何是不立义？"

师曰："自性无非、无痴、无乱，念念般若观照，常离法相，自由自在，纵横尽得，有何可立？自性自悟，顿悟顿修，亦无渐次，所以不立一切法。诸法寂灭，有何次第？"

志诚礼拜，愿为执侍，朝夕不懈。（诚吉州太和人也。）

僧志彻，江西人，本姓张，名行昌，少任侠。自南北分化，二宗主虽亡彼我，而徒侣竞起爱憎。时，北宗门人自立秀师为第六祖，而忌祖师传衣为天下闻，乃嘱行昌来刺师。师心通，预知其事，即置金十两于座间。时夜暮，行昌入祖室，将欲加害。师舒颈就之，行昌挥刃者三，悉无所损。

师曰："正剑不邪，邪剑不正。只负汝金，不负汝命。"

行昌惊仆，久而方苏，求哀悔过，即愿出家。师遂与金，言："汝且去，恐徒众翻害于汝。汝可他日易形而来，吾当摄受。"

行昌禀旨宵遁，后投僧出家，具戒精进。一日，忆师之言，远来礼觐。师曰:"吾久念汝,汝来何晚?"

曰:"昨蒙和尚舍罪,今虽出家苦行,终难报德,其惟传法度生乎?弟子常览《涅槃经》,未晓常、无常义,乞和尚慈悲,略为解说。"

师曰:"无常者,即佛性也。有常者,即一切善恶诸法分别心也。"

曰:"和尚所说,大违经文。"

师曰:"吾传佛心印,安敢违于佛经?"

曰:"经说佛性是常,和尚却言无常。善恶之法乃至菩提心,皆是无常,和尚却言是常。此即相违,令学人转加疑惑。"

师曰:"《涅槃经》,吾昔听尼无尽藏读诵一遍,便为讲说,无一字一义不合经文,乃至为汝,终无二说。"

曰:"学人识量浅昧,愿和尚委曲开示。"

师曰:"汝知否?佛性若常,更说什么善恶诸法?乃至穷劫无有一人发菩提心者,故吾说无常,正是佛说真常之道也。又,一切诸法若无常者,即物物皆有自性容受生死,而真常性有不遍之处,故吾说常者,正是佛说真无常义。佛比为凡夫、外道执于邪常,诸二乘人于常计无常,共成八倒,故于《涅槃》了义教中,破彼偏见,而显说真常、真乐、真我、真净。汝今依言背义,以断灭无常及确定死常,而错解佛之圆妙最后微言。纵览千遍,有何所益?"

行昌忽然大悟,说偈曰:

> 因守无常心,佛说有常性,
>
> 不知方便者,犹春池拾砾。

我今不施功，佛性而现前，

非师相授与，我亦无所得。

师曰："汝今彻也，宜名志彻。"

彻礼谢而退。

有一童子，名神会，襄阳高氏子，年十三，自玉泉来参礼。师曰："知识远来艰辛，还将得本来否？若有本，则合识主。试说看。"

会曰："以无住为本，见即是主。"

师曰："这沙弥，争合取次语？"

会乃问曰："和尚坐禅，还见不见？"

师以柱杖打三下，云："吾打汝，痛不痛？"

对曰："亦痛亦不痛。"

师曰："吾亦见亦不见。"

神会问："如何是亦见亦不见？"

师云："吾之所见，常见自心过愆，不见他人是非好恶，是以亦见亦不见。汝言亦痛亦不痛如何？汝若不痛，同其木石；若痛，则同凡夫，即起恚恨。汝向前见、不见是二边，痛、不痛是生灭。汝自性且不见，敢尔弄人！"

神会礼拜悔谢。师又曰："汝若心迷不见，问善知识觅路。汝若心悟，即自见性，依法修行。汝自迷不见自心，却来问吾见与不见。吾见自知，岂代汝迷？汝若自见，亦不代吾迷。何不自知自见，乃问吾见与不见？"

神会再礼百余拜，求谢过愆，服勤给侍，不离左右。

一日，师告众曰："吾有一物，无头无尾，无名无字，无背无面，诸人还识否？"

神会出曰："是诸佛之本源，神会之佛性。"

师曰："向汝道，无名无字，汝便唤作本源佛性。汝向去有把茆盖头，也只成个知解宗徒。"

祖师灭后，会入京洛，大弘曹溪顿教，著《显宗记》，盛行于世。（是为荷泽禅师。）

师见诸宗难问，咸起恶心，多集座下，愍而谓曰："学道之人，一切善念恶念应当尽除，无名可名，名于自性；无二之性，是名实性。于实性上建立一切教门，言下便须自见。"

诸人闻说，总皆作礼，请事为师。

宣诏第九

神龙元年上元日，则天、中宗诏云："朕请安、秀二师宫中供养，万机之暇，每究一乘。二师推让云：南方有能禅师，密受①忍大师衣法，传佛心印，可请彼问。今遣内侍薛简驰诏迎请，愿师慈念，速赴上京。"

师上表辞疾，愿终林麓。

薛简曰："京城禅德皆云：欲得会道，必须坐禅习定；若不因禅定而得解脱者，未之有也。未审师所说法如何？"

师曰："道由心悟，岂在坐也。经云：若言如来若坐若卧，

---

① "受"，原本作"授"，参德异本改。

是行邪道。何故？无所从来，亦无所去，无生无灭，是如来清净禅；诸法空寂，是如来清净坐。究竟无证，岂况坐耶？"

简曰："弟子回京，主上必问，愿师慈悲，指示心要，传奏两宫及京城学道者，譬如一灯然百千灯，冥者皆明，明明无尽。"

师云："道无明暗，明暗是代谢之义。明明无尽，亦是有尽，相待立名故。《净名经》云：法无有比，无相待故。"

简曰："明喻智慧，暗喻烦恼。修道之人，倘不以智慧照破烦恼，无始生死凭何出离？"

师曰："烦恼即是菩提，无二无别。若以智慧照破烦恼者，此是二乘见解，羊鹿等机。上智大根，悉不如是。"

简曰："如何是大乘见解？"

师曰："明与无明，凡夫见二；智者了达其性无二。无二之性，即是实性。实性者，处凡愚而不减，在贤圣而不增，住烦恼而不乱，居禅定而不寂。不断不常，不来不去，不在中间及其内外，不生不灭，性相如如，常住不迁，名之曰道。"

简曰："师说不生不灭，何异外道？"

师曰："外道所说不生不灭者，将灭止生，以生显灭，灭犹不灭，生说不生。我说不生不灭者，本自无生，今亦不灭，所以不同外道。汝若欲知心要，但一切善恶都莫思量，自然得入清净心体，湛然常寂，妙用恒沙。"

简蒙指教，豁然大悟，礼辞归阙，表奏师语。

其年九月三日，有诏奖谕师曰："师辞老疾，为朕修道，国之福田。师若净名托疾毗耶，阐扬大乘，传诸佛心，谈不二法。薛简传师指授如来知见。朕积善余庆，宿种善根，值师出世，顿悟上乘,感荷师恩,顶戴无已,并奉磨衲袈裟及水晶钵,敕韶州刺史修饰寺宇,赐师旧居为国恩寺。"

付嘱第十

师一日唤门人法海、志诚、法达、神会、智常、智通、志彻、志道、法珍、法如等,曰:

汝等不同余人,吾灭度后,各为一方师。吾今教汝说法不失本宗,先须举三科法门,动用三十六对,出没即离两边,说一切法,莫离自性。忽有人问汝法,出语尽双,皆取对法,来去相因,究竟二法尽除,更无去处。

三科法门者,阴、界、入也。阴是五阴,色、受、想、行、识是也。入是十二入,外六尘——色、声、香、味、触、法,内六门——眼、耳、鼻、舌、身、意是也。界是十八界,六尘、六门、六识是也。

自性能含万法,名含藏识。若起思量,即是转识,生六识,出六门,见六尘。如是一十八界,皆从自性起用。自性若邪,起十八邪;自性若正,起十八正。若恶用即众生用,善用即佛用。用由何等?由自性。

有对法:

外境无情五对:天与地对,日与月对,明与暗对,阴与阳对,水与火对。此是五对也。

法相语言十二对:语与法对,有与无对,有色与无色对,有相与无相对,有漏与无漏对,色与空对,动与静对,清与浊对,凡与圣对，僧与俗对，老与少对，大与小对。此是十二对也。

自性起用十九对：长与短对，邪与正对，痴与慧对，愚与智对，乱与定对，慈与毒对，戒与非对，直与曲对，实与虚对，险与平对，烦恼与菩提对，常与无常对，悲与害对，喜与嗔对，舍与悭对，进与退对，生与灭对，法身与色身对，化身与报身对。此是十九对也。

师言：

此三十六对法，若解用，即道贯一切经法，出入即离两边。自性动用，共人言语，外于相离相，内于空离空。若全著相，即长邪见；若全执空，即长无明。执空之人，有谤经直言不用文字。既云不用文字，人亦不合语言。只此语言，便是文字之相。又云直道不立文字。即此不立两字，亦是文字。见人所说，便即谤他言著文字。汝等须知，自迷犹可，又谤佛经。不要谤经，罪障无数。若著相于外，而作法求真，或广立道场，说有无之过患。如是之人，累劫不得见性。但听依法修行，又莫百物不思，而于道性窒碍。若听说不修，令人反生邪念。但依法修行，无住相法施。汝等若悟，依此说，依此用，依此行，依此作，即不失本宗。若有人问汝义，问有将无对，问无将有对，问凡以圣对，问圣以凡对。二道相因，生中道义。如一问一对，余问一依此作，即不失理也。设有人问：何名为暗？答云：明是因，暗是缘，明没即暗，以明显暗，以暗显明，来去相因，成中道义。余问悉皆如此。汝等于后传法，依此转相教授，勿失宗旨。

师于太极元年壬子延和七月（是年五月改延和，八月玄宗即位方改元先天，次年遂改开元。他本作先天者非）① 命门人往新州国恩寺建塔，仍令促工，次年夏末落成。

七月一日，集徒众曰："吾至八月，欲离世间。汝等有疑，早须相问，为汝破疑，令汝迷尽。吾若去后，无人教汝。"

法海等闻，悉皆涕泣。惟有神会，神情不动，亦无涕泣。师云："神会小师却得善不善等，毁誉不动，哀乐不生。余者不得，数年山中竟修何道？汝今悲泣，为忧阿谁？若忧吾不知去处，吾自知去处。吾若不知去处，终不预报于汝。汝等悲泣，盖为不知吾去处；若知吾去处，即不合悲泣。法性本无生灭去来，汝等尽坐，吾与汝说一偈，名曰《真假动静偈》。汝等诵取此偈，与吾意同，依此修行，不失宗旨。"

众僧作礼，请师说偈。偈曰：

一切无有真，不以见于真，
若见于真者，是见尽非真。
若能自有真，离假即心真，
自心不离假，无真何处真？
有情即解动，无情即不动，
若修不动行，同无情不动。
若觅真不动，动上有不动，
不动是不动，无情无佛种。
能善分别相，第一义不动，

---

① 据《旧唐书·睿宗纪》，太极元年（岁次壬子，712）前四月称太极，五月改元延和，睿宗在位；八月玄宗即位，改元先天，故一年有三个年号。既然太极元年五月已改元延和，那么七月应为延和元年七月。

但作如此见，即是真如用。
报诸学道人，努力须用意，
莫于大乘门，却执生死智。
若言下相应，即共论佛义；
若实不相应，合掌令欢喜。
此宗本无诤，诤即失道意，
执逆诤法门，自性入生死。

时，徒众闻说偈已，普皆作礼，并体师意，各各摄心，依法修行，更不敢诤，乃知大师不久住世。

法海上座，再拜问曰："和尚入灭之后，衣法当付何人？"

师曰："吾于大梵寺说法，以至于今抄录流行，目曰'法宝坛经'。汝等守护，递相传授，度诸群生，但依此说，是名正法。今为汝等说法，不付其衣。盖为汝等信根淳熟，决定无疑，堪任大事。然据先祖达磨大师付授偈意，衣不合传。偈曰：

吾本来兹土，传法救迷情，
一华开五叶，结果自然成。"

师复曰："诸善知识，汝等各各净心，听吾说法。若欲成就种智，须达一相三昧、一行三昧。若于一切处而不住相，于彼相中不生憎爱，亦无取舍，不念利益成坏等事，安闲恬静，虚融澹泊，此名一相三昧。若于一切处行住坐卧，纯一直心，不动道场，真成净土，此名一行三昧。若人具二三昧，如地有种，含藏长养，成熟其实。一相一行，亦复如是。我今说法，犹如时雨，普润大地。汝等佛性，譬诸种子，遇兹沾洽，悉得发生。承吾旨者，决获菩提。依吾行者，定证妙果。听吾偈曰：

心地含诸种，普雨悉皆萌，
　　顿悟华情已，菩提果自成。"

师说偈已，曰："其法无二，其心亦然。其道清净，亦无诸相。汝等慎勿观静及空其心。此心本净，无可取舍。各自努力，随缘好去。"尔时，徒众作礼而退。

大师，七月八日忽谓门人曰："吾欲归新州，汝等速理舟楫。"大众哀留甚坚。

师曰："诸佛出现，犹示涅槃。有来必去，理亦常然。吾此形骸，归必有所。"

众曰："师从此去，早晚可回？"

师曰："叶落归根，来时无口。"

又问曰："正法眼藏，传付何人？"

师曰："有道者得，无心者通。"

又问："后莫有难否？"

师曰："吾灭后五六年，当有一人来取吾首。听吾记曰：头上养亲，口里须餐，遇满之难，杨柳为官。"

又云："吾去七十年，有二菩萨从东方来，一出家，一在家，同时兴化，建立吾宗，缔缉伽蓝，昌隆法嗣。"

问曰："未知从上佛祖应现已来，传授几代？愿垂开示。"

师云："古佛应世已无数量，不可计也。今以七佛为始，过去庄严劫，毗婆尸佛、尸弃佛、毗舍浮佛；今贤劫，拘留孙佛、拘那含牟尼佛、迦叶佛、释迦文佛。是为七佛。

"已上七佛，今以释迦文佛首传。

"第一摩诃迦叶尊者、第二阿难尊者、第三商那和修尊者、第四优波毱多尊者、第五提多迦尊者、第六弥遮迦尊者、第七婆须蜜多尊者、第八佛驮难提尊者、第九伏驮蜜多尊者、第十胁尊者、十一富那夜奢尊者、十二马鸣大士、十三迦毗摩罗尊者、十四龙树大士、十五迦那提婆尊者、十六罗睺罗多尊者、十七僧伽难提尊者、十八伽耶舍多尊者、十九鸠摩罗多尊者、二十阇耶多尊者、二十一婆修盘头尊者、二十二摩拏罗尊者、二十三鹤勒那尊者、二十四师子尊者、二十五婆舍斯多尊者、二十六不如蜜多尊者、二十七般若多罗尊者、二十八菩提达磨尊者（此土是为初祖）、二十九慧可大师、三十僧璨大师、三十一道信大师、三十二弘忍大师。惠能是为三十三祖。

"从上诸祖，各有禀承。汝等向后，递代流传，毋令乖误。"

大师，先天二年癸丑岁八月初三日（是年十二月改元开元），于国恩寺斋罢，谓诸徒众曰："汝等各依位坐，吾与汝别。"

法海白言："和尚，留何教法，令后代迷人得见佛性？"

师言："汝等谛听，后代迷人，若识众生，即见①佛性；若不识众生，万劫觅佛难逢。吾今教汝识自心众生，见自心佛性。欲求见佛，但识众生。只为众生迷佛，非是佛迷众生。自性若悟，众生是佛；自性若迷，佛是众生。自性平等，众生是佛；自性邪险，佛是众生。汝等心若险曲，即佛在众生中；一念平直，即是众生成佛。我心自有佛，自佛是真佛。自若无佛心，何处求真佛？汝等自心是佛，更莫狐疑。外无一物而能建立，皆是本心生

---

① "见"，原本作"是"，据惠昕本兴圣寺藏本改。

万种法。故经云：心生种种法生，心灭种种法灭。吾今留一偈与汝等别，名《自性真佛偈》。后代之人，识此偈意，自见本心，自成佛道。偈曰：

真如自性是真佛，邪见三毒是魔王，
邪迷之时魔在舍，正见之时佛在堂。
性中邪见三毒生，即是魔王来住舍，
正见自除三毒心，魔变成佛真无假。
法身报身及化身，三身本来是一身，
若向性中能自见，即是成佛菩提因。
本从化身生净性，净性常在化身中，
性使化身行正道，当来圆满真无穷。
淫性本是净性因，除淫即是净性身，
性中各自离五欲，见性刹那即是真。
今生若遇顿教门，忽悟自性见世尊，
若欲修行觅作佛，不知何处拟求真？
若能心中自见真，有真即是成佛因，
不见自性外觅佛，起心总是大痴人。
顿教法门今已留，救度世人须自修，
报汝当来学道者，不作此见大悠悠。"

师说偈已，告曰："汝等好住。吾灭度后，莫作世情悲泣雨泪，受人吊问，身著孝服，非吾弟子，亦非正法。但识自本心，见自本性，无动无静，无生无灭，无去无来，无是无非，无住无往。恐汝等心迷，不会吾意，今再嘱汝，令汝见性。吾灭度后，依此修行，如吾在日；若违吾教，纵吾在世，亦无有益。"复说偈曰：

兀兀不修善，腾腾不造恶，

寂寂断见闻，荡荡心无著。

师说偈已，端坐至三更，忽谓门人曰："吾行矣！"奄然迁化。于时异香满室，白虹属地，林木变白，禽兽哀鸣。

十一月，广、韶、新三郡官僚，洎门人僧俗，争迎真身，莫决所之。乃焚香祷曰："香烟指处，师所归焉。"时香烟直贯曹溪。十一月十三日，迁神龛并所传衣钵而回。

次年七月二十五日出龛，弟子方辩以香泥上之，门人忆念取首之记，仍以铁叶漆布固护师颈入塔。忽于塔内白光出现，直上冲天，三日始散。

韶州奏闻，奉敕立碑，纪师道行。

师春秋七十有六，年二十四传衣，三十九祝发，说法利生三十七载，嗣法四十三人，悟道超凡者莫知其数。达磨所传信衣（西域屈眗布也）、中宗赐磨衲宝钵及方辩塑师真相并道具，永镇宝林道场。

留传《坛经》以显宗旨，兴隆三宝，普利群生者。

六祖大师法宝坛经终

附录

六祖大师缘起外纪

门人法海等　集

大师名惠能，父卢氏，讳行瑫，唐武德三年九月，左官新州。母李氏，先梦庭前白华竞发，白鹤双飞，异香满室，觉而有娠，遂洁诚斋戒，怀妊六年，师乃生焉。唐贞观十二年戊戌岁二月八日子时也。时毫光腾空，香气芬馥。

黎明，有二僧造谒，谓师之父曰："夜来生儿，专为安名，可上惠下能也。"父曰："何名惠能？"僧曰："惠者，以法惠济众生；能者，能作佛事。"言毕而出，不知所之。

师不饮母乳。遇夜，神人灌以甘露。三岁父丧，葬于宅畔。母守志鞠养。既长，鬻薪供母。年二十有四，闻经有省，往黄梅参礼，五祖器之，付衣法，令嗣祖位，时龙朔元年辛酉岁也。

南归隐遁，至仪凤元年丙子正月八日，会印宗法师，诘论玄奥。印宗悟契师旨。是月十五日，普会四众，为师剃发。二月八日，集诸名德授具足戒。西京智光律师为授戒师，苏州慧静律师为羯磨，荆州通应律师为教授，中天耆多罗律师为说戒，西国蜜多三藏为证戒。其戒坛，乃宋朝求那跋陀罗三藏创建，立碑曰："后当有肉身菩萨于此授戒。"又梁天监元年，智药三藏自西竺国航海而来，将彼土菩提树一株植此坛畔，亦预志曰："后一百七十年，有肉身菩萨于此树下开演上乘，度无量众，真传佛心印之法主也。"师至是祝发受戒及与四众开示单传之旨，一如昔谶。
（梁天监元年壬午岁，至唐仪凤元年丙子，得一百七十五年。）

次年春，师辞众归宝林，印宗与缁白送者千余人，直至曹溪。时荆州通应律师与学者数百人依师而住。师至曹溪宝林，睹堂宇湫隘，不足容众，欲广之，遂谒里人陈亚仙，曰："老僧欲就檀越求坐具地，得不？"仙曰："和尚坐具几许阔？"祖出坐具示之，亚仙唯然。祖以坐具一展，尽罩曹溪四境，四天王现身，坐镇四方。今寺境有天王岭，因兹而名。仙曰："知和尚法力广大，但吾高祖坟墓并在此地，他日造塔，幸望存留，余愿尽舍，永为宝坊。然此地乃生龙白象来脉，只可平天，不可平地。"寺后营建，一依其言。

师游境内山水胜处，辄憩止，遂成兰若一十三所。今曰华果院，隶籍寺门。

其宝林道场，亦先是西国智药三藏自南海经曹溪口，掬水而饮，香美，异之。谓其徒曰："此水与西天之水无别，溪源上必有胜地，堪为兰若。"随流至源上，四顾山水回环，峰峦奇秀，叹曰："宛如西天宝林山也。"乃谓曹侯村居民曰："可于此山建一梵刹，一百七十年后，当有无上法宝于此演化，得道者如林，宜号宝林。"时韶州牧侯敬中，以其言具表闻奏，上可其请，赐宝林为额，遂成梵宫，落成于梁天监三年。

寺殿前有潭一所，龙常出没其间，触挠林木。一日现形甚巨，波浪汹涌，云雾阴翳，徒众皆惧。师叱之曰："你只能现大身，不能现小身，若为神龙，当能变化以小现大、以大现小也。"其龙忽没，俄顷复现小身跃出潭面。师展钵试之曰："你且不敢入老僧钵盂里。"龙乃游扬至前，师以钵舀之，龙不能动。师持钵堂上，与龙说法，龙遂蜕骨而去。其骨长可七寸，首尾角足皆具，留传寺门。师后以土石堙其潭，今殿前左侧有铁塔镇处是也。

师坠腰石镌"龙朔元年卢居士志"八字，此石今存黄梅东禅。

又唐王维右丞，为神会大师作《祖师记》云："师混劳侣积十六载，会印宗讲经，因为削发。"

又柳宗元刺史，作《祖师谥号碑》云："师受信具，遁隐南海上十六年。度其可行，乃居曹溪为人师。"

又张商英丞相，作《五祖纪》云："五祖演化于黄梅县之东禅院，盖其便于将母。龙朔元年，以衣法付六祖已，散众入东山结庵。有居人冯茂，以山施师为道场焉。"

以此考之，则师至黄梅传受五祖衣法，实龙朔元年辛酉岁，至仪凤丙子，得一十六年，师方至法性祝发。

他本或作师咸亨中至黄梅，恐非。

历朝崇奉事迹

唐宪宗皇帝谥大师曰大鉴禅师。

宋太宗皇帝加谥大鉴真空禅师,诏新师塔曰太平兴国之塔。

宋仁宗皇帝天圣十年迎师真身及衣钵入大内供养,加谥大鉴真空普觉禅师。

宋神宗皇帝加谥大鉴真空普觉圆明禅师。

具见晏元献公碑记。

赐谥大鉴禅师碑

柳宗元　撰

扶风公①廉问岭南三年，以佛氏第六祖未有称号，疏闻于上。诏谥大鉴禅师，塔曰灵照之塔。元和十年十月十三日，下尚书祠部符到都府，公命部吏洎州司功掾告于其祠。幢盖钟鼓增山盈谷，万人咸会，若闻鬼神。其时学者千有余人，莫不欣踊奋厉，如师复生，则又感悼涕慕，如师始亡。

因言曰：

自有生物，则好斗夺，相贼杀，丧其本实，悖乖淫流，莫克返于初。孔子无大位，没以余言持世，更杨、墨、黄老益杂，其术分裂，而吾浮图说后出，推离还源，合所谓生而静者。

梁氏好作有为，师达磨讥之，空术益显。六传至大鉴。大鉴始以能劳苦服役，一听其言，言希以究。师用感动，遂受信具。遁隐南海上，人无闻知。又十六年，度其可行，乃居曹溪为人师。会学者来，尝数千人。其道以无为为有，以空洞为实，以广大不荡为归。其教人，始以性善，终以性善，不假耘锄，本其静矣。中宗闻名，使幸臣再征，不能致，取其言以为心术。其说具在，今布天下，凡言禅皆本曹溪。

---

① "扶风公"，即马摠［或作总（總）］。据《旧唐书》卷一五七"马摠传"，马摠，扶风人，元和八年（813）至元和十二年（817）任广州刺史。

大鉴去世百有六年，凡治广部而以名闻者以十数，莫能揭其号。乃今始告天子，得大谥，丰佐吾道，其可无辞？

公始立朝，以儒重刺虔州，都护安南，由海中大蛮夷，连身毒之西，浮舶听命，咸被公德，受旗纛节戟，来莅南海，属国如林。不杀不怒，人畏无噩，允克光于有仁，昭列大鉴，莫如公宜。

其徒之老，乃易石于宇下，使来谒辞。其辞曰：

达摩乾乾，传佛语心。六承其授，大鉴是临。劳勤专默，终抯于深。抱其信器，行海之阴。其道爰施，在溪之曹。厖合猥附，不夷其高。传告咸陈，惟道之褒。

生而性善，在物而具。荒流奔轶，乃万其趣。匪思愈乱，匪觉滋误。由师内鉴，咸获于素。

不植乎根，不耘乎苗。中一外融，有粹孔昭。在帝中宗，聘言于朝。阴翊王度，俾人逍遥。

越百有六祀，号谥不纪。由扶风公，告今天子。尚书既复，大行乃谥。光于南土，其法再起。厥徒万亿，同悼齐喜。惟师化所被，泊扶风公所履，咸戴天子。

天子休命，嘉公德美，溢于海夷，浮图是视。师以仁传，公以仁理，谒辞图坚，永胤不已。

大鉴禅师碑 并佛衣铭

俱刘禹锡 撰

元和十年①某月日,诏书追褒曹溪第六祖能公,谥曰大鉴,实广州牧马总以疏闻,鼷是可其奏。

尚道以尊名,同归善善,不隔异教。一字之褒,华夷孔怀,得其所故也。马公敬其事,且谨始以垂后,遂咨于文雄,今柳州刺史河东柳君为前碑。

后三年,有僧道琳,率其徒由曹溪来,且曰:"愿立第二碑,学者志也。"

维如来灭后,中五百岁,而摩腾、竺法兰以经来华,人始闻其言,犹夫重昏之见昒爽。后五百岁,而达摩以法来华,人始传其心,犹夫昧旦之睹白日。自达摩六传至大鉴,如贯意珠,有先后而无同异。世之言真宗者,所谓顿门。初,达摩与佛衣俱来,得道传付以为真印,至大鉴置而不传,岂以是为筌蹄邪?刍狗邪?将人人之莫己若而不若置之邪?吾不得而知也。

按,大鉴生新州,三十出家,四十七年而没,百有六年而谥。始自蕲之东山,从第五师得授记以归。中宗使中贵人再征,不奉诏,第以言为贡。上敬行之。

---

① "元和十年",《全唐文》卷六一〇所载刘禹锡《曹溪六祖大鉴禅师第二碑》谓"元和十一年"。

铭曰：

至人之生，无有种类，同人者形，出人者智。
蠢蠢南裔，降生杰异，父乾母坤，独肖元气。
一言顿悟，不践初地，五师相承，授以宝器。
宴坐曹溪，世号南宗，学徒爰来，如水之东。
饮以妙药，差其喑聋，诏不能致，许为法雄。
去佛日远，群言积亿，著空执有，各走其域。
我立真筌，揭起南国，无修而修，无得而得。
能使学者，还其天识，如黑而迷，仰目斗极。
得之自然，竟不可传，口传手付，则碍于有。
留衣空堂，得者天授。

佛衣铭并引

刘禹锡

吾既为僧琳撰曹溪第二碑,且思所以辩六祖置衣不传之旨,作《佛衣铭》。曰:

佛言不行,佛衣乃争,忽近贵远,古今常情。
尼父之生,土无一里,梦奠之后,履存千祀。
惟昔有梁,如象之狂,达摩救世,来为医王。
以言不瘳,因物乃迁,如执符节,行乎复关。
民不知官,望车而畏,俗不知佛,得衣为贵。
坏色之衣,道不在兹,由之信道,所以为宝。
六祖未彰,其出也微,既还狼荒,憬俗蚩蚩。
不有信器,众生曷归,是开便门,非止传衣。
初必有终,传岂无已,物必归尽,衣胡久恃。
先终知终,用乃不穷,我道不朽,衣于何有。
其用已陈,孰非刍狗。

师入塔后,至开元十年壬戌八月三日夜半,忽闻塔中如拽铁索声。众僧惊起,见一孝子从塔中走出,寻见师颈有伤,具以贼事闻于州县。县令杨侃、刺史柳无忝,得牒切加擒捉。五日于石角村捕得贼人,送韶州鞠问。云:"姓张名净满,汝州梁县人,于洪州开元寺受新罗僧金大悲钱二十千，令取六祖大师首，归海东供养。"

柳守闻状，未即加刑，乃躬至曹溪，问师上足令韬曰："如何处断？"韬曰："若以国法论，理须诛夷，但以佛教慈悲，冤亲平等，况彼求欲供养，罪可恕矣。"柳守加叹曰："始知佛门广大。"遂赦之。

上元元年，肃宗遣使，就请师衣钵归内供养。至永泰元年五月五日，代宗梦六祖大师请衣钵，七日敕刺史杨缄云："朕梦感能禅师请传衣袈裟却归曹溪，今遣镇国大将军刘崇景顶戴而送。朕谓之国宝，卿可于本寺如法安置，专令僧众亲承宗旨者严加守护，勿令遗坠。"

后或为人偷窃，皆不远而获。如是者数四。

宪宗谥大鉴禅师，塔曰元和灵照。

其余事迹，系载唐尚书王维、刺史柳宗元、刺史刘禹锡等碑。

守塔沙门令韬录。

跋

释宗宝

六祖大师平昔所说之法，皆大乘圆顿之旨，故目之曰经。其言近指远，词坦义明，诵者各有所获。明教嵩公常赞云："天机利者得其深；天机钝者得其浅。"诚哉言也。

余初入道，有感于斯，续见三本不同，互有得失，其板亦已漫灭，因取其本校雠，讹者正之，略者详之，复增入弟子请益机缘，庶几学者得尽曹溪之旨。

按察使云公从龙，深造此道，一日过山房，睹余所编，谓得《坛经》之大全，慨然命工锓梓，颛为流通，使曹溪一派不至断绝。

或曰："达磨不立文字，直指人心，见性成佛。卢祖六叶正传，又安用是文字哉？"

余曰："此经非文字也，达磨单传直指之指也。南岳、青原诸大老，尝因是指以明其心，复以之明马祖、石头诸子之心。今之禅宗流布天下，皆本是指，而今而后，岂无因是指而明心见性者耶？"

问者唯唯，再拜谢曰："予不敏，请并书于经末以诏来者。"

至元辛卯夏，南海释宗宝跋。

附录（终）

附编一

光孝寺瘗发塔记[①]

〔唐〕法性寺住持法才

佛祖兴世,信非偶然。昔宋朝求那跋陀[②]三藏,建兹戒坛,豫谶曰:后当有肉身菩萨受戒于此。梁天监元年,又有梵僧智药三藏,航海而至,自西竺持来菩提树一株,植于戒坛前。立碑云:吾过后一百六十年,当有肉身菩萨来此树下,开演上乘,度无量众,真传[③]佛心印之法王也。

今能禅师,正月八日抵此,因论风幡语,而与宗法师说无上道。宗踊跃忻庆,昔所未闻,遂诘得法端由。于十五日,普会四众,为师祝发。二月八日,集诸名德,授[④]具足戒。既而于菩提树下,开单传宗旨,一如昔谶。

---

① 校取自清代董诰等编《全唐文》卷九一二,校之以民国二十四年广东编印局重刊本《光孝寺志》卷十所收文。
② "陀",原作"佗",据校本改。
③ "传",原作"儒",据校本改。
④ "授",原作"受",据校本改。

法才遂募众缘,建兹浮屠,瘗禅师发。一日落成,八面严洁,腾空七层,端如涌出。

伟欤禅师,法力之厚,弹指即遂。万古嘉猷,巍然不磨。聊叙梗概,以记岁月云。

仪凤元年岁次丙子、吾佛生日,法性寺住持法才谨识。

六祖能禅师碑铭①

〔唐〕王维

无有可舍,是达有源。无空可住,是知空本。离寂非动,乘化用常。在百法而无得,周万物而不殆。鼓枻海师,不知菩提之行。散花天女,能变声闻之身。则知法本不生,因心起见;见无可取,法则常如。世之至人,有证于此,得无漏不尽漏,度有为非无为者,其惟我曹溪禅师乎?

禅师俗姓卢氏,某郡某县人也。名是虚假,不生族姓之家;法无中边,不居华夏之地。善习表于儿戏,利根发于童心。不私其身,臭味于耕桑之侣;苟适其道,膻行于蛮貊之乡。

年若干,事黄梅忍大师,愿竭其力,即安于井臼,素刳其心,获悟于稊稗。每大师登座,学众盈庭。中有三乘之根,共听一音之法。禅师默然受教,曾不起予。退省其私,迥超无我。其有犹怀渴鹿之想,尚求飞鸟之迹,香饭未消,弊衣仍覆。皆曰:"升堂入室,测海窥天,谓得黄帝之珠,堪受②法王之印。"大师心知独得,谦而不鸣。天何言焉,圣与仁岂敢?子曰:"赐也,吾与汝不如。"临终,遂密授以祖师袈裟,谓之曰:"物忌独贤,

---

① 取自宋代姚铉编选《唐文粹》卷六十三。
② "受",原本作"授"。

人恶出己。予且死矣，汝其行乎！"

禅师遂怀宝迷邦，销声异域。众生为净土，杂居止于编人；世事是度门，混农商于劳侣。如此积十六载。

南海有印宗法师，讲《涅槃经》。禅师听于座下，因问大义，质以真乘。既不能酬，翻从请益，乃叹曰："化身菩萨在此，色身肉眼凡夫，愿开慧①眼。"遂领徒属，尽诣禅居，奉为挂衣，亲自削发。于是大兴法雨，普洒客尘。乃教人以"忍"，曰："忍者无生，方得无我，始成于②初发心，以为教首。"至于定无所入，慧③无所依；大身过于十方，本觉超于三世，根尘不灭，非色灭空；行愿无成，即凡成圣；举足下足，长在道场；是心是情，同归性海；商人告倦，自息化城；穷子无疑，直开宝藏。其有不植德本，难入顿门。妄系空花之狂，曾非慧④日之咎。常叹曰："七宝布施，等恒河沙；亿劫修行，尽大地墨，不如无为之运，无碍之慈，弘济四生，大庇三有。"

既而道德遍覆，名声普闻。泉馆卉服之人，去圣历劫；涂身穿耳之国，航海穷年，皆愿拭目于龙象之姿，忘身于鲸鲵之口，骈立于户外，趺坐于床前。林是栴檀，更无杂树。花惟薝葡，不嗅余香。皆以实归，多离妄执。

九重延想，万里驰诚，思布发以奉迎，愿叉手而作礼。则天太后、孝和皇帝并敕书劝谕，征赴京城。禅师子牟之心，敢忘凤阙？远公之足，不过虎溪。固以此辞，竟不奉诏。遂送百衲袈裟及钱帛等供养。天王厚礼，献玉衣于幻人；女后宿因，施金钱于

---

① "慧"，原本作"惠"。
② "成于"，原本作"于成"。
③ "慧"，原本作"惠"。
④ "慧"，原本作"惠"。

化佛。尚德贵物,异代同符。

至某载月日,忽谓门人曰:"吾将行矣!"俄而异香满室,白虹属地。饭食讫而敷坐,沐浴毕而更衣。弹指不留,水流灯①焰。金身永谢,薪尽火灭。山崩川竭,鸟哭猿啼。诸人唱言:"人无眼目。"列郡恸哭,世且空虚。某月日,迁神于曹溪,安座②于某所。择吉祥之地,不待青乌;变功德之林,皆成白鹤。

呜呼!大师至性淳一,天姿贞素,百福成相,众妙会心。经行宴息,皆在正受;谈笑语言,曾无戏论。故能五天重迹,百越稽首。修蛇雄虺,毒螫之气销;跳殳弯弓,猜悍之风变。畋渔悉罢,蛊鸩知非。多绝膻腥,效桑门之食;悉弃罟网,袭稻田之衣;永惟浮图之法,实助皇王之化。

弟子曰神会,遇师于晚景,闻道于中年,广量出于凡心,利智逾于宿学,虽末后供,乐最上乘。先师所明,有类献珠之顾。世人未识,犹多抱玉之悲,谓余知道,以颂见托。

偈曰:

> 五蕴本空,六尘非有,众生倒计,不知正受。
> 莲花承足,杨枝生肘,苟离身心,孰为休咎。
> 至人达观,与佛齐功,无心舍有,何处依空?
> 不著三界,徒劳八风,以兹利智,遂与宗通。
> 愍彼偏方,不闻正法,俯同恶类,将兴善业。
> 教忍断嗔,修慈舍猎,世界一华,祖宗六叶。
> 大开宝藏,明示衣珠,本源常在,妄辙遂殊。

---

① "灯",原本作"镫"。
② "座",原本作"坐"。

过动不动,离俱不俱,吾道如是,道岂在吾?
道遍四生,常依六趣,有漏圣智,无义章句。
六十二种,一百八喻,悉无所得,应如是住。

惠能和尚传①

〔南唐〕招庆寺静、筠二禅德

第三十三祖惠能和尚,即唐土六祖,俗姓卢,新州人也。父名行瑫,本贯范②阳,移居新州。父早亡,母亲在孤,艰辛贫乏。能市卖③柴供给。

偶一日卖④柴次,有客姓安名道诚,欲买能柴,其价相当,送将至店。道诚与他柴价钱。惠能得钱,却出门前,忽闻道诚念《金刚经》。惠能一⑤闻,心开便悟。惠能遂问:"郎官,此是何经?"道诚云:"此是《金刚经》。"惠能云:"从何而来,读此经典?"道诚云:"我于蕲州黄梅县东冯母山礼拜第五祖弘忍大师,今现在彼山说法,门人一千余众。我于此处听受大师劝:道俗受持此经,即得见性,直了成佛。"惠能闻说,宿业有缘。其时,道诚劝惠能往黄梅山礼拜五祖。惠能报云:"缘有老母,家乏欠阙,如何抛母,无人供给。"其道诚遂与惠能银一百两,以充老母衣粮,便令惠能往去礼拜五祖大师。惠能领得其银,分付安排

---

① 南唐招庆寺静、筠二禅德《祖堂集》卷二。
② "范",原本作"氾"。
③ "卖",原本作"买"。
④ "卖",原本作"买"。
⑤ "一",原本作"亦"。

老母讫，便辞母亲。

不经一月余日，则到黄梅县东冯母山礼拜五祖。五祖问："汝从何方而来？有何所求？"惠能云："从新州来，来求作佛。"师云："汝岭南人，无佛性也。"对曰："人即有南北，佛性即无南北。"师曰："新州乃獦①獠，宁有佛性耶？"对云："如来藏性，遍于蝼蚁，岂独于獦獠而无哉！"师云："汝既有佛性，何求我意旨？"深奇其言，不复更问。

自此，得之心印。既承衣法，遂辞慈容。

后隐四会、怀集之间，首尾四年。至仪凤元年正月八日，南海县制旨寺遇印宗。印宗出寺迎接，归寺里安下。印宗是讲经论僧也。有一日，正讲经，风雨猛动，见其幡动。法师问众："风动也？幡动也？"一个云："风动。"一个云："幡动。"各自相争，就讲主证明。讲主断不得，却请行者断。行者云："不是风动，不是幡动。"讲主云："是什么物动？"行者云："仁者自心动。"从此，印宗回席座位。正月十五日剃头，二月八日于法性寺请智光律师授②戒。戒坛是宋朝求那跋摩三藏之所置也。尝云："后有肉身菩萨于此受戒。"梁末有真谛三藏于坛边种菩提树，云："一百二十年有肉身菩萨于此树下说法。"师果然于此树下演无上乘。

至明年二月三日便辞，去曹溪宝林寺，说法化道，度无量

---

① "獦"，原本作"猎"。
② "授"，原本作"受"。

众。师以一味法雨普润学徒，信衣不传，心珠洞付。得道之者，若恒河沙，遍满诸方，落落星布。

时神龙元年正月十五日，则天、孝和皇帝诏大师云："朕虔诚慕道，渴仰禅门，诏诸山禅师集内道场。安、秀二德，最为僧首。朕每咨求法，再三辞推云：南方有能和尚受忍大师记，传达摩衣为信，顿悟上乘，明见佛性，今居韶州曹溪山，示悟众生，即心是佛。朕闻如来以心之法，付嘱摩诃迦叶，如是相传，至于达摩，教被东土，代代相承，至今不绝。师既禀受，并有信衣，可赴京师设化，缁俗归依，天人瞻仰。故发遣中使薛简迎师，愿早降至。"

大师表曰："沙门惠能，生自边方，长而慕道。叨承忍大师付如来心印，传西国衣钵，受东山佛心。伏奉天恩，发中使薛简诏惠能入内。惠能久处山林，年迈风疾。陛下德包物外，道贯万邦，育养苍生，仁慈黎庶，恩旨弥天，钦仰释门。恕惠能居山养疾，修持道业，上答皇恩及诸王太子。谨奉表陈谢以闻。沙门惠能顿首顿首，谨言。"

时中使薛简启师云："京师禅师大德教人要假坐禅，然方得道。"

师云："由①心悟道，岂在坐也。故经云：若有人言如来若来若去，若坐若卧，是人行邪道，不解我所说义。如来者，无所从

---

① "由"，原本作"内"。

来,亦无所去,故名如来。诸法空故,即是如来。毕竟无得无证,岂况坐耶!"

薛简曰:"弟子至天庭,圣人必问。伏愿和尚指授①心要,传奏圣人及京城学道者。譬如一灯照百千灯,冥者皆明,明明无尽。"

师云:"道无明暗,明暗是代谢之义。明明无尽,亦是有尽,相待立名。故经云:法无有比,无相待故。"

薛简曰:"明譬智慧,暗喻烦恼。学道之人若不用智慧照生死烦恼,何得出离?"

师云:"烦恼即是菩提,无二无别故。以智慧照烦恼者,是二乘人见解。有智之人,终不如此。"

薛简曰:"何者是大乘人见解?"

师云:"《涅槃经》云:明与无明,凡夫见二。智者了达其性无别;无别之性即是实性。处凡不灭,在圣不增,住烦恼而不乱,居禅定而不寂,不断不常,不来不去,不在中间及其内外,不生不灭,性相常住,恒而不变,名之曰道。"

简曰:"师也说不生不灭,何异外道说不生不灭?"

师云:"外道说不生不灭,将生止灭,灭犹不灭。我说不生不灭,本自无生,今亦无灭,所以不同外道。中使欲得心要,一切善恶都莫思量,自然得入心体,湛然常寂,妙用恒沙。"

时薛简闻师所说,豁然便悟,礼师数拜。曰:"弟子今日始知佛性本自有之,昔日将谓太远;今日始知至道不遥,行之即

---

① "授",原本作"受"。

是；今日始知涅槃不远，触目菩提；今日始知佛性不念善恶，无思无虑，无造无作，无住无为；今日始知佛性常而不变易，不被诸境所迁。"

中使礼辞大师，遂持表至京。时当神龙元年五月八日。

后至九月三日，回诏曰："师辞老病，为朕修道，国之福田。师若净名托疾，金粟阐弘大教，传诸佛心，谈不二之法，杜口毗耶，声闻被呵，菩萨辞退。师若如此，薛简传师指教，受如来知见：一切善恶都莫思惟，自然得入心体，湛然常寂，妙用恒沙。朕积善余庆，宿种福因，值师之出世，顿悟上乘佛心第一。朕感荷师恩，顶戴修行，永永不朽。奉磨纳袈裟一领、金钵一口，供养大师。"其后敕下赐额中①兴寺及新州古宅造国恩寺。

师每告诸善知识曰："汝等诸人，自心是佛，更莫狐疑。外无一物而能建立，皆是本心生万种法。故经云：心生即种种法生，心灭即种种法灭。汝等须达一相三昧、一行三昧。一相三昧者，于一切处而不住相，于彼相中不生憎爱，不取不舍，不念利益，不念散坏，自然安乐，故目此名为一相三昧。一行三昧者，于一切处行住坐卧，皆一直心，即是道场，即是净土，此之名为一行三昧。如地有种，能含藏故，心相三昧，亦复如是。我说法时，犹如普雨，汝有佛性，如地中种，若遇法雨，各得滋长。取吾语者，决证菩提；依吾行者，定证圣果。吾今不传此衣者，以为众

---

① "中"，原本作"重"。

信心不疑惑，普付心要，各随所化。昔吾师有言，从我后，若受此衣，命如悬丝。吾以道化，不可损汝。汝受吾法，听吾偈曰：

　　心地含诸种，普雨悉皆生，

　　顿悟花情已，菩提果自成。"

师说此偈已，乃告众曰："其性无二，其心亦然。其道清净，亦无诸相。汝莫观净及空其心。此心本净，亦无可取。汝各努力，随缘好去。"

有人问曰："黄梅意旨何人得？"师云："会佛法者得。"僧曰："和尚还得也无？"师云："我不得。"僧曰："和尚为什么不得？"师云："我不会佛法。"

云大师拈问龙花："佛法有何过，祖师不肯会？"花云："向上人分上，合作摩生？"进曰："向上人事如何？"花云："天翻①地覆。"

龙花却问云大师。大师云："一翳不除，出身无路。"进曰："除得一翳底人，还称得向上人也无？"云大师曰："横眠直卧有何妨？"

六祖见僧，竖起拂子，云："还见摩？"对云："见。"祖师抛向背后，云："见摩？"对云："见。"师云："身前见？身后见？"对云："见时不说前后。"师云："如是如是，此是妙空三昧。"

有人拈问招庆："曹溪竖起拂子，意旨如何？"庆云："忽有人回枸柄到汝，作摩生？"学人掩耳云："和尚。"庆便

---

① "翻"，原本作"反"。

打之。

尔时大师住世说法四十年。先天元年七月一日，别诸门人："吾当进途，归新州矣。"大众缁俗啼泣留连大师。大师不纳，曰："诸佛出世，现般涅槃，尚不能违其宿命。况吾未能变易，分段之报必然之至，当有所在耳。"门人问师："师归新州，早晚却回？"师云："叶落归根，来时无口。"问其法付谁？师云："有道者得，无心者得。"又曰："吾灭度后七十年末，有二菩萨从东而来，一在家菩萨同出兴化，重修我伽蓝，再建我宗旨。"师言讫，便往新州国恩寺。饭食讫，敷坐披衣。俄然异香满堂，白虹属地，奄而迁化。八月三日矣。春秋七十六，当先天二年。

达摩大师传袈裟一领，是七条屈眴布，青黑色，碧绢为里，并钵一口。宪宗[①]敕谥"大鉴禅师""元和灵照之塔"。

癸丑岁迁化，迄今唐保大十年壬子岁，得二百三十九年矣。
净修禅师赞曰：

师造黄梅，得旨南来，奚因幡义，大震法雷。
道明遭遇，神秀迟回，衣虽不付，天下花开。

---

① "宪宗"，原本作"中宗"。

唐韶州今南华寺慧能传①

〔宋〕赞宁

释慧能，姓卢氏，南海新兴人也。其本世居范阳。其②考讳行瑫，武德中流亭新州百姓，终于贬所。略述家系，避卢亭岛夷之不敏也。贞观十二年戊戌岁生能也。纯淑迂怀，惠性间出，虽蛮风獠俗，渍染不深，而诡行么形，驳杂难测。

父既少失，母且寡居，家亦屡空，业无胼产。能负薪矣，日售荷担。偶闻廛肆间诵《金刚般若经》，能凝神属垣，迟迟不去，问曰："谁边受学此经？"曰："从蕲州黄梅冯茂山忍禅师劝持此法，云即得见性成佛也。"能闻是说，若渴夫之饮寒浆也。忙归，备所需③，留奉亲老。

咸亨中，往韶阳，遇刘志略。略有姑无尽藏，恒读《涅槃经》。能听之，即为尼辨析中义。怪能不识文字，乃曰："诸佛理论，若取文字，非佛意也。"尼深叹服，号为行者。有劝于宝林古寺修道，自谓己曰："本誓求师，而贪住寺，取乎道也，何异却行归舍乎？"明日遂行，至乐昌县西石窟，依附智远禅师，侍

---

① 取自《大正藏》卷五十载宋赞宁撰《宋高僧传》卷八。
② "其"，原本作"厥"。
③ "需"，原本作"须"。

座谈玄。远曰:"行者迨非凡常之见龙,吾不知,吾不知之甚矣!"劝往蕲春五祖所印证去,"吾终于下风请教也"。

未几,造焉。忍师睹能气貌不扬,试之曰:"汝从何至?"对曰:"岭表来参礼,唯求作佛。"忍曰:"岭南人无佛性。"能曰:"人有南北,佛性无南北。"曰:"汝作何功德?"曰:"愿竭力抱石而舂,供众而已。"如是劳乎井臼,率净人而在先,了彼死生,与涅槃而平等。

忍虽均养,心何辨知?俾秀唱予,致能和汝。偈辞在壁,见解分歧,揭厉不同,浅深斯别。忍密以法衣寄托曰:"古我先师转相付授,岂徒尔哉?呜呼!后世受吾衣者,命若悬丝,小子识之。"

能计回生地,隐于四会、怀集之间,渐露锋颖。就南海印宗法师《涅槃》盛集,论风幡之语。印宗辞屈而神伏,乃为其削椎髻于法性寺,智光律师边受满分戒。所登之坛即南宋朝求那跋摩三藏之所筑也。跋摩已登果位,悬记云:"后当有肉身菩萨于斯受戒。"又梁末真谛三藏于坛之畔,手植菩提树,谓众曰:"种此后一百二十年,有开士于其下说无上乘,度无量众。"至是,能爰宅于兹,果于树阴开东山法门,皆符前谶也。

上元中,正演畅宗风,惨然不悦。大众问曰:"胡无情绪耶?"曰:"迁流不息,生灭无常,吾师今归寂矣!"凶赴至而信。乃移住宝林寺焉。时刺史韦璩命出大梵寺,苦辞,入双峰曹侯溪矣。大龙倏起,飞雨泽以均施,品物攸滋,逐根荄而受益。五纳之客,拥塞于门;四部之宾,围绕其座。时宣秘偈,或举契经。一切普熏,咸闻象藏;一时登富,悉握蛇珠;皆由径途,尽归圆极。所以天下言禅道者,以曹溪为口实矣。

洎乎九重下听，万里悬心，思布露而奉迎，欲归依而适愿。武太后、孝和皇帝咸降玺书，诏赴京阙，盖神秀禅师之奏举也。续遣中官薛简往诏，复谢病不起。子牟之心，敢忘凤阙；远公之足，不过虎溪，固以此辞，非邀君也。遂赐摩纳袈裟一缘、钵一口、编珠织成经巾、绿质红晕花绵巾、绢五百匹，充供养云。又舍新兴旧宅为国恩寺焉。神龙三年，敕韶州可修能所居寺佛殿并方丈，务从严饰，赐改额曰法泉也。

延和元年七月，命弟子于国恩寺建浮图一所，促令速就。以先天二年八月三日俄然示疾。异香满室，白虹属地。饭食讫，沐浴更衣，弹指不绝，气微目瞑，全身永谢。尔时山石倾堕，川源息枯，鸟连韵以哀啼，猿断肠而叫咽。或唱言曰："世间眼灭，吾畴依乎！"春秋七十六矣。以其年十一月，迁座于曹溪之原也。

弟子神会，若颜子之于孔门也。勤勤付嘱，语在会传。会于洛阳荷泽寺崇树能之真堂，兵部侍郎宋鼎为碑焉。会序宗脉，从如来下西域诸祖外，震旦凡六祖，尽图缋其影。太尉房琯作《六叶图序》。

又，以能端形不散，如入禅定，后加漆布矣。复次，蜀僧方辩塑小样真，肖同畴昔。能曾言："吾灭后，有善心男子必取吾元，汝曹勿怪。"或忆是言，加铁环缠颈焉。开元十一年，果有汝州人受新罗客购，潜施刃其元，欲函归海东供养。有闻击铁声而擒之。其塔下葆藏屈眴布郁多罗僧，其色青黑，碧缣复袷，非人间所有物也。屡经盗去，迷倒却行而还褫之。

至德中，神会遣弟子进平送牙痒和一柄。朝达名公所重，有若宋之问，谒能，著长篇；有若张燕公说，寄香十斤并诗，附武平一至。诗云:"大师捐世去,空留法身在。愿寄无碍香,随心到南海。"武公因门人怀让铸巨钟,为撰铭赞,宋之问书。次广州节度宋璟来礼其塔,问弟子令韬"无生法忍"义。宋公闻法欢喜,向塔乞示征祥。须臾微风渐起,异香裹人,阴雨霏霏,只周一寺耳。稍多奇瑞,遒繁不录。

后,肃宗下诏能弟子令韬。韬称疾不赴,遣明象赍传法衣钵进呈,毕给还。宪宗皇帝追谥曰"大鉴",塔曰"元和正真"也。

迨夫唐季刘氏称制番禺,每遇上元烧灯,迎真身入城,为民祈福。大宋平南海后,韶州盗周思琼叛换,尽焚其寺,塔将延燎。平时肉身,非数夫莫举,烟煿向逼,二僧对舁,轻如夹纻像焉。太平兴国三年,今上敕重建塔,改为南华寺矣。

第三十三祖慧能大师传[1]

〔宋〕道原

第三十三祖慧能大师者，俗姓卢氏，其先范阳人。父行瑫，武德中左宦于南海之新州，遂占籍焉。三岁丧父，其母守志鞠养。及长，家尤贫窭，师樵采以给。

一日，负薪至市中，闻客读《金刚经》，悚然问其客曰："此何法也？得于何人？"客曰："此名《金刚经》，得于黄梅忍大师。"师遽告其母以为法寻师之意，直抵韶州，遇高行士刘志略结为交友。尼无尽藏者，即志略之姑也，常读《涅槃经》。师暂听之即为解说其义。尼遂执卷问字，师曰："字即不识，义即请问。"尼曰："字尚不识，曷能会义？"师曰："诸佛妙理，非关文字。"尼惊异之，告乡里耆艾云："能是有道之人，宜请供养。"于是，居人竞来瞻礼。近有宝林古寺旧地，众议营缉，俾师居之。四众雾集，俄成宝坊。

师一日忽自念曰："我求大法，岂可中道而止。"明日遂行，至昌乐县西山石室间，遇智远禅师。师遂请益。远曰："观子神姿爽拔，殆非常人。吾闻西域菩提达磨传心印于黄梅，汝当往彼

---

[1] 取自2007年扬州广陵书社据清代常熟瞿氏铁琴铜剑楼原藏道原《景德传灯录》影印本卷五"第三十三祖慧能大师"。

参决。"师辞去，直造黄梅之东禅，即唐咸亨二年也。

忍大师一见，默而识之，后传衣法，令隐于怀集、四会之间。至仪凤元年丙子正月八日届南海，遇印宗法师于法性寺讲《涅槃经》。师寓止廊庑间。暮夜，风扬刹幡，闻二僧对论，一云："幡动。"一云："风动。"往复酬答，未曾契理。师曰："可容俗流辄预高论否？直以风、幡非动，动自心耳。"

印宗窃聆此语，竦然异之。翌日，邀师入室，征风幡之义。师具以理告。印宗不觉起立云："行者定非常人，师为是谁？"师更无所隐，直叙得法因由。于是，印宗执弟子之礼，请受禅要。乃告四众曰："印宗具足凡夫，今遇肉身菩萨。"即指坐下卢居士云："即此是也。"因请出所传信衣，悉令瞻礼。

至正月十五日，会诸名德为之剃发。二月八日，就法性寺智光律师受满分戒。其戒坛，即宋朝求那跋陀三藏之所置也。三藏记云："后当有肉身菩萨在此坛受戒。"又梁末真谛三藏，于坛之侧手植二菩提树，谓众曰："却后一百二十年有大开士，于此树下演无上乘，度无量众。"师具戒已，于此树下开东山法门，宛如宿契。

明年二月八日，忽谓众曰："吾不愿此居，要归旧隐。"时，印宗与缁白千余人，送师归宝林寺。

韶州刺史韦据，请于大梵寺转妙法轮，并受无相心地戒，门人纪录目为《坛经》，盛行于世。然返曹溪，雨大法雨，学者不下千数。

中宗神龙元年降诏云："朕请安、秀二师宫中供养，万机之暇每究一乘。二师并推让云：南方有能禅师，密受忍大师衣法，可就彼问。今遣内侍薛简驰诏迎请，愿师慈念，速赴上京。"

师上表辞疾，愿终林麓。薛简曰："京城禅德皆云：欲得会道，必须坐禅习定。若不因禅定而得解脱者，未之有也。未审师所说法如何？"

师曰："道由心悟，岂在坐也。经云：若见如来若坐若卧，是行邪道。何故？无所从来，亦无所去。若无生灭，是如来清净禅；诸法空寂，是如来清净坐，究竟无证，岂况坐耶？"

简曰："弟子之回，主上必问。愿和尚慈悲，指示心要。"

师曰："道无明暗，明暗是代谢之义。明明无尽，亦是有尽。"

简曰："明喻智能，暗况烦恼。修道之人，傥不以智慧照破烦恼，无始生死凭何出离？"

师曰："若以智慧照烦恼者，此是二乘小儿羊鹿等机，上智大根悉不如是。"

简曰："如何是大乘见解？"

师曰："明与无明，其性无二；无二之性，即是实性。实性者，处凡愚而不减，在贤圣而不增，住烦恼而不乱，居禅定而不寂，不断不常，不来不去，不在中间及其内外，不生不灭，性相如如，常住不迁，名之曰道。"

简曰："师说不生不灭，何异外道？"

师曰："外道所说不生灭者，将灭止生，以生显灭，灭犹不灭，生说无生。我说不生不灭者，本自无生，今亦无灭，所以不同外道。汝若欲知心要，但一切善恶都莫思量，自然得入清净心体，湛然常寂，妙用恒沙。"

简蒙指教，豁然大悟，礼辞归阙，表奏师语。有诏谢师，并赐磨衲袈裟、绢五百匹、宝钵一口。十二月十九日，敕改古宝林为中兴寺。三年十一月十八日，又敕韶州刺史，重加崇饰，赐额为法泉寺，师新州旧居为国恩寺。

一日，师谓众曰："诸善知识，汝等各各净心听吾说法。汝等诸人自心是佛，更莫狐疑，外无一物而能建立，皆是本心生万种法，故经云：心生种种法生，心灭种种法灭。若欲成就种智，须达一相三昧、一行三昧。若于一切处而不住相，彼相中不生憎爱，亦无取舍，不念利益成坏等事，安闲恬静，虚融澹泊，此名一相三昧。若于一切处行住坐卧，纯一直心，不动道场，真成净土，名一行三昧。若人具二三昧，如地有种，能含藏长养，成就其实。一相、一行亦复如是。我今说法，犹如时雨溥润大地，汝等佛性譬诸种子，遇兹沾洽，悉得发生。承吾旨者，决获菩提；依吾行者，定证妙果。"

先天元年告诸徒众曰："吾忝受忍大师衣法，今为汝等说法，不付其衣，盖汝等信根淳熟，决定不疑，堪任大事。听吾偈曰：

　　心地含诸种，普雨悉皆生。

　　顿悟华情已，菩提果自成。"

师说偈已，复曰："其法无二，其心亦然；其道清净，亦无诸相。汝等慎勿观净及空其心。此心本净，无可取舍。各自努力，随缘好去。"

师说法利生经四十载。其年七月六日，命弟子往新州国恩寺，建报恩塔，仍令倍工。

又有蜀僧名方辩，来谒师云："善捏塑。"师正色曰："试塑看。"方辩不领旨,乃塑师真,可高七寸,曲尽其妙。师观之曰:"汝善塑性,不善佛性。"酬以衣物。僧礼谢而去。

先天二年七月一日,谓门人曰:"吾欲归新州,汝速理舟楫。"时大众哀慕,乞师且住。师曰:"诸佛出现,犹示涅槃,有来必去,理亦常然。吾此形骸,归必有所。"众曰:"师从此去,早晚却回?"师曰:"叶落归根,来时无口。"又问:"师之法眼,何人传授?"师曰:"有道者得,无心者通。"又问:"后莫有难否?"曰:"吾灭后五六年,当有一人来取吾首。听吾记曰:头上养亲,口里须餐,遇满之难,杨柳为官。"又云:"吾去七十年,有二菩萨从东方来,一在家,一出家,同时兴化,建立吾宗,缔缉伽蓝,昌隆法嗣。"

言讫,往新州国恩寺,沐浴讫,跏趺而化。异香袭人,白虹属地。即其年八月三日也。

时韶、新两郡各修灵塔,道俗莫决所之。两郡刺史共焚香祝云:"香烟引处,即师之欲归焉。"时,炉香腾涌,直贯曹溪。以十一月十三日入塔,寿七十六。时①韶州刺史韦据撰碑。门人忆念取首之说,遂先以铁叶漆布固护师颈。塔中有达磨所传信衣(西域屈眴布也。缉木绵华心织成,后人以碧绢为里)、中宗赐磨衲、宝钵、方辩塑真、道具等。主塔侍者尸之。

开元十年壬戌②八月三日,夜半忽闻塔中如拽铁索声。僧众惊起,见一孝子从塔中走出。寻见师颈有伤,具以贼事闻于州、县。县令杨侃、刺史柳无忝得牒,切加擒捉。五日于石角村捕得

---

① "时",原本作"前"。
② "戌",原本作"戍"。

贼人，送韶州鞫问。云姓张，名净满，汝州梁县人，于洪州开元寺受新罗僧金大悲钱二十千，令取六祖大师首，归海东供养。柳守闻状，未即加刑，乃躬至曹溪，问师上足令韬曰："如何处断？"韬曰："若以国法论，理须诛夷，但以佛教慈悲，冤亲平等，况彼求欲供养，罪可恕矣。"柳守嘉叹曰："始知佛门广大。"遂赦之。(迩后甚有名贤赞述及檀施珍异。文繁不录)

上元元年，肃宗遣使，就请师衣钵归内供养。至永泰元年五月五日，代宗梦六祖大师请衣钵。七日，敕刺史杨瑊云："朕梦感能禅师请传法袈裟却归曹溪，今遣镇国大将军刘崇景顶戴而送。朕谓之国宝，卿可于本寺如法安置，专令僧众亲承宗旨者严加守护，勿令遗坠。"后或为人偷窃，皆不远而获，如是者数四。

宪宗谥"大鉴禅师"，塔曰"元和灵照"。皇宋开宝初，王师平南海，刘氏残兵作梗，师之塔庙鞠为煨烬，而真身为守塔僧保护，一无所损。寻有制兴修，功未竟，会太宗即位，留心禅门，颇增壮丽焉。

大师自唐先天二年癸丑入灭，至今景德元年甲辰岁，凡二百九十二年矣。得法者除印宗等三十三人各化一方，标为正嗣，其外藏名匿迹者不可胜纪。今于诸家传记中略录十人，谓之旁出。

神秀慧能传[1]

〔后晋〕刘昫等

僧神秀，姓李氏，汴州尉氏人。少遍览经史，隋末出家为僧。后遇蕲州双峰山东山寺僧弘忍，以坐禅为业，乃叹伏曰："此真吾师也。"便往事弘忍，专以樵汲自役，以求其道。

昔后魏末，有僧达摩者，本天竺王子，以护国出家，入南海，得禅宗妙法，云自释迦相传，有衣钵为记，世相付授。达摩赍衣钵，航海而来，至梁，诣武帝。帝问以有为之事。达摩不说，乃之魏，隐于嵩山少林寺，遇毒而卒。其年，魏使宋云于葱岭回，见之，门徒发其墓，但有衣履而已。达摩传慧可，慧可尝断其左臂，以求其法。慧可传璨，璨传道信，道信传弘忍。

弘忍姓周氏，黄梅人。初，弘忍与道信并住东山寺，故谓其法为东山法门。神秀既师事弘忍，弘忍深器异之，谓曰："吾度人多矣，至于悬解圆照，无先汝者。"弘忍以咸亨五年卒，神秀乃往荆州，居于当阳山。则天闻其名，追赴都，肩舆上殿，亲加跪礼，敕当阳山置度门寺以旌其德。时王公已下及京都士庶，闻风争来谒见，望尘拜伏，日以万数。中宗即位，尤加敬异。中书

---

[1] 取自中华书局1975年出版《旧唐书》（标点本）卷一百九十一"方伎列传"。标点有改动。

舍人张说尝问道，执弟子之礼，退谓人曰："禅师身长八尺，庞眉秀耳，威德巍巍，王霸之器也。"

初，神秀同学僧慧能者，新州人也。与神秀行业相埒。弘忍卒后，慧能住韶州广果寺。韶州山中，旧多虎豹，一朝尽去，远近惊叹，咸归伏焉。神秀尝奏则天，请追慧能赴都，慧能固辞。神秀又自作书重邀之，慧能谓使者曰："吾形貌短陋，北土见之，恐不敬吾法。又先师以吾南中有缘，亦不可违也。"竟不度岭而死。天下乃散传其道，谓神秀为北宗，慧能为南宗。

神秀以神龙二年卒，士庶皆来送葬。有诏赐谥曰"大通禅师"。又于相王旧宅置报恩寺，岐王范、张说及征士卢鸿一皆为其碑文。神秀卒后，弟子普寂、义福，并为时人所重。

普寂姓冯氏，蒲州河东人也。年少时遍寻高僧，以学经律。时神秀在荆州玉泉寺，普寂乃往师事，凡六年，神秀奇之，尽以其道授焉。久视中，则天召神秀至东都，神秀因荐普寂，乃度为僧。及神秀卒，天下好释氏者咸师事之。中宗闻其高年，特下制令普寂代神秀统其法众。开元十三年，敕普寂于都城居止。时王公士庶，竞来礼谒。普寂严重少言，来者难见其和悦之容，远近尤以此重之。二十七年，终于都城兴唐寺，年八十九。时都城士庶曾谒者，皆制弟子之服。有制赐号为"大照禅师"。及葬，河南尹裴宽及其妻子，并衰麻列于门徒之次，士庶倾城哭送，闾里为之空焉。

义福姓姜氏，潞州铜鞮人。初止蓝田化感寺，处方丈之室，凡二十余年，未尝出宇之外。后隶京城慈恩寺。开元十一年，从驾往东都，途经蒲、虢二州，刺史及官吏士女皆赍幡花迎之，所在途路充塞。以二十年卒，有制赐号"大智禅师"。葬于伊阙之北，送葬者数万人。中书侍郎严挺之为制碑文。

神秀，禅门之杰，虽有禅行，得帝王重之，而未尝聚徒开堂传法。至弟子普寂，始于都城传教，二十余年，人皆仰之。

六祖法宝记叙[1]

〔宋〕吏部侍郎郎简

按《唐书》曰：后魏之末，有僧号达磨者，本天竺国王之子，以护国出家，入南海，得禅宗妙法，自释迦文佛相传，有衣钵为记，以世相付受。

达磨赍衣钵，航海而来，至梁，诣武帝。帝问以有为之事。达磨不说，乃之魏，隐于嵩山少林寺。以其法传慧[2]可，可传僧粲，粲传道信，信传弘忍，忍传慧[3]能，而复出神秀。能于达磨，在中国为六世，故天下谓之六祖。

《法宝记》，盖六祖之所说其法也。其法乃生灵之大本。人焉，鬼神焉，万物焉，遂与其清明广大者，纷然而大异。六祖悯此，乃谕人，欲人自求之，即其心而返道也。然天下之言性命者多矣，若其言之之至详，理之之至当，推之之至悉，而释氏得之矣。若其示之之至直，趋之之至径，证之之至亲，而六祖之于释氏，又其得之也。六祖于释氏教道，可谓要乎至哉。今天子开善阁记，谓以本性证乎了义者，未有舍六祖之道而有能至于此者

---

① 取自《镡津文集》卷十一。另清代真朴重刻本《六祖坛经》卷首有此序。
② "慧"，原本作"惠"。
③ "慧"，原本作"惠"。

也。是则六祖者,乃三界之慈父,诸佛之善嗣欤!伟乎,惟至圣而能知至道也。

然六祖之说,余素敬之。患其为俗所增损,而文字鄙俚繁杂,殆不可考。会沙门契嵩作《坛经赞》,因谓嵩师曰:"若能正之,吾为出财,模印以广其传。"更二载,嵩果得曹溪古本,校之勒成三卷,粲然皆六祖之言,不复谬妄。乃命工镂板,以集其胜事。

至和三年三月十九日序。

六祖坛经后叙[1]

〔宋〕周希古

余尝公暇,信览《曹溪六祖大师坛经》,导化迷愚之人,令识本心,见本性,自悟成佛,莫向外求。言直理玄,法法非法,不可思议。乃劝诸善识[2]印经受持,获大功德、无上菩提者也。

大中祥符五年岁次壬子十月八日,传教弟子宣德郎守尚书屯田员外郎骑都尉赐绯鱼袋周希古叙。

都劝缘广教院主僧保昌。金花山人严方外书,泷西卓海刊字。

---

[1] 此录校自日本花园大学冲本克己教授2002年所赠名古屋市真福寺所藏唐惠昕本《六祖坛经》的复印本。
[2] "识",原本作"谛"。

韶州曹溪山六祖师坛经序[①]

〔宋〕存中

性体虚空，本无名相。佛祖出兴，示以正法者，良由众生妄失其本也。故初有六佛，而释迦绍出焉。释迦七七年导化，复悯后五百岁斗诤坚固，遂以正法付迦叶，授[②]金襕信衣，俾妙明之种性不灭也。衣衣相授[③]，法法相承，列位西乾二十有八。东土正法，自达磨始兴。二祖出于北齐，三、四兴于唐代。曹溪六祖得衣法于黄梅五祖。是时刺史、韶牧等，请六祖于大梵戒坛，授[④]无相戒，说摩诃顿法。门人录其语要，命曰《坛经》。

夫吾祖传衣，三更受法，命若悬丝，而说是经，则普告僧俗，令言下各悟本心，现成佛道者，何耶？盖此非吾祖一时之直指，实欲传乎后斗诤之岁也。

今则门风百种，解会千般，努眼撑眉，寻言举古，忘情绝念，自缚无绳，诋毁明师，纷纭矛盾，岂知有《坛经》之可龟鉴者哉！

谨再刊传，庶几学者悟其本焉。

政和六年丙申元旦，福唐将军山隆庆庵比丘存中序并书。

---

① 此据京都中文出版社1976年出版的柳田圣山主编《禅学丛书之七·六祖坛经集成》所载日本石川县大乘寺所藏唐惠昕本《六祖坛经》影印本录校。
② "授"，原本作"受"。
③ "授"，原本作"受"。
④ "授"，原本作"受"。

六祖坛经跋[①]

[高丽] 万恒

妙矣哉，实宗门之关键，俭岁之稷粱[②]也。辞简而朴，旨省而深，非识智之所能拟议也。大圭不琢，贵乎天真；至言不文，尚于理实。师言之谓欤？后之传之者，率意增捐，或图易晓，添糅鄙谈；或务节略，削除圣意。

故先是行于东国者，有数本焉，率皆举略而遗全，循讹而失正。苟非智眼精明，洞照不惑，其详略真赝，何从而信之哉？

中吴休休蒙山异老，具向上宗眼，嗣烈祖正脉，笼罗古今，衡鉴邪正，不滥丝毫，人所敬信者也。寻得大全之古本，既板而寿其传，使域外之乳，普沾众口，又欲广其法施也。越大德二年春，附商寄来，嘱以流通、法施之愿。

予亦不浅，得之庆幸。遂乃重镂，庶流布于无穷也。所期参玄之士，但向未开卷前著得活眼，续佛慧命。慎莫泥句沉言，灭胡种族。刊行之志，其有兹乎？

四年庚子七夕，住花山禅源万恒谨题。

---

① 此为元大德四年高丽版德异本万恒之跋。引自日本黑田亮著，岩波书店1940年版《朝鲜旧书考》之《关于朝鲜流通六祖坛经的形式》。
② "粱"，原本作"梁"。

传法宝纪 并序

〔唐〕京兆杜朏字方明　撰

前按：早期禅宗史书《传法宝纪》，一卷，唐杜朏著，20世纪30年代从敦煌遗书中发现。

作者杜朏，字方明，唐代京兆（府治今陕西西安）人。据唐严挺之《大智禅师碑铭》（《全唐文》卷二八〇），当是禅宗北宗大智义福（658~736）曾师事过的洛阳大福先寺的"朏法师"。义福曾从"朏法师"学大乘经论，后到嵩山访法如（638~689），然而其时法如已故，转而至荆州玉泉寺师事神秀（？~706）。日本入唐求法僧圆仁（793~864）带回的书中有《南岳思禅师法门传》二卷，在其《日本国承和五年入唐求法目录》中题为"卫尉丞杜朏撰"，在《慈觉大师在唐送进录》中题为"清信弟子卫尉丞杜朏撰"（皆载《大正藏》卷五十五）。这个"卫尉丞杜朏"与上面讲的"朏法师"是不是一个人，是不是《传法宝纪》的作者杜朏，仅据已有资料尚难确定。但从《传法宝纪》中对神秀一系列的赞词和后面所说"昔尝有知音者令修此传纪。今将草润绝笔，辄为其后论矣"，可以认为作者杜朏与神秀法系有密切关系。

关于《传法宝纪》撰写时间，可据以下三点加以确定：

（一）作者署名"京兆杜朏"。"京兆"在隋代是郡，唐武德元年（618）改为雍州，领万年、长安等二十二县，开元元年（713）改雍州为京兆府（《旧唐书·地理志》）。因此书题"京兆"，自应在开元元年之后。

（二）"神秀"章谓在神秀死后，孝和（唐中宗谥号）皇帝在塔所为其置度门寺，此后"睿宗复出钱三十万修崇焉"。睿宗李旦是高宗第八子，在高宗死后一度被立为皇帝（684），后被武则天废；景云元年（710）韦后弑中宗，临淄郡王李隆基率兵诛韦后，拥戴其父睿宗即皇帝位。先天元年（712）睿宗称太上皇，让位于李隆基（玄宗），于开元四年（716）逝世，谥"大圣真皇帝"，庙号"睿宗"。因《传法宝纪》中有"睿宗"庙号，意味此书问世不会早于开元四年（716）。

（三）作者在"论"中说："今大通门人，法栋无挠。伏膺何远，裹足宜行，勉哉学流，光阴不弃也。"说明撰写《传法宝纪》时，大通神秀的主要弟子尚在，作者希望当时的学僧前去皈依。《楞伽师资记》载神秀的付法弟子有嵩山普寂（651~739）、嵩山敬（景）贤、长安义福（658~736）、蓝田惠福。其中普寂去世最晚，是开元二十七年（739）。此外，据敦煌文献《菩提达摩南宗定是非论》记载，唐开元二十年（732）神会在滑台与北宗僧人辩论时已提及："今普寂禅师在嵩山竖碑铭，立七祖堂，修《法宝纪》"；"今修《法宝纪》，又立如禅师为第六代"。可见，《传法宝纪》在开元二十年之前已经存在。

因此可以认为，《传法宝纪》撰于开元四年至二十年（716~732）之间，比净觉所撰另一禅宗史书《楞伽师资记》（撰于先天元年至开元四年，即712~716年之间）略早。

中国禅宗奉北魏菩提达摩为初祖，但从五祖弘忍（602~675）之后分为神秀的北宗、慧能的南宗两系。后来南宗盛行全国，北宗衰微，因此社会上流传的禅宗史书也多是南宗僧人编撰，而北宗僧人或信徒编写的史书逐渐从社会上佚失。敦煌遗书《传法宝纪》和《楞伽师资记》为我们了解禅宗初创期历史，特别是北宗的历史提供了宝贵的资料。据此二书记载，在7世纪末8世纪初，北宗曾盛行于以长安、洛阳二都为中心的广大北方地区，神秀、玄赜、慧安（老安）曾为"两京法主，三帝门师"（神会《南宗定是非论》语），朝野道俗归信者很多。这两部史书都记载了从北魏菩提达摩以来以《楞伽经》为传法要旨的北宗禅法传承事迹和北宗禅法风格。但二书似乎互不相知，互不受对方的影响，各具自己特色。

《传法宝纪》篇幅比较短，由序、目录和从达摩至神秀的七章以及作者的总论组成，书后还附有《终南山归寺大通神秀和上塔文》。

《传法宝纪》大概问世不久便较早湮没无闻，甚至现存书籍中都没提到此书的名字。此书抄本原件皆存于法国巴黎国立图书馆，有这样三种卷子：

（一）P（伯希和）2634号，仅存序和"达摩"章的一部分。日本学者矢吹庆辉（1879~1936）在1930年出版的《鸣沙余韵》和1933年出版的《鸣沙余韵解说》（皆由岩波书店出版）中收录了它的照片并做了介绍。在1932年又将其校本收录在《大正藏》第八十五卷之中。

（二）P3858号，仅存从"道信"章的后半至"法如"章前半的二十五行。

（三）P3559号全本。日本神田喜一郎在1936年发现，1943年将其校本收在白石虎月编的《续禅宗编年史》的"附录"中发表。柳田圣山1967年发表了《初期禅宗史书的研究》（法藏馆版），在书前收有此抄本的照片，书后"资料的校注"中载有他详加校订、注释的全文。此后在1975年出版的《初期的禅史Ⅰ》中又对此书做了注释并译成日文。柳田对此书的校勘、整理，做出了宝贵的贡献。

这里载录的《传法宝纪》取自2019年宗教文化出版社第三版第三次印刷笔者校写《敦煌新本·六祖坛经》"附编一"所载据柳田圣山《初

期禅宗史书的研究》书后所附校刊本并参考敦煌文书 P2634 号、P3559 九号照片所作的校点本，稍做修正。括号〖〗中字句属原书夹注。校勘原注，这里恕从略，欲查请参原书。

  稽首善知识，能令护本心。
  犹如浊水中，珠力顿清现。
  所以今修纪，明此递传法。
  愿当尽未来，广开佛知见。

  序曰：我真实法身，法佛所得，离诸化佛言说传乎文字者。则此真如门，乃以证心自觉而相传耳。是故论云：一切法从本已来，离言说相，离名字相，离心缘相，毕竟平等，无有变异，不可破坏，唯是一心，故名真如。又曰：证发心者，从净心地乃至究竟。证何境界？所谓真如，以依转识，说为境界。而此证者，无有境界。唯真如智，名为法身。又如修多罗说菩萨摩诃萨，独一静处，自觉观察，不由于他，离见妄想，上上升进，入如来地，是名自觉圣智。是故，若非得无上乘传乎心地，其孰能入真境界者哉。

  昔庐山远上人《禅经序》云："佛付阿难，阿难传末田地，末田地传舍那婆斯。"则知尔后不坠于地，存乎其人，至矣。岂夫系执因果，探究句义者，所能入乎？则修多罗所谓宗通者。宗通谓缘自得胜进，远离言说文字妄想，趣无漏界自觉地，自相远离一切虚妄觉相，降伏一切外道众魔，缘自觉趣光明晖发，是名宗通相。是真极之地，非义说能入，信矣。其有发迹天竺来到此土者，其菩提达摩欤！时为震旦有胜慧者而传默指真境乎？如彼弱丧，顿使返躬乎？亦如暗室发大明炬乎？弗可得而言已。既而味性有殊，高拔或少，玩所先习，无求胜智，翻然顶授，盖为鲜矣。唯东魏惠可，以身命求之，大师传之而去。惠可传僧璨，僧璨传道信，道信传弘忍，弘忍传法如，法如及乎大通。自达摩之后，师资开道，皆善以方便，取证于心，随所发言，略无系说。今人间或有文字，称"达摩论"者，盖是当时学人，随自得语，以为真论，书而宝之，亦多谬也。若夫超悟相承者，既得之于心，则无所容声矣。何言语文字措其间哉！夫不见至极者，宜指小以明大。假若世法有练真丹，以白日升天者，必须得仙人身手传练，真丹乃成。若依碧字琼书，终归浪茫矣。此世中一有为耳，犹在必然。况无上真宗，岂系言说。故斯道微密，罕得其门。虽法不依人，义不依语，而真善知识，何可观止。今此至人无引，未易能名。将以后之发蒙，或因景慕。是故今修略纪，自达摩后，相承传法者，著之于次，以为《传宝纪》一卷。维当缀其所见名迹，所化方处，耳目所取，书纪可明者。既而与无为泯合，而传记自简。至于觉证圣趣，靡得甄言也。亦别有貌图，将为后记。然后相承兹道，澹乎法界，真空寂处，相迹自消。凡在生平，不现其异，靡闻灵迹，以故略诸，亦犹反袂拭面，光濡不取矣。自达摩之后至隋唐，其有高悟玄拔，深至圆顿者，亦何世无之。既非相传授，故别条列传，则昭此法门之多主也。

东魏嵩山少林寺释菩提达摩

北齐嵩山少林寺释惠可

隋皖公山释僧璨

唐双峰山东山寺释道信

唐双峰山东山寺释弘忍
唐嵩山少林寺释法如
唐当阳玉泉寺释神秀

释菩提达摩，大婆罗门种，南天竺国王第三子。机神超悟，传大法宝，以觉圣智，广为人天，开佛知见，为我震旦国人故，航海而至嵩山。时罕有知者，唯道昱、惠可，宿心潜会，精竭求之，师事六年，志取通悟。大师当时从容谓曰："尔能为法舍身命不？"惠可因断其臂，以验诚恳〖案：余传云被贼斫臂，盖是一时谬传耳〗。自后，始密以方便开发〖其方便开发，皆师资密用，故无所形言〗。顿令其心直入法界。然四五年间，研寻文照，以《楞伽经》授可曰："吾观汉地化道者，唯与此经相应。"学徒有未了者，乃手传数遍云："作未来因也。"〖案：余传有言壁观及四行者，盖是当时权化，一隅之说。□迹之流，或所采摭，非至论也。〗其后门庭日广，时名望僧，深相忌嫉，久不得志，乃因食致毒〖此恶人名字，世亦共闻，无彰人过，故所宜隐。或当示现为迹，以相发明，盖所未测①〗。大师知而食之，毒无能害。后见频啖毒不已，谓惠可曰："我为法来，今得传汝，更住无益，吾将去矣。"因集门人，重明宗极，便啖毒食，以现化焉。〖自后相承，皆临迁化，必重演真宗，以成后轨矣。〗尝自言一百五十岁矣。其日东魏使宋云，自西来于葱岭，逢大师西还，谓汝国君今日死。云因问法师门所归。对曰："后四十年，当有汉道人流传耳。"门人闻之发视，乃见空棺焉。

---

① "测"，原本作"恻"。

释僧可,一名惠可,武牢人,俗姓姬氏。少为儒,博闻尤精《诗》《易》,知世典非究竟法,因出家。年四十,方遇达摩大师,深求至道,六年勤恳,而精心专竭,始终如初闻。大师言:"能以身命,为法不吝。"便断其左臂,颜色不异,有若遗土。大师知堪闻道,乃方便开示,即时其心直入法界。四五年精究明彻。大师既示西还,后居少林寺,行住坐卧,心冥真境,随机化道,如响应声,触物指明,动为至会。故门人窃有存录。后魏天平中,游邺卫,多所化度。僧有深忌者,又默鸠之。惠可知便受食,毒不能害。时有向居士、化公、廖公禅师,咸因得本心,皆任道用。自后门人滋广,开悟甚多。临终谓弟子僧璨曰:"吾身法而受传嘱,今以付汝,汝当广劝开济,亦以《楞伽经》与人手传。"因叹曰:"此经四世后,变成名相,悲哉!"

释僧璨,不知何处人。事可禅师,机悟圆顿,乃为入室。后遭周武破法,流遁山谷,经十余年。至开皇初,与同学定禅师,隐居皖公山〖在舒州,一名思空山〗。此山先多猛兽,每损居人。自璨之来,并多出境。山西麓有宝月禅师,居之已久,时谓神僧。闻璨至止,邋越岩岭相见,欣如畴昔。月公即岩禅师之师也。璨定慧齐泯,深学日至。缘化既已,顾谓弟子道信曰:"自达摩祖传法至我,我欲南迈,留汝弘护。"因更重明旨极,遂与定公南隐,后竟不知其所终矣。

释道信,河内人,俗姓司马氏。七岁出家,其师被粗秕。信密斋六年,师竟不知。开皇中,往皖山归璨禅师,精劝备满,照无不至。经八九年,璨往罗浮,信求随去。璨曰:"汝住,当大弘益。"遂游方施化,所在为宝。至大业度人,配住吉州寺。属隋季丧乱，群贼围城七十余日，井泉皆竭。信从外来，水复充溢。刺史叩头，问贼退时。曰："但念般若，不须为忧。"时贼徒见地四隅皆有大力士，因即奔骇，城遂获全。武德七年，至蕲州双峰山，周览林壑，遂为终焉之地。居三十年，宣明大法。归者，荆州法显、常州善伏，皆北面受法。信曰："善伏辟支根机，竟未堪闻大道。"每劝诸门人曰："努力勤坐，坐为根本。能作三五年，得一口食塞饥疮，即闭门坐，莫读经，莫共人语。能如此者，久久堪用，如猕猴取栗中肉吃，坐研取，此人难有。"永徽二年八月，命弟子山侧造龛。门人知将化毕，遂谈究锋起，争希法嗣。及问将传付，信唧然久之曰："弘忍差可耳。"因诫嘱，再明旨赜。及报龛成，乃怡然坐化。时地大动，气雾四合。春秋七十二。后三年四月八日，石户自开，容貌俨如生日。门人遂加漆布，更不敢闭，刊石勒碑，中书令杜正伦撰文颂德。

释弘忍，黄梅人，俗姓周氏，童真出家，年十二事信禅师。性木讷沉厚，同学颇轻戏之，终默无所对。常勤作役，以体下人。信特器之。昼则混迹驱给，夜便坐摄至晓，未尝懈倦，精至累年。信常以意导，洞然自觉。虽未视诸经论，闻皆心契，既受付嘱，令望所归，裾屦溱门，日增其倍，十余年间，道俗投学者，天下十八九。自东夏禅匠传化，乃莫之过。发言不意，以察机宜。响对无端，皆冥寂用。上元二年八月，数见衰相，十八日，因弟子法如，密有传宣，明一如所承，因若不言。遂泯然坐化，春秋七十四也。

释法如，上党人，俗姓王氏。幼随舅任澧阳，因事青布明为师。年十九出家，博穷经论，游方求道。闻双峰山忍禅师，开佛知见，遽往师之。精澄十六年，法界圆照。尝没江舟，覆溺数里，心用弗动，无所挠失。及人济出，神色如常。既而密传法印，随方行道。属高宗升遐度人，僧众共荐与官名。往嵩山少林寺，数年，人尚未测①。其后照求日至，犹固让之。垂拱中，都城名德惠端禅师等人咸就少林，累请开法，辞不获免，乃祖范师资，发大方便，令心直至，无所委曲。性朴直遇物，随或诃折，若虚舟触人，终无憾者。学侣日广，千里响会。至永昌元年七月，乃令学人速尽问疑，因现以疾相。于一夜中，端坐树下，顾集门人，乃有遗训，因开明慧，如法传受。又曰："而今已后，当往荆州玉泉寺秀禅师下咨禀。"遂寂然坐化，春秋五十二。

释神秀，大梁人，姓李氏。在童稚时，清慧敏悟，特不好弄，即有成德。年十三，属隋季王世充扰乱，河南、山东饥疫，因至荥阳义仓请粮。遇善知识出家，便游东吴，转至闽，游罗浮、东、蒙、台、庐诸名山，嘉遁无不毕造。学究精博，探易道，味黄老及诸经传，自三古微赜，靡不洞习。二十受具戒，而锐志律仪，渐修定慧。至年四十六，往东山归忍禅师。一见重之，开指累年。道入真境，自所证莫有知者。后随迁适，潜为白衣，或在荆州天居寺，十余年，时人不能测。仪凤中，荆楚大德数十人共举度住当阳玉泉寺。及忍禅师临迁化，又曰先有付嘱，然十余年间，尚未传法。自如禅师灭后，学徒不远万里，归我法坛，遂开善诱，随机弘济，天下志学，莫不望会。久视中，则天发中使，奉迎洛阳，道俗翻花，幢盖充溢衢路。乘枻槕上，从登

---

① "测"，原本作"恻"。

御殿。顶拜长跪，瞻奉洁斋。授戒宫女，四会归仰，有如父母焉。王公已下，歙然归向。孝和累求，还出，主上固请，既不遂归事。诸弟子因窃视，知欲见灭。或时密有委嘱。神龙二年二月二十八日，端坐怡然，迁化于洛阳天宫寺，归于玉泉建塔焉。而导师重道，礼不问年，既隋季出家，当寿过百岁矣。往居当阳玉泉时，尝于所住兰若，顾谓诸弟子曰："吾死后，当安厝此。"及至将奄化，前数日，绕其欲立塔所，平地周回，生白莲花数十茎。自后复于塔前檞树上，生果子数枚，如李实，甚有味。于塔所，孝和以置度门寺，尊曰大通和上。睿宗复出钱三十万修崇焉。

论曰：此世界是言语世界乎？故圣贤不可不言语，相导以趣夫无言语地也。是故，我本师云："若言如来有所说法，则为谤佛。"而孔丘亦云："吾欲无言。"庄周复曰："得意者忘言。"故《易·咸卦》上六曰："咸其辅颊舌。"《象》曰："滕口说也。"此言在咸之末也。故感而取道，不在乎上六矣。昔我本师，当见乎世说法，所度皆随其根性，而得证入者，言说自亡。逮灭度后，而诸罗汉，方共结集佛在世时尝所说法，著乎文字而为经。虽圆觉了义存乎其间，而凡圣不接，离真自远。洎汉魏已降，译至中华，归学之徒，多依言说，分文析字，数义绥然，饰智蔓词，其流遂□。既而真如至性，莫见其人，圆顿法身，无开道眼矣。其光步法席，坐摇谈柄者，群学辐辏，徒仰亹焉。未有悟入其门，心证其理也。

是故，天竺达摩，褰裳导迷，息其言语，离其经论，旨微而彻，进捷而明。不动，斯定矣；不取，斯慧矣；妄灭，斯真矣；

性融，斯如矣。证归一体，功由自觉，无一微尘法，能为出入；无一刹那法，能为离间。荡然无际，空然无物，是谓妙物，吾不知其谓矣。为法身乎？为真空乎？为实相乎？为如乎？为觉乎？斯亦默照之端，真之纯味也。然后读诸经论，得最上胜句，则洞焉照会矣。于诸有为，澹无所起矣。是故惠可、僧璨理得真，行无辙迹，动无彰记。法匠潜运，学徒默修。至夫道信，虽择地开居，营宇玄象，存没有迹，旌榜有闻，而犹平生授受者，未堪闻大法，抑而不传。故善伏过入衡山，犹得深定。况余凡浅，其可知矣。及忍、如、大通之世，则法门大启。根机不择，齐速念佛名，令净心，密来自呈，当理与法，犹递为秘重，曾不昌言。傥非其人，莫窥其奥。至乎今之学者，将为委巷之谈，不知为知，未得谓得，念佛净心之方便，混此彼流，真如法身之端倪，曾何仿佛。悲夫，岂悟念性本空，焉有念处？净性已寂，夫何净心。念净都亡，自然满照。於戏，僧可有言曰："四世之后，变成名相。"信矣。

夫吾亦素不此学，业非其流，敢为摸揣，过亦甚矣。岂疲叟云："欲除王屋一抔之土，将塞孟津乎。"昔尝有知音者，令修此传纪。今将草润绝笔，辄为其后论矣。又如修多罗说："唯心直进。""直"为离夫二边乎？"进"谓不住三乘乎？今大通门人，法栋无挠。伏膺何远，裹足宜行，勉哉学流，光阴不弃也。

终南山归寺

大通神秀和上塔文

大师讳某，俗姓李，大梁人也。妙范玄德，鸿图圣行。道气包于先劫，慈明焕乎是生。湛虚根之清晖，光赞天下；秘圆实之微响，声闻遍于十方。故玄默之功不言，而信存乎至赜；神通之力无为，而应存乎涅槃。其施也，慈云无私，万物攸赖。其归也，法海无量，九流惟宗。君上御之而安四维，公侯则之而风小国。三人分之未为不足，一人得之不为有余。故金刚之源，挹而莫际，香积之饭，足以乃消。即大师圆通之宗，其若此也。师常晦迹栖真，久乎松壑，诏自江国，祗命上京，而云林之情，肯忘山水。乃拥金策，乘草舆，谢人间，卑迹岩泉之高胜，此焉攸处，果我幽居。逮乎东归，以之西眷。自云华殁世，道树空存，风悲宴寂之堂，露泣禅阶之草。门人等怀系珠之厚德，眇若无涯，崇建塔之神功，式资幽赞。铭之□琰，敬勒玄猷。其词曰：

如来妙药名甘露兮，含生服之世可度兮。

云根不死留在山兮，智者传之救世间兮。

惑乱无常时共见兮，唯独仁人心不变兮。

牟尼静观生已远兮，究竟菩提大方便兮。

附编二

佛教中国化的创新经典《六祖坛经》

佛教中国化,也称佛教本土化或佛教民族化,是指公元前后发源于古印度的佛教传入中国之后适应中国社会环境与民众信仰需要,经过历代漫长时期与中国传统文化和生活习俗会通融合,逐渐演变成为中国民族宗教之一的佛教的历史进程。

这里为说明《六祖坛经》在中国佛教史的地位和影响,先对佛教中国化的历程和富有鲜明民族特色的禅宗略做介绍。

一、佛教中国化和禅宗

(一) 佛教中国化的历程

佛教作为公元前五六世纪发源于古印度的外来宗教,要在中国社会广泛传播和深入发展,就必须适应中国的社会环境、传统文化和民间习俗,并且要适应中国民众的信仰需要,走中国化的道路。

所谓"佛教中国化",就是佛教在传入中国以后,在传播过程中逐渐适应和融入中国的社会，在与中国的传统文化、民间信仰和生活习俗会通融合的过程中，将其所奉佛菩萨尊崇体系、教理思想和僧团教团组织等方面进行调整、创新与发展，使之易为中国社会和广大民众理解和信仰的漫长历程。

回顾中国佛教传播历史，这个过程从公元前后两汉之际佛教传入，至实现大一统的隋唐，前后经历了长达五六百年之久，才初步实现中国化的历程，奠定了作为中国民族宗教之一的佛教的基本格局。

佛教在传入中国以后大体经过了以下几个传播和发展的阶段：

从公元前后两汉之际传入至4世纪，经过汉魏西晋的初传、东晋十六国时期的普及，佛教从开始仅为一部分上层人士的宗教信仰，普及到大江南北普通百姓的宗教信仰。

然后是五六世纪南北朝的佛教被广泛深入考察和研究时期，将中国僧俗信众对佛教的认识和创新理解，通过讲经和诠释经典的方法加以表述、传播和推广，相继形成很多学派，经过彼此间广泛交流，确立了以大乘佛教作为中国佛教主体，并将佛教与中国传统文化加以比较会通和融合，编撰经典注疏、论著，在思想上为隋唐佛教宗派的成立创立了条件。同时，各地佛教僧团以土地经营为基础的寺院经济的确立和发展，在物质上为隋唐佛教宗派的成立提供了条件。

概括说来，经过长期的民族的历史的选择，经过中国历代高僧和广大信众的创新发展，在进入6至10世纪初的隋唐时期以后相继形成具有鲜明民族特色的八大佛教宗派，即天台宗、三论宗、法相宗、律宗、华严宗、净土宗、禅宗、密宗，同时在佛菩萨信奉体系、僧团教团组织等方面也发生了相应的演变发展，标志着佛教中国化历程的初步完成。此后，进入了作为中华民族的佛教持续传播和发展时期，也可以说是佛教中国化在顺应时代进步中的进一步巩固和完善的新时期。

此后，各个佛教宗派适应社会变迁和传法需要又彼此借鉴、会通和深入融合。在这个过程中，经过 10 世纪初至 14 世纪的五代和宋元二代，禅宗逐渐占据中国佛教的主流地位。在进入 14 世纪以后的明代以后，中国佛教逐渐演变为以禅宗为主体和诸宗整合协同传播的融合型佛教。

历史证明，在八大佛教宗派中，天台宗、华严宗和禅宗最富有民族特色，而尤以禅宗最具有强烈的现实主义和开放包容、兼收并蓄的风格，最善于吸收佛教各宗思想和其他文化成分不断丰富自己，致力于引导信众确立自信自修，贴近现实生活，在现实生活中修行，在现实人间觉悟，在现实社会中奉献；传法方式既简易又活泼，语言简练而生动，最接近现实社会各阶层民众的生活，从而受到儒者士大夫和广大民众的欢迎。

(二) 中国禅宗的形成与特色

中国禅宗的形成和发展历史大体经历了酝酿期、初创期、南北宗并立期和南宗独盛期。

北魏到隋初，从禅宗所奉初祖菩提达摩（5 世纪后期至 6 世纪前叶），到二祖慧可（或作惠可，487~593）、三祖僧璨（？~606），相当于禅宗的酝酿期；进入唐朝，四祖道信（580~651）、五祖弘忍（602~675）在黄梅创立"东山法门"，标志禅宗正式成立；六祖慧能从弘忍受法南归，在曹溪创立"顿教"禅法；弘忍弟子神秀（？~706）与其嗣法弟子普寂（651~739）在北方弘传"渐教"禅法，形成南北二宗对峙的局面。在慧能弟子神会（668或686~760）北上与北宗辩论禅门正统和法门顿渐之后，至唐末（9世纪后）借助朝廷的裁定，南宗取得正统地位，逐渐形成南宗独盛的局面；至唐末五代，从慧能后裔法系相继形成"禅门五宗"：沩仰宗、临济宗、曹洞宗、云门宗、法眼宗，从而将禅宗推向日益兴盛的局面，并在进入宋代以后发展为佛教的主流派。

禅门五宗在向社会各阶层民众传法过程中，也吸收其他诸宗的思想，如天台宗的中道实相论、三论宗的二谛论和中道的相即不二思想、法相宗的三界唯心思想、律宗的心性戒体论、华严宗的理事圆融论、净土宗的念佛法门等。

那么，禅宗具有什么特色，为什么能在社会广泛传播和最有影响呢？

1. 禅宗主张"佛在自性"，强调自信、自修、自悟和禅在日用

中国禅宗依据并发挥《大涅槃经》的"一切众生，皆有佛性"思想，主张人人生来具有与佛一样的清净本性，众生与佛没有根本差别，引导信众确立自信、自修和自悟。如敦煌本《六祖坛经》记述：慧能告诉信众佛在"自性"，"佛是自性作，莫向心外求"；借传"无相戒"，引导信众归依自性"三身佛"，说"自性不归依，无所依处"，又说"自悟自修，即名归依"，强调"识心见性，自成佛道"。禅宗还主张言教只是引导信众体悟自性的

辅助手段，不应迷信和加以执着。

禅宗同时对作为佛教传统修行重要形式的"禅"做了创新和发展。慧能创立了南宗"顿教"禅法，将禅、坐禅、禅修形式和内容作了前所未有的创新解释。如敦煌本《六祖坛经》所说："定慧体不一不二，即定是慧体，即慧是定用；即慧之时定在慧，即定之时慧在定"；"外离相即禅，内不乱即定"。又提出"无念为宗，无相为体，无住为本"，主张"于念而不念"，说"虽即见闻觉知，不染万境，而常自在"，从而将禅修置于日常生活之中。

历代的诸本《坛经》和禅门五宗高僧也莫不祖述和发挥慧能创建的所谓"顿教"禅法思想，倡导禅道在日用。唐代慧能下二世马祖道一（709~788）反复强调"即心是佛"，提出"道不用修""平常心是道"。此后，临济宗创始人义玄（？~866）说："佛法无用功处，只是平常无事，屙屎送尿，着衣吃饭，困来即卧。"（《临济录》）强调顺应自然自修，在日常生活中体悟自性，达到精神解脱。

2. 现实主义风格和传统——佛法在世间，成佛先修德

禅宗主张佛法在现实人间，修行不离日常生活。敦煌本《六祖坛经》说"佛法在世间，不离世间觉，离世觅菩提，恰如求兔角"；说"即烦恼是菩提，前念迷即凡，后念悟即佛""迷即佛众生，悟即众生佛"，强调佛与众生之间没有不可逾越的鸿沟。即使对净土信仰所倡导的念佛往生西方净土的说法，也解释说归根到底是不离自性的。

敦煌本《六祖坛经》记述慧能说："西方去此不远，心起不

净之心,念佛往生难到。除十恶即行十万,无八邪①即过八千,但行直心,到如弹指","但行十善,何须更愿往生?不断十恶之心,何佛即来迎请?若悟无生顿法,见西方只在刹那"。要求信众修持"十善",即在行为上做到不杀生、不偷盗、不邪淫;在言语中做到不妄言、不绮语、不两舌、不恶口;在心中做到不悭贪、不嗔恚、不邪见。不做相反的"十恶",正是倡导成佛必先做善人,做好人。宋代以后禅宗虽提倡净土念佛法门,然而最高理念仍是"唯心净土,自性弥陀"。

3. 重视"修心",倡导道德修养,"明心见性"

据南宋志磐《佛祖统纪》卷四十七记载,南宋孝宗所著《原道论》说"以佛修心,以道养生,以儒治世",道出了他所理解和归纳的三教特色和主要功能。

佛教的最大显著的特色就是倡导信众"修心",从小乘佛教至大乘佛教,莫不如此。但对于如何修心,有不同的说法。中国佛教自南北朝以后通过"判教"选择以大乘佛教为主体,进入隋唐以后相继成立的八大宗派虽见解和理论有异,然而共同点皆提倡修心,其中尤以禅宗最为突出,并且主张最容易为世人理解和修行。

禅宗所奉初祖菩提达摩提出"理入(悟理)""安心"之后,二祖慧可提出"修道明心",皆抓住了中国佛教核心的"修心"理念。此后,禅宗四祖道信提出"入道安心",五祖弘忍提出"守本净心",直至六祖慧能提出"识心见性,自成佛道",皆

---

① 佛教"八正道"是正见、正思惟、正语、正业、正命、正精进、正念、正定,与此相反是"八邪"。

倡导修心。至于此后的禅门五宗,也皆倡导修心、体悟自性。至宋代,禅宗共认以"不立文字,教外别传,直指人心,见性成佛"作为基本宗旨,而中国佛教教理共通的要点就是提倡通过修行达到心性觉悟。

佛教讲的修心,本身不仅仅是修行,也实际是中国自古重视的"修身"、道德情操修养。佛教讲的修心、明心,就是要信众体认自性本善,是与佛的本性一样清净无染的,引导信众坚持道德意识和情操修养,广修善行,制止恶念恶行,以"大慈大悲"的菩萨之道济世益民。

实际上,包括禅宗在内的中国佛教在社会的传播和发展过程中,已逐渐将儒家的五常(仁义礼智信)与孝悌忠信、礼义廉耻等道德理念和规范融摄到包括五戒、十善在内的善德善行的范畴之中,说行善必有善报,反之则有恶报,在社会上的影响极为深远。

禅宗在传播发展中不仅对佛教诸宗,即使对中国其他文化形态也产生很大影响。近代提倡"人间佛教"的太虚大师(1890~1947)[1] 在综合考察中国佛教诸宗之后一再表示,"中华佛化之特质在乎禅宗"[2];"晚唐来禅、讲、律、净中华佛法,实以禅宗为骨子"[3];"中国自晚唐、五代以来之佛教,可谓完全是禅宗之佛教;禅风之所播,不惟遍及佛教之各宗,且儒家宋明理学、道家之性命双修,亦无不受禅宗之酝酿而成者。故禅宗者,中国唐、

---

[1] 太虚生于清光绪十五年十二月十八日,即1890年1月8日。
[2] 《告徒众书》,载《太虚大师全书》第九编《制议·救治》,宗教文化出版社,2004年。
[3] 《评宝明君中国佛教之现势》,载《太虚大师全书》第十六编《书评·佛学》,宗教文化出版社,2004年。

宋以来道德文化之根源也"①。应当说是大体反映了中国佛教的真实情况的。

二、《六祖坛经》和中国禅宗

如上所述，在隋唐形成的佛教宗派中禅宗是最富有民族特色和现实主义风格的宗派，而记述慧能（638~713）生平事迹和禅法语录的《六祖坛经》可谓佛教中国化过程中形成的拥有鲜明特色的创新经典，是中国佛教著作中唯一被奉为"经"的文献，成为后世禅宗传承和依据的基本经典，以其鲜明的佛在"自性""佛法在世间"和"识心见性，自成佛道"的主张而受到社会广大信众的认可和欢迎。

在进入唐末五代之际，从慧能的后裔法系形成禅门五宗，即沩仰宗、临济宗、曹洞宗、云门宗、法眼宗。禅门五宗虽各具特色，形成自己的"门庭施设"，然而在禅法上并不存在根本性差异，在传法利生过程中皆尊奉和发挥《六祖坛经》的思想。

三、历代《六祖坛经》的不同写本和版本

源自慧能弟子法海最初记述慧能在韶州大梵寺传法语录的《六祖坛经》，也称《六祖大师法宝坛经》《六祖法宝坛经》，在传承和流传过程中多次被修改和补充，形成各种不尽相同的写本

---

① 《黄梅在佛教史上之地位及此后地方人士之责任》，载《太虚大师全书》第十八编《讲演》，宗教文化出版社，2004年。

和版本，有的早已佚失，有的还保存至今。

现大体按时间顺序，对诸本《坛经》略做介绍：

（一）《坛经》祖本

由慧能弟子法海集记而成，或可称之为法海原本《坛经》，虽早已不存，但从后世《坛经》署名"法海集记"及卷首所载韶州刺史"遂令门人僧法海集记，流行后代"等推测，在逻辑上是应有此本的。成书时间当在慧能去世的唐玄宗先天二年（713）至他的弟子神会在滑台与北宗僧人辩论禅门宗旨的开元二十年（732）的前后。

《坛经》祖本的内容当以慧能在大梵寺授无相戒和说摩诃般若蜜法的部分为主，占有最大篇幅，后面附属缘记的部分较少。后来的敦煌本、敦博本（敦煌新本）和旅顺博物馆本的主体部分自应与它差不很多，在缘记部分至少没有慧能死后二十年的预言；有关以《坛经》"传宗"的描述至多只有强调《坛经》重要性的话语，其中不会载有禅宗祖统世系及传衣付法颂等内容。

（二）唐敦煌原本

当成书于唐玄宗开元二十一年（733）至唐德宗贞元十七年（801）智炬（或作慧炬）编撰《宝林传》之前。

现在发现的五种敦煌本《坛经》的写本或残片——敦煌本、敦煌新本、北京本、旅顺博物馆本、国家图书馆藏"有"字79号残片，从结构格式和内容语句来看，它们理应源自同一种《坛经》。我们不妨称这一在逻辑上是存在的《坛经》为"敦煌原本"，即敦煌诸本《坛经》所据以抄写的原本。

敦煌原本应当是最接近《坛经》祖本的。可以认为，《坛经》

的主体部分未变，附属部分有所增加，大概主要有以下内容：

第一，"吾灭后二十余年，邪法缭乱……有人出来，不惜身命，定佛教是非，竖立宗旨"。

慧能死后二十余年（唐开元二十年左右），神会在滑台与北宗僧人崇远进行定佛教"是非""宗旨"的辩论。《坛经》增加的这段，寓意神会直承慧能之后，传南宗"正法"。此当由神会的弟子，或敬仰神会的南宗僧人所加。以上承神会自任的宗密（780~841）在《中华传心地禅门师资承袭图》（《裴休拾遗问》）①中说慧能死前授密语于神会，嘱咐"二十年外，当弘此法"，也可证明这点。

第二，关于《坛经》的"传宗"部分，"已后传法，递相教授一卷《坛经》，不失本宗"。唐代韦处厚《兴福寺内道场供奉大德大义禅师碑铭》②批评神会的后继弟子迷失真义，"竟成《檀经》传宗"，是说他们只重视以传授《坛经》作为付法的外在形式。据此，这部分当是由神会的门下所加。

第三，五祖的《传衣付法颂》。

第四，禅宗祖统世系，"初传受七佛，释迦牟尼佛第七，……菩提达摩第三十五，……慧能自身当今受法第四十"。

据净觉所撰北宗史书《楞伽师资记》，五祖弘忍生前说自己有十位弟子传法于十方，又说："后传吾道，只可十耳。"把慧能列为十大弟子之一。此书成于唐玄宗开元初年（约713~716），

---

① 原书于国内久佚。日本学者1979年于名古屋真福寺发现13世纪据宋刊本的写本，有尾题《裴休拾遗问》。
② 《全唐文》卷七一五。

仍作这种记载，说明当时南北二宗虽有对立，但并不严重。其他北宗史书，包括此后杜朏写成的《传法宝纪》，皆无祖师传衣及付法颂一类的说法。

从现存资料来看，慧能直到去世之前，对北宗态度都是相当缓和的。慧能死后，弟子分散于各地。北宗在朝廷的直接支持下发展迅速，以直承从菩提达摩至五祖弘忍的传承正统自许。南北二宗矛盾日渐激化。于是，神会首先出来发难，与北宗僧进行激辩，为南宗争正统，得到慧能弟子和神会弟子的响应。大概正是在这种形势之下，他们才将用来证明慧能是正统的祖统说和传衣付法颂之类加入《坛经》之中。

敦煌《坛经》原本的传承世系是法海—道际—悟真。悟真生活的时间当是8世纪中期至末期，或许经他弟子之手又将《坛经》加以修补，成此敦煌原本。

（三）唐惠昕本

唐贞元三年（787）惠昕的改编本。

日本兴圣寺所藏惠昕改编本《坛经》前面所载《六祖坛经序》，署名为"依真小师邕州罗秀山惠进禅院沙门惠昕"，序中说：

> 故我六祖大师，广为学徒直说见性法门，总令自悟成佛，目曰《坛经》，流传后学。古本文繁，披览之徒，初忻后厌。余以太岁丁卯，月在蕤宾（按：五月）二十三日辛亥，于思迎塔院，分为两卷，开十一门，贵接后来同见佛性者。

从日本学者铃木大拙开始，经中国胡适，直至笔者，皆延续将其中的"太岁丁卯"断定为宋太祖乾德五年（967），因而将惠昕看作是宋代的禅僧，称"宋惠昕"；将他改编的《坛经》称作"宋惠昕改编本"①。

然而若据南宋王象之编《舆地纪胜》卷一百六《广南西路·邕州·仙释》的记载：

　　正恩大师。

　　罗秀山在宣化县北。天宝三载正恩大师惠昕于此开山。

可以确定，在邕州宣化县（在今广西南宁市）罗秀山的惠昕是唐代人，有"正恩大师"之号，在唐玄宗天宝三载（744）创建罗秀山寺院，是此寺的开山祖师。再据宋赵明诚的《金石录》卷九所载"第一千六百五十五唐惠昕大师碑（齐推撰，正书、姓名残缺，贞元十七年）"，可以推断惠昕逝世于唐德宗贞元十七年（801）。由此可以推断惠昕改编《坛经》的时间"太岁丁卯，月在蕤宾"，应是在他生前的唐贞元三年（岁次丁卯，787）五月（蕤宾为五月）。

南宋晁公武按辈分是北宋晁迥的五世孙，所著《郡斋读书志》（袁州本）② 卷三下载：

　　《六祖坛经》二卷

　　右，唐僧惠昕撰，记僧卢慧能学佛本末。慧能号六祖。凡十六门，周希古（按：原缺"古"字）后有序。

---

① 最早对此提出异议的是广西吴孝斌先生。广西壮族自治区政协办公厅主办的《文史春秋》2019年第4期上发表他的文章《"六祖坛经"与南宁罗秀山》，援引王象之编《舆地纪胜·邕州·仙释》等断定在邕州罗秀山改编《坛经》的惠昕是唐代僧。
② 《宋椠袁本昭德先生郡斋读书志》，载张元济等辑：《续古逸丛书（史）》，江苏广陵古籍刻印社，1994年。

这是符合实际情况的。

此后，惠昕本《坛经》广传于社会。北宋政治家、文学家"文元公"晁迥（951~1034）生前看过此本十六次。其七世孙晁子健得承此本，于南宋绍兴二十三年（1153）在蕲州照此刻印。此后，此本《坛经》流传到日本，20世纪30年代在日本京都兴圣寺发现其收藏本，世称兴圣寺本。日本金泽文库残本也属此刊本的写本。

惠昕本《坛经》的传承世系是：法海—志道—彼岸—悟真—圆会。与敦煌原本传承世系相比，增加了二人：彼岸、圆会；法海的同学道际改为志道（是否即为道际，判定无凭，暂定为二人）。志道是《坛经》所载慧能的十大弟子之一。可见，悟真曾两次接受《坛经》，一次是从法海的同学道际得，一次是从法海的另一同学彼岸得，最后他又传给圆会。这是《坛经》的两个传承世系：

第一，法海—道际—悟真，所传是敦煌原本《坛经》系统；

第二，法海—志道—彼岸—悟真—圆会，所传是惠昕本《坛经》系统。

从时间上看，后者形成自然晚于前者，大约在8世纪末至9世纪前中期。从内容上讲，在传承的每一个环节，即从志道到圆会，都有加以修补的可能。惠昕本主体部分的结构与敦煌本基本相同，内容有所增加，语句有相当部分被修改了。全书被惠昕分为上下两卷十一章。

惠昕本有不同刊本，有源自北宋大中祥符五年（1012）的周希古劝募刊本（现有日本名古屋真福寺藏本），有源自政和六年

(1116）的存中再刊本（日本石川县大乘寺藏本、京都福知山市金山天宁寺藏本），以及前面介绍过的源自南宋绍兴二十三年（1153）晁子健的刊本（日本京都兴圣寺藏刊本）。

这些刊本（有的是抄写本）的内容虽基本相同，然而也有不同之处。在前两种刊本中，慧能常自称"某甲"，无大庾岭示惠明"本来面目"及风幡之议的内容，也无谈及刘禹锡撰碑之事，而后一种已无"某甲"称呼，其他内容则有。另外，日本真福寺本、金山天宁寺本、兴圣寺本所载的祖统世系全同于敦煌本，而大乘寺本的祖统世系已被按《宝林传》改过了。

（四）宋契嵩本

成书于宋仁宗至和三年（1056）。

北宋工部侍郎郎简在《六祖法宝记叙》中说，当时社会上流通的《坛经》"为俗所增损，而文字鄙俚繁杂，殆不可考"，因看到契嵩（1007~1072）写的《坛经赞》，便希望契嵩将《坛经》重加订正，愿意出资刊印。契嵩是云门宗高僧，承诺订正，二年后寻得"曹溪古本"，便用以校勘修补，编为三卷。此即所谓契嵩改编本《坛经》。郎简所批评的《坛经》当属唐惠昕本系统，而契嵩得到的用以校勘的"曹溪古本"当即编撰于唐代的《曹溪大师传》。

契嵩依据《曹溪大师传》记述的内容，在《坛经》中补入慧能在北上黄梅途中曾在韶州曹溪停留，结识刘志略，从其姑比丘尼无尽藏听读《大涅槃经》，领悟"佛性之理"；慧能在广州与印宗论佛性"不二"之理；中宗（原作"高宗"）降诏遣使迎请慧能以及慧能所作死后"七十年"的预言等很多情节。

契嵩改编本《坛经》，为元代的德异本、宗宝本《坛经》所继承。

（五）元德异本——契嵩本系统之一

刊印于元世祖至元二十七年（1290）。

明代以后的《坛经》卷前多印有德异之序，认为当时流行的《坛经》"为后人节略太多，不见六祖大全之旨"。德异所说的《坛经》或为敦煌本，或为进入宋代以后十分流行的惠昕本。德异说自己幼年曾见过一种"古本"，后经过三十多年的努力，终于在一位"通上人"处找到此古本"全文"，于是在吴中（今江苏省苏州市吴中区）的"休休庵"照原样加以刊印。此即所谓德异本。

那么，德异幼时看到和他据以刊印的古本《坛经》是什么呢？此当即契嵩本《坛经》。高丽在明嘉靖三十七年（1558）所刊《坛经》是元大德四年（1300）的翻印本，前面有高丽僧万恒写的序，说"中吴休休蒙山异老（按：即德异），具向上宗眼，嗣烈祖正脉，笼罗古今……寻得大全之古本，既板而寿其传"，于大德二年（1298，高丽忠烈王二十四年）托商人送到高丽，嘱咐刊印流通，他便据之重刻以流传于世。可见，大德四年高丽僧万恒据以刊印之本以及明嘉靖三十七年的刊本皆属德异本。此后，元延祐三年（1316）、清光绪九年（1883）的《坛经》刊本也属德异本。实际上，在高丽和朝鲜王朝先后流通的《坛经》几乎全是德异本。

德异本与稍后宗宝本相比，在正文方面差别很少，但在章节和排列次序方面有明显区别，前面原载的《略序》被宗宝改为

《六祖大师缘起外纪》附在书后，二者所附文字也有不同。

（六）元宗宝本——契嵩本系统之二

成书于元世祖至元二十八年（1291）。

此是明代以后最通行的《坛经》。明永乐《南藏》（密）、《北藏》（扶）、《嘉兴藏》（扶）、房山石经（万历四十八年刻石）等都收有此本，至于社会上广泛流传的单刻本也多属此本。

宗宝在跋文中说，他因有感于读契嵩的《坛经赞》，开始留心《坛经》，出家后"续见三本不同，互有得失，其板亦已漫灭。因取其本校雠，讹者正之，略者详之，复增入弟子请益机缘，庶几学者得尽曹溪之旨"。

看来宗宝不仅读过契嵩的《坛经赞》，并且也有契嵩修订的《坛经》。在他改编的《坛经》前面刊有契嵩的《坛经赞》。他所说的三本，也许是惠昕本、契嵩本、德异本。他说的"复增入弟子请益机缘"不好理解，因为迄今没有发现元代以前缺此部分内容的《坛经》本子。

与德异本相比，宗宝本没有重大变动，主要改动为：将品目由四字改为二字，如将"教授坐禅"改为"坐禅"等；分割和合并品文，如将"悟法传衣"分为"行由"和"般若"二品，把"法门对示""付嘱流通"二品并为"付嘱"一品；在段落的承接之处增删字句，也有改变文句前后次序，把正文改为小注等情形。

如果德异本即是契嵩本的再刊本，那么，宗宝本所用的底本也是契嵩本，而将德异本作为它的重要参校本。这样，对于宗宝本内容与德异本基本相同，前有德异《六祖法宝坛经序》、契嵩

《坛经赞》的事实就可以得到解释和理解。

（七）曹溪原本——契嵩本系统之三

此当即契嵩本的再刊本。据元代德异本《坛经》之序，德异是照所得到的"古本"的原样刻印的，没有做任何改动。如前所述，这一"古本"当即契嵩本《坛经》。

现存明代成化七年（1471）刊印的《坛经》，在编排、内容上与朝鲜流行的德异本《坛经》完全相同，但正文没有德异的序，后面所附"师入塔后"的小字记事中也没有一般德异本所载宋太祖、仁宗、神宗等尊崇六祖的事迹以及"大元至元二十七年"的记事。

在明成化本《坛经》的前面载有明宪宗御叙，其中说："命廷臣赵玉芝重加编录，锓梓以传。"实际上并不是重加改编。正文虽与德异本同，但没有德异的序，附记又不同，特别没有仁宗、神宗追赐慧能谥号的记述，可以断定这就是源自编于仁宗至和三年（1056）的契嵩本。

此本《坛经》多次刊印。据清顺治九年（1652）刊本《坛经》的跋文，明成化本因刻于曹溪，故被称为"曹溪原本"，从明至清刻印过四次，是有意不用"宗宝改本"而刊印流通的。

综上所述，《坛经》问世以后有一个多次改编和演变的历史，先后形成多种不同的写本和刊本。可以认为，这是禅宗思想和历史发展的一种反映，考察和研究不同刊本的《坛经》是具有重要学术价值的。

四、从《六祖坛经》看禅宗对佛教的鲜明创新和发展

隋唐时期佛教宗派的成立，标志着"中国宗教之一"的佛教的格局基本确立。其中的禅宗虽奉北魏来华的菩提达摩为初祖，然而真正创始人是唐代被称为四祖的道信和五祖弘忍。在弘忍逝世后，禅宗分为南北二宗。唐末五代，奉慧能为六祖的南宗逐渐发展为禅宗的主流。进入宋代以后，随着禅宗隆盛局面的形成，中国佛教进入一个崭新时期——以禅宗为主体并与其他各宗融通传播的时期。

慧能在继承从菩提达摩以来以坐禅"舍伪归真"为主旨的重心性转变的禅法基础上，形成独特的以"归依自性""识心见性"为中心的禅法理论。这种禅法的理论基础是大乘佛教的涅槃佛性论和般若空义及其中观学说。

佛性，所谓"菩提种子"，意为众生成佛的内在依据或可能性，亦即成佛的基因，在很多场合与"如来藏""自性清净心"同义，并且与法性、真如实相等是属于同等序列的概念。大乘经典《胜鬘经》《楞伽经》以及《大涅槃经》（存在北本和南本）等对佛性或如来藏问题有比较集中的论述，认为一切众生皆有佛性，皆能成佛。论述般若中观学说的主要经典有大小品各类《般若经》和《中论》以及《维摩诘经》等，认为世界万有本质为空，但又认为一切事物的本质与现象是互相交会融通的，提出空与色、生与灭等互相对立的双方"相即不二"的理论。从记述菩提达摩禅法的《二入四行论》，到道信的《入道安心要方便法

门》、弘忍的《修心要论》等,都对这两种思想有所吸收,当然侧重点和论证角度是不尽相同的。慧能的"识心见性"的禅法理论也吸收了这两种思想,然而做了十分灵活的、比较通俗的、便于一般民众理解和接受的发挥,特别强调"佛在自性",人人可以在生活日用当中通过自修、自悟自己的本性,迅速达到解脱。慧能的禅法理论为后来南宗五家所继承,不仅对佛教内部,而且对儒家学说也产生了深远的影响。

下面主要依据敦煌本《六祖坛经》以及包括《曹溪大师传》在内的其他诸本《坛经》等文献,对慧能以"识心见性"为中心的禅法思想进行系统阐释和说明。

(一) 慧能的简历

慧能(638~713),或作"惠能"①,俗姓卢,唐太宗贞观十二年(638)二月八日生于新州(今广东省新兴县)。自幼丧父,由母亲抚养长大。家境贫寒,靠打柴度日。一日为顾客送柴到旅店,见有人在读《金刚般若经》,听后似有所悟。经询问,知五祖弘忍和尚在黄梅传法,劝道俗"但持《金刚经》一卷,即得见性,直了成佛"②。慧能自此萌发北上投师,修学佛法的念头。

在唐高宗咸亨元年(670),慧能三十三岁,母亲已经去世,便取道韶州曹溪(在今广东省韶关市曲江区)往黄梅进发。在这里结识村人刘至略,二人结为兄弟。刘至略之姑出家为比丘尼,名无尽藏,常在夜间读诵《大涅槃经》。慧能白天劳动,晚上听

---

① 唐代以前,"慧""惠"相通。自进入宋代以后,如相当钦定的道原《景德传灯录》以及赞宁《宋高僧传》、后晋刘昫等《旧唐书》所载其传皆作"慧能",兹从之。然而对所点校的文献不强求一致,保持原样。

② 见《六祖坛经》。以下除注明者外,皆指《敦煌新本·六祖坛经》。

无尽藏读《大涅槃经》。慧能虽不识字，但非常聪明，善于领会经中的大意，有时还向无尽藏讲述自己的见解。她对此感到诧异，问慧能："既不识字，如何解释其义？"慧能回答："佛性之理，非关文字能解，今不识字何怪？"① 此后，慧能还向在韶关北边乐昌的僧人远法师和惠纪学习坐禅。

可见，在慧能正式投师弘忍之前，已对佛法有所接触，特别是对于涅槃佛性的思想最感兴趣，体会也深。

咸亨五年（674），慧能三十七岁，跋涉千里到达黄梅东山（冯茂山）寺院，礼拜弘忍禅师。在慧能最初参谒弘忍时，弘忍问明来意后，问道："汝是岭南人，又是獦獠（按：对西南方从事渔猎和采樵居民的蔑称），若为堪作佛？"慧能回答："人即有南北，佛性即无南北，獦獠身与和尚不同，佛性有何差别？"② 意为人有南北之别，但佛性超越于南北，慧能虽不同于弘忍，然而同样具有佛性，也能成佛。弘忍听到其非同凡响的回答后，虽然很欣赏这位其貌不扬的岭南樵夫，决定收他为弟子，但当时并未立即表示，却派他到碓坊劳动。慧能在碓坊舂米、劈柴度过了八个多月。

据唐代王维《六祖能禅师碑铭》记述，当弘忍登座说法的时候，慧能也曾悄然前往聆听，"默然受教，曾不起予，退省其私，迥超无我"③。说明慧能在东山八个多月期间也曾从弘忍听法，对佛教义理是有所接受和思考的。

---

① 《曹溪大师传》。
② 敦煌本《六祖坛经》。
③ 《全唐文》卷三二七。

某日，弘忍让门下弟子作偈表述自己的禅修见解，打算选拔嗣法弟子。上座神秀，在寺院名望很高，经过反复思考，趁夜间悄悄地将自己的偈颂书写在南廊中间的壁上。偈曰：

身是菩提树，心如明镜台。

时时勤拂拭，莫使有尘埃。

意为修行者应爱护自己如"明镜"一样的心性，须时时检视和反省自己，专心致力修行，不断除去污染心性的妄念烦恼，使心性得以保持清净。对这一偈颂，弘忍并不认可，认为见解"只到门前"。

慧能虽不识字，但在碓坊听闻此偈后也"知未见性"，针对神秀主张勤修渐悟的偈，作了二偈请人写出：

菩提本无树，明镜亦无台。

佛性常清净，何处有尘埃。

心是菩提树，身为明镜台。

明镜本清净，何处染尘埃。①

慧能是站在般若性空的立场，认为身与心皆不可当作实有之物加以执着，从本质来说是空无所有的，人们先天秉具的佛性本来是清净的，哪有尘埃可染？后来的《坛经》皆保留前面一偈，然而把其中的第三句改为"本来无一物"。实际上，从般若学说来看，"佛性常清净"与"本来无一物"之间是没有根本差别的，

---

① 敦煌本《六祖坛经》。

"空"亦即"清净"①。

弘忍看到慧能的"心偈",表示赞赏,后来密唤慧能夜间到堂内向他讲授《金刚般若经》,特别是其中的"诸菩萨摩诃萨应如是生清净心,不应住色生心,不应住声香味触法生心,应无所住而生其心",又传授禅旨与"祖传袈裟"。此后,慧能谢别弘忍,回归南方。

从上述慧能的简历可知,慧能早年接触较多的是涅槃佛性理论与般若空、中观思想,并且善于把这两种思想结合起来思考人生和修行觉悟问题。他用自己对佛性的理解,取得弘忍弟子的资格;又用贯通空有,表述佛性清净的二首偈颂,争取到弘忍的传法授衣。

慧能后来以曹溪宝林寺为中心,聚徒传法近四十年。

现存《六祖坛经》是慧能一生经历和传法的集录,即使后世的诸本《坛经》有所补充和修订,应当说皆有根据,基本传承慧能生前一贯主张的禅法思想。

慧能从开始应请在韶州大梵寺说般若法,授无相戒,到根据弟子的不同情况传授禅法,主要依据和发挥的也就是大乘佛教的佛性论和般若空、中道不二的思想,注重启发弟子和信众认识佛在自性,通过自修自悟,达到"识心见性,自成佛道"。

(二)慧能禅法中的"佛性"和"本心""自性"

慧能在日常传法过程中,为了使一般民众容易理解接受,比

---

① 后秦鸠摩罗什译印度龙树著《大智度论》卷六十三:"诸法实相常净……是清净有种种名字,或名如法性实际,或名般若波罗蜜,或名道,或名无生无灭、空无相、无作、无知、无得,或名毕竟空等。""毕竟空,即是毕竟清净,以人畏空,故言清净。"

较少用"佛性"这个词,而是经常使用心、本心、自心和性、本性、自性等用语。例如《六祖坛经》上的"识心""识自本心,是见本性"以及"真如本性""性本清净""性含万法""自在法性""自性常清净""自心自性真佛""得悟自性"等。很明显,这里的心、本心、性、自性等都是佛性的代名词。慧能通过引导弟子和信徒认识自己具有与佛一样的本性,来确立通过自修达到解脱的信心。

《曹溪大师传》记载,在仪凤元年(676)慧能在广州制旨寺(当时名法性寺,即今南华寺)听印宗法师讲《涅槃经》,后来因"风幡之议"而得到印宗的礼敬,请慧能介绍弘忍传授何等言教时,慧能讲的主旨就是佛性的道理。他说,弘忍只论"见性",而不论"禅定解脱"等,因为这些都不是佛性之法,说:

> 佛性是不二之法,《涅槃经》明其佛性不二之法,即此禅也。……佛告高贵德王菩萨:善根有二,一者常,二者无常,佛性非常非无常,是故不断,名之不二;一者善,二者不善,佛性非善非不善,是故不断,名为不二。又云:蕴之与界,凡夫见二,智者了达其性无二。无二之性即是实性。明与无明,凡夫见二,智者了达其性无二。无二之性即是实性。实性无二。

慧能引述的《涅槃经》,大体上是取自北凉昙无谶译的《大涅槃经》卷二十二"高贵德王菩萨品"和卷八"如来性品"的有关部分。这段文字特别强调佛性是"不二"之法,并把它称之为"禅",反映了慧能禅法的重要特点。慧能在向信徒讲述佛性时,经常从"不二"的角度把人们在现实日常生活中发挥作用的心（神明、精神）与所称本具的清净佛性等同起来，把世俗社会与理想的彼岸世界、烦恼与菩提、众生知见与佛的解脱境界等相互沟通，让人们相信，不仅人人能够在现实世界成佛，而且并非遥遥无期。

慧能在曹溪传法，逐渐名闻遐迩，乃至上达朝廷。唐中宗特派中使薛简奉诏到曹溪迎请慧能入京传法。慧能以老疾辞谢，但应请为薛简概要讲授禅法，所讲也是以佛性思想为主旨。薛简听了后感叹地说：

> 大师，今日始知佛性本自有之，昔日将为大远；今日始知至道不遥，行之即是；今日始知涅槃不远，触目菩提；今日始知佛性不念善恶，无思无念，无知无作不住；今日始知佛性常恒不变，不为诸惑所迁。①

这段话比较集中地概括了慧能的佛性思想的要点：佛性永恒，人人具有；涅槃解脱之道就在现实生活之间；人们应修与空、不二的佛性相应的无念禅法，以消除心中一切善恶、取舍的观念。

（三）授"无相戒"和归依自性、"佛是自性作"

慧能的禅法以佛性理论为中心，以引导信众认识和觉悟自性为宗旨。那么，慧能是如何通过自己的传法实践引导信众认识自性，自修自悟呢？《六祖坛经》的主体部分是记述慧能应韶州刺史韦璩之请在韶州大梵寺说法。

慧能在向众人讲述了自己的经历后，先讲自己的"无念"禅

---

① 《曹溪大师传》。

法,接着向信众授"无相戒",包括引导信众归依三身佛、发四弘大愿、无相忏悔、归依三宝,最后是说般若波罗蜜法。在整个过程中,慧能始终围绕佛性问题。其中的授无相戒的部分,就是用信众熟悉的佛教法会仪式,形象地引导他们认识佛在自身、自性,引导他们确立自信,可以通过自修达到自悟。

无相戒、授无相戒,是慧能自己的创新提法。按照唐代道宣的戒律学说,戒有四科:戒法(泛指一切戒律)、戒体(通过受戒在心中形成的持戒意志和信念)、戒行(遵循戒律的言行)、戒相(持戒表现,也指五戒、十戒、具足戒等戒条内容)。[1] 慧能所授的无相戒不传授任何具体的"戒相",只是引导信徒认识自性(可理解为"戒体"),所以称无相戒。"无相"常用来指心,因为心无形无相,如《六祖坛经》中将神秀的传法偈称"心偈",又称"无相偈"。无相戒的全名应是无相心地戒。"心地"即"心",也就是佛性。实际上,慧能的无相戒是借用并发挥汉地传授大乘戒时普遍依据的《梵网经》中的思想成分。

《梵网经》,后秦鸠摩罗什译,也称《菩萨戒经》,其中说:佛"为此地上一切众生、凡夫、痴暗之人,说我本卢舍那佛心地中,初发心中常诵一戒:光明金刚宝戒,是一切佛本源,一切菩萨本源,佛性种子。一切众生,皆有佛性。一切意识色心,是情是心,皆入佛性戒中";"是一切众生戒,本源自性清净"。在《六祖坛经》中两次引用的是最后一句的省略句"戒本源自性清净"[2]。

慧能在引导信众归依三身佛时,带领他们一起跟着他连唱

---

[1] 杨曾文:《佛教戒律和唐代律宗》,载中国艺术研究院编辑:《中国文化》,1990年第3期。
[2] 以往《坛经》皆将"戒"误写为"我",作"我本源自性清净"。

三次：

> 于自色身归依清净法身佛，于自色身归依千百亿化身佛，于自色身归依当身圆满报身佛。

用意是叫人们认识：无论是佛的法身、报身还是化身，都在自身本性之中。他解释说，每人都有"自在法性"，但因为迷妄而认识不到。其实，人生来所具有的清净法性就是法身；自性的思量善恶的功能就是化身；持续念善将有善报，此为报身。如果能够认识自身具备佛的三身，那么"自悟自修，即名归依"。

接着，慧能带领信众发四弘誓愿，三唱：

> 众生无边誓愿度，烦恼无边誓愿断，法门无边誓愿学，无上佛道誓愿成。

词语与传统大乘四弘誓愿并无不同，但慧能作了新的解释：若要超度生死苦海，"不是慧能度""各于自身自性自度"；说"迷来正度，愚来智度，恶来善度，烦恼来菩提度"；断除烦恼是"自心除虚妄"；学无边法门，是"学无上正法"；成无上佛道，是远离迷妄，"自悟佛道成"。

慧能带领信众进行的无相忏悔也叫"自性忏"，并不忏悔任何违犯过的具体过错行为（所谓"无相"），只是通过忏悔这种形式在内心清除一切污染自性，可能导致犯具体罪过的"愚迷""憍诳""嫉妒"等杂恶之心，并且发誓永远不再有罪恶的言行。

最后是授无相三归依戒。本来佛教有归依象征佛教的"三宝"戒，即信徒入教或在重要的法会郑重表示"归依法，归依佛，归依僧"。但慧能在"三归依"之前特别加上"无相"二字，以表心性，即为心性的三归依戒。他在解释中说："归依觉两足尊，归依正离欲尊，归依净众中尊。"其中的"觉"代表佛，用自心的觉悟代替具有理想人格的佛；"正"代表"法"，用自心的正念代替三藏佛法；"净"代表"僧"，用自心的清净代替弘布佛法的僧。这样，外在的三宝变成了"自性三宝"："佛者，觉也；法者，正也；僧者，净也。"要求信众从"自心"归依"自性三宝"，做到少欲知足，离财离色；念念无邪，断除爱着；不生妄念，自性清净。他批评有的人日日受三归依戒，但却不知道应当归依自性的三宝。他说："自性不归，无归依处。"

慧能说般若波罗蜜法也与一般人的说法不同。"般若波罗蜜"意为借助智慧的力量使人从世俗世界的此岸到达觉悟解脱的彼岸。所依基本经典是《般若经》，当时最流行的是唐玄奘翻译的体现般若类经典"精要"的《般若心经》，主讲一切皆空，然而"色（按：意为物质现象）不异空，空不异色；色即是空，空即是色，受想行识（按：四者概指精神现象）亦复如是"，以及与此相伴的"不生不灭，不垢不净"的中道思想。但慧能讲般若之法是侧重讲心性问题。他说："心量广大，犹如虚空。""性含万法是大，万法尽在自性。"这是从心性是世界本原的角度讲的。同时又讲，心性虽不舍万法，不舍一切善恶诸法，但又"不可染著"，如能做到念念不愚，"常行智慧，即名般若行"。劝人修般若之行，说"一念修行，法身等佛"；"前念迷即凡，后念悟即佛"；"佛是自性作，莫向身外求。自性迷，佛即是众生；自性悟，众生即是佛"。人人的本性都有般若之智，应当经常"用智慧观照，于一切法不取不舍，即见性成佛道"。

对于佛在自性，佛与众生相即不二的关系，在唐惠昕本《坛

经》中有更突出、鲜明的表述,例如:

> 后代迷人若识众生,即见佛性;若不识众生,万劫觅佛难逢。吾今教汝识自心众生,见自心佛性。吾与汝说,后代之人欲求见佛,但识众生。只为众生迷佛,非是佛迷众生。自性若悟,众生是佛;自性若迷,佛是众生;自性平等,众生是佛;自心邪险,佛是众生。汝等心若险曲,即佛在众生中。一念平直,即是众生成佛。我心自有佛,自若无佛心,何处求真佛。汝等自心是佛,更莫狐疑。

此后契嵩本系统的《坛经》皆继承这种说法。

慧能强调"若识众生,即见佛性(按:佛性与如来藏、法身、真如同义)""欲求见佛,但识众生""自性若悟,众生是佛;自性若迷,佛是众生;自性平等,众生是佛;自心邪险,佛是众生",是立足于佛在众生自性的思想提出的。既然佛在自性,自然佛离不开众生,然而并非任何众生皆是佛,只有做到觉悟自性才是佛,而一旦迷于自性,佛便是众生。在这里,佛与众生之间没有不可逾越的鸿沟,关键在对自性是迷还是悟。

这些见解确实是以往佛教经典中没有见过的,确实是佛教中国化过程中产生的鲜明的创新思想,实际是将向对外求佛求法的信仰变成向自身自性的归依信仰,将追求解脱成佛的修行变成以"识心见性"为主旨的修心过程。

联系到慧能还引导信众修"十善",说"思量一切善事,便修于善行","邪来正度,迷来悟度,愚来智度,恶来善度,烦恼来菩提度"等,从而为将中国传统道德理念作为"善法"引进佛教搭建桥梁,使得禅宗的修心可以成为历练道德情操和提高道德品质的一种修养形式。

慧能还针对当时流行的"净土念佛"法门提出自己的见解。他认为劝人念佛，发愿往生西方净土（极乐世界）的做法是不值得提倡的。他说："迷者念佛生彼，悟者自净其心。""但行十善，何须更愿往生；不断十恶之心，何佛即来迎请？"如果自净其心，西方净土就在眼前。此是发前人之未发，言前人之未言。他强调自性觉悟清净、慈善，众生亦可成佛；否则即使往生西方净土者也无异于东方普通众生。后世禅宗提出的"唯心净土，自性弥陀"，即渊源于此。

慧能虽引导信众自悟，然而并不反对请教师友（善知识）的指导和帮助。他说当一个人"自迷"，尚未能自悟之时，应当找"大善知识示道见性"。

以上介绍的慧能说法，可以看作是慧能向一般信众"示道见性"的生动事例。重要的是要从求外在的善知识，转变为求内在的善知识，做到"以智慧观照，内外明彻，识自本心""识心见性，自成佛道"。

（四）"无念"禅法和顿悟

如何自修，如何实现"识心见性"呢？这要在生活日用中实践无念禅法。何谓无念禅法？敦煌本《六祖坛经》记载，慧能在大梵寺向信众开示佛法之初，就明白宣布：

> 我此法门，以定慧为本。第一勿迷言定慧别。定慧体不一不二，即定是慧体，即慧是定用；即慧之时定在慧，即定之时慧在定。善知识，此义即是定慧等。学道之人作意，莫言先定发慧，先慧发定……

> 我此法门从上已来，顿渐皆立无念为宗，无相为体，无住为本……

统观慧能的无念禅法，有两大特色：一是定慧无别，实际是以慧容摄于定；二是通过对无念、无相、无住的诠释，突破传统佛教禅法的修行次第和程式，扩展作为"思维修"的"禅"所需的条件和空间，寄禅道于"担水搬柴""锄地开田"等的日常生活之中。① 下面对此略加说明。

1. 关于"定慧等"

传统的禅法，无论是大乘禅，还是小乘禅，都主张"以禅发慧"，即通过坐禅观想来制服情欲，断除烦恼，引发智慧，目的是最后达到觉悟解脱。在这里，定（"心注一处"，三昧，或禅定）与慧（智慧）是分开的有先后次第的两种事物，只有在禅定进入一定深度才会产生智慧。

对此，慧能不予认可。他认为，定与慧是一个统一的整体，就好像灯与光的关系那样，两者是不可分的。他说定是慧之"体"，慧是定之"用"。当觉悟自性的时候，慧本身就是定，此时没有慧之外的定；同样，当修定的时候，慧就在定，没有定之外的慧。慧能实际是借批评"定慧各别"来反对口说佛教义理而不认真实践的现象，说"作此见者，法有二相：口说善（按：指慧），心不善（按：指定），慧定不等"。如果做到心口一致，也是做到"定慧即等"的表现。

---

① 后世禅宗对禅道在日用的说法常作灵活诠释和发挥，例如道胜、圆净所录《保宁勇禅师语录》载临济宗杨岐方会的嗣法弟子仁勇的禅语："古佛家风，随时展演，衲僧活计，在处施张，锄地开田，刈禾割草，烧火择菜，担水搬柴，沽醋买油，乞钱持钵，把船摇橹，拽石推车。"

神秀的弟子志诚奉神秀之命到曹溪，先是试探慧能的禅法主张如何，后来竟表示诚心归依。他应慧能的要求先介绍神秀平常所教示的"三学"——戒、定、慧，说："诸恶不作名为戒，诸善奉行名为慧，自净其意名为定。"这原是佛教自古传承的"七佛通戒"，是主张三学不等的。对此，慧能表示不应分别"立戒定慧"，解释说：

> 心地无非自性戒，心地无乱自性定，心地无痴自性慧。……得悟自性，亦不立戒、定、慧。……自性无非、无乱、无痴，念念般若观照，常离法相，有何可立？

其中的心地"无非""无乱""无痴"是指心（思想）的认识境界，可以说都是智慧的范畴。既然心里有此智慧，也就不分别设立戒定慧，它本身已经包容统摄了戒定慧。

2. 关于"无念""无相""无住"

大乘佛教的最高实体被称为诸法实相、真如、法性、佛性等，不仅认为是世界万有的本原和本体，也是修行者所应追求达到的悟境。真如佛性拥有无念（无所思虑、意念）、无相（无形无相）、无住（不停滞一处）的特点。大乘修行者也应取法于真如佛性，达到与其相应的精神境界。这种思维方式与儒家取法于"天"，道家取法于"道"可以说有相似之处。然而慧能在对无念等的解释是独具特色的。这就是始终贯彻着中道不二的精神，简单来说就是无念而不离于念，无相而不离于相，无住而不离于住。

下面让我们看看敦煌本《六祖坛经》所载慧能的解释。

> 何名为相无相？于相而离相。无念者，于念而不念。无

住者，为人本性，念念不住，前念、今念、后念，念念相续，无有断绝，若一念断绝，法身即离色身。念念时中，于一切法上无住；一念若住，念念即住，名系缚。于一切法上念念无住，即无缚也。此是以无住为本。善知识，外离一切相，是无相。但能离相，性体清净，是以无相为体。于一切境上不染，名为无念。于自念上离境，不于法上生念。若百物不思，念尽除却，一念断即死，别处受生。……是以立无念为宗，即缘迷人于境上有念，念上便起邪见，一切尘劳妄念从此而生。……无者，离二相诸尘劳；念者，念真如本性。真如是念之体，念是真如之用。自性起念，虽即见闻觉知，不染万境，而常自在。

何名无念？无念法者，见一切法，不著一切法；遍一切处，不著一切处，常净自性，使六贼（按：指眼耳鼻舌身意六识）从六门（按：眼耳鼻舌身意六根）走出，于六尘中不离不染，来去自由，即是般若三昧，自在解脱，名无念行。若百物不思，当令念绝，即是法缚，即名边见。悟无念法者，万法尽通；悟无念法者，见诸佛境界；悟无念顿法者，至佛位地。

可见，在无念、无相、无住当中，无念是个总概念。无念不是要求人们远离现实日常生活去闭目塞听，什么也不想，什么也不念，而是照样生活在现实社会之中，但要求对任何事物都不产生贪取或舍弃的念头，没有执意的是非、善恶等意念，即所谓"即见闻觉知，不染万境"。无念所要否定的是把事物的两个方面看作彼此绝对对立的见解；这种念是以真如本性为体的，而不是连真如本性也不念。如果认为无念就是取消一切思虑，那么，"一念断即死"，此时的"法身"（相当于"神明"，指灵魂）就离开身体，就是死亡。慧能说传授这种禅法是违背和诽谤经法的。至于无相，就是不执着于名相（语言概念，形象）；无住，是对事物不执取固定的见解和产生特定的心理趋向。实际上，二者为无念所包含。

无念不仅是指导坐禅的原则和方法，而且是修行所应达到的最高精神境界，即所谓"悟无念顿法者，至佛位地"。对此，慧能的弟子神会说得更加明确，在唐独孤沛编录的《南宗定是非论》中记载他如下禅语：

云何不取于相？所谓如如。云何如如？所谓无念。

起心既灭，觉照自亡，即是无念。是无念者，即无一境界。如有一境界者，即与无念不相应。

这里讲的无念与所谓真如实相等完全是契合的，是一种至高觉悟的精神境界。

用无念的观点来看禅定，是怎样的呢？慧能认为，禅定无须固定的条件、程序和方式，不管是在家还是出家，只要直探心源，没有执着、杂念，那么一切时候和场合都是坐禅，都是禅修。他说：

此法门中一切无碍，外于一切境界上，念不起为坐，见本性不乱为禅。何名为禅定？外离相曰禅，内不乱曰定。外若著相，内心即乱；外若离相，内性不乱。本性自净自定，只缘境触，触即乱，离相不乱即定。外离相即禅，内不乱即定。外禅内定，故名禅定。

这样，禅定已经不是传统佛教原来意义上的禅定了，坐禅既无须特定环境、次第和程式，也不一定采取坐相。其实，"念不起""见本性不乱"以及"外离相"（领悟外境空，不执着于外物）、"内不乱"（内心空寂清净、断除分别和贪爱的杂念），都是所谓无念的内涵，是特有的一种认识境界。提出这种解释，无非是要求修行者应当坚信佛在自性，即心是佛，而不受周围环境的任何影响。

禅宗四祖道信依据《楞伽经》提倡"修心"第一，又据《文殊说般若经》提倡"一行三昧"。所谓"一行"是连续修持的意思，"三昧"是禅定。"一行三昧"是要求在连续修持禅定中从念佛观佛开始到观"法界一相"，即"诸法性空"、空、毕竟空。

慧能虽也提倡一行三昧，但在解释中有新的发挥。他依据《维摩经·佛国品》中的"直心是菩萨净土"，《菩萨品》的"直心是道场"的经文，提出：只要"常行直心"，那么在任何时候，进行任何活动，都可以说是在修持一行三昧。他说："一行三昧者，于一切时中行住坐卧，常行直心是。""于一切法上无有执著，名一行三昧。"什么是"直心"？就是坦诚正直之心，就是对一切无所好恶取舍之心，也就是慧能反复强调的无念。如果能行此"直心"，保持无念，那么在生活日用当中的一切活动，行住坐卧、担水搬柴都是坐禅，也是菩提之道的所在。如此就寄禅道、禅修于日常生活之中了。正如他的弟子玄觉在《永嘉证道歌》所唱的那样："行亦禅，坐亦禅，语默动静体安然。"

慧能对北宗的静坐"观心看净"的禅法进行批评，说他们所看的"心"是"妄"心，本无形象可看，看即是妄；所看之"净"本无形象，却硬立个"净相"去看，反而受缚。结论是："不见自性本净，起心看净，却生净妄。"这样的禅法不仅不能引导人们达到解脱，反而阻碍达到解脱。

慧能称自己的禅法是"无念顿法"或"顿教法"。那么，顿教的含义何在？北宗神秀、普寂等人的禅法以"观心看净"为中心。主要是要求修行者专心坐禅，首先观察自心具有"净心"（真如之心）与"染心"（无明）两个方面，前者是成佛的内在依据，但被后者覆盖，使人流转于生死，然后通过观心修行，断除无明污染的方面，使真如之心显现达到解脱。① 这种禅法是以心与身、净与染等名相的对立为前提的，而且在观心过程中也是严格按照前后程序进行的。② 慧能认为这种劝人修持"不动""观心""看净"的禅法"障自本性"，是见解迟钝的人修持的禅法。慧能的禅法的"顿"就顿在不二法门上。如前面引证过慧能所说的"佛性是不二之法"以及种种关于不二的说法，还有他在死前特别教授弟子的"三科法门""三十六对"的说法方式，都要求人们在事物对立两方的融通联结上看待世界万物，看待修行解脱问题。在这里，身与心、净与染、烦恼与菩提、生死与解脱、众生与佛等，都是相即不二、彼此融通的。显然，取消差别、次第的观念就是与真如佛性相契合的无念境界。唐惠昕本

---

① 北宗禅法语录敦煌写本《观心论》《大乘无生方便门》。
② 杨曾文：《神秀所著"观心论"及其禅法思想》，载《隋唐佛教研究论文集》，三秦出版社，1990 年。

《六祖坛经》记载，慧能曾表示："无二之性是名实性。于实性上建立一切教门。"如果修行者能认识自己的本性，那么立即就达到觉悟，此为"顿悟"，所谓"顿见真如本性""一悟即至佛地"。

总之，慧能主张人人都有佛性，强调自修自悟，反对向身外追求解脱，提出没有固定程式的无念禅法，寄坐禅于生活日用之中，认为人们如果能领悟清净的自性，就达到解脱，此即"识心见性，自成佛道"。

五、《六祖坛经》为后世禅宗奠定禅法基础

慧能创立的禅宗南宗在唐朝后期传播迅速，并发展成为禅宗的主流，到唐末五代时期，从中产生五个流派，即从南岳怀让的法系形成临济宗、沩仰宗；从青原行思的法系形成曹洞宗、云门宗和法眼宗。此即禅门五宗，或称禅门五家。从此，中国禅宗进入五宗迭兴，相继盛行的时期。在五宗当中，流传时间长并且影响也大的有临济宗、曹洞宗和云门宗。

唐朝在"安史之乱"以后，藩镇割据日益严重，中央政府直接控制的范围越来越小。从由降唐的安、史旧将占据的河朔三镇（今河北、河南和山东一带地方），到内地不少州镇，名义上归属朝廷，实际上是割据一方独立王国，如《旧唐书》卷一四三《李怀仙传》所说："文武将吏，擅自署置，贡赋不入于朝廷。虽称藩臣，实非王臣也。"由于"均田制"的破坏，土地兼并愈演愈烈。在政治日益腐败的情况下，以垦田面积和户等高下缴纳赋税

的"两税法"在实行中弊端日增,广大农民承受的赋税杂税和差役极其繁重,生活极端贫困和痛苦。在这种情况下,有很多农民失去土地,或是沦为佃户、庄客,或是逃亡山海。从9世纪中叶以后,不断发生农民起义,其中规模较大的有裘甫领导的浙东农民起义(859~860),由庞勋领导的桂林戍卒起义(868~869),而由王仙芝、黄巢先后领导的农民起义(874~884)规模最大,转战遍及今十二省区,一度攻占洛阳、长安,虽然最后失败,但唐王朝的统治基础已被基本瓦解,从此名存实亡。唐朝在平定农民起义过程中,曾利用各地藩镇的力量,从而导致掌握军政大权的新旧藩镇数量和势力大增,它们割据于全国,互相兼并,纷纷称王称帝,最后形成长达五十多年的五代十国的分裂局面。

朱全忠(朱温)在907年灭唐称帝,国号梁(史称后梁),建都汴(今河南开封),占据北方大部地区。此后,李存勖建后唐,都洛阳;石敬瑭建后晋,都汴;刘知远建后汉,都汴;郭威建后周,都汴,所占也主要在中原地区。这五个相继兴替的王朝,史称五代。在中国南方和其他地区,先后出现割据于一方的政权有吴、南唐、吴越、楚、闽、南汉、前蜀、后蜀、荆南(南平)、北汉等,史称十国。其中除北汉占据今山西、河北和陕西部分地区外,其他皆在南方。直到960年赵匡胤代后周称帝,建立宋朝之后,才先后灭除南唐、吴越和北汉等割据政权,最后结束了五代十国的分裂局面。

禅宗在唐末兴起的过程中得到各地军政官员以至藩镇的支持。同样,在禅门五宗的成立和发展过程中也得到他们的支持,其中在进入五代之后成立的云门宗、法眼宗分别得到南汉、南唐的国主和官员的支持。

在五个禅宗宗派中,临济宗发源地在现在的河北省正定县,沩仰宗的发源地和传法中心在现在的湖南省宁乡市、江西省宜春市,曹洞宗在江西省宜黄县、宜丰县,云门宗在广东省乳源县,法眼宗在以江苏省南京市为中心的江苏一带。

进入宋代,沩仰宗最早失去传承,法眼宗、云门宗曾盛行一时。然而至北宋后期,法眼、云门二宗也逐渐趋于衰微,临济宗和曹洞宗继之兴起。到11世纪前半叶,从临济宗黄龙慧南的法系形成临济宗黄龙派,从临济宗杨岐方会的法系形成临济宗杨岐派。从此,禅宗有了"五家七宗"之称。所谓"五家七宗",即临济宗、沩仰宗、曹洞宗、云门宗、法眼宗五家,外加临济宗的黄龙派和杨岐派成"七宗"。进入南宋之后,临济宗黄龙派衰微而杨岐派走上独盛,与曹洞宗作为禅宗的代表一直流传至今。

禅门五家七宗在向社会各阶层传法过程中,皆继承和发挥记述慧能传法语录《六祖坛经》阐释的顿教禅法思想,虽在传法过程形成各具特色的"门庭施设",然而在根本见解上并没有严格的差别。前面所概要指出的禅宗主要特色,诸如:主张"佛在自性",强调自信、自修、自悟和禅在日用;现实主义风格和传统——佛法在世间,成佛先修德;重视"修心",倡导道德修养、"明心见性"等,可以说皆源自《六祖坛经》。

宋代云门宗契嵩在其《六祖大师法宝坛经赞》中赞颂说:

> 夫至人(按:慧能)者,始起于微,自谓不识世俗文字;及其成至也,方一席之说而显道救世,与乎大圣人之云为者,若合符契也。固其玄德上智,生而知之,将自表其法

而示其不识乎？殁殆四百年，法流四海而不息。帝王者、圣贤者，更三十世求其道而益敬。

应当说是如实反映了慧能在禅宗的崇高神圣地位和巨大影响，所谓"殁殆四百年，法流四海而不息""帝王者、圣贤者，更三十世求其道而益敬"，正说明慧能禅法思想在禅宗界乃至社会各阶层之中受到尊崇和欢迎的情况。

此后，元代将契嵩本《坛经》刻板印行并托商人送给高丽友人"嘱以流通"的德异，在其《六祖法宝坛经序》中说：

> 一门深入，五派同源，历遍炉锤，规模广大，原其五家纲要，尽出《坛经》。

> 夫《坛经》者，言简义丰，理明事备，具足诸佛无量法门。一一法门，具足无量妙义；一一妙义，发挥诸佛无量妙理。

德异认为禅门五宗皆从顿教法门深入"悟佛心宗"，虽分为五个禅派，然而细究它们的禅法纲要，皆源自《坛经》。为什么会这样呢？据称《坛经》"言简义丰，理明事备，具足诸佛无量法门"，能为丛林禅僧阐释佛法，向信众"示道见性"，提供奥妙义理的依据和广阔的发挥空间。

元代以后广为流行的宗宝本《坛经》的卷首皆载有契嵩的《六祖大师法宝坛经赞》和德异的《六祖法宝坛经序》。这表明了宗宝本人对这两篇序的赞同和重视，及当时佛教界和广大信众对《六祖坛经》的欢迎和尊崇。

敦煌本《坛经》的佛经引述及其在慧能禅法中的意义

一、周绍良先生和敦煌新本《六祖坛经》

《六祖坛经》记载慧能的生平事迹和传法的语录,是中国人佛教著作中唯一被奉为"经"的重要禅宗文献。从唐至元,相继有多种《坛经》写本或版本出世,然而现存最接近原始《坛经》的本子("祖本")当推20世纪20年代从敦煌遗书中发现的敦煌本《坛经》。

迄今为止,属于敦煌本的《坛经》已发现多种,其中完整的有英国伦敦大英博物馆收藏的S5475号抄本(以往通称敦煌本)、敦煌市博物馆收藏的77号本(称敦博本或敦煌新本),还有残存篇幅较大的北京本(旧编:冈48号;新编:北8024号背面)以及中国国家图书馆收藏的一枚残片(有77号)、原藏于旅顺博物馆长期被认为"下落不明"而被发现后于2011年整理出版的《坛经》(旅博本、旅顺博物馆藏敦煌本)[①]。可以说,根据这些抄本或照片能够校订出一个比较好的敦煌本《坛经》。

这里应当特别指出,著名敦煌学、佛学和文史学者周绍良先

[①] 郭富纯、王振芬整理,上海古籍出版社2011年出版《旅顺博物馆藏敦煌本六祖坛经》,将原本图版与录文对应刊出。

生（1917～2005）对敦煌市博物馆收藏的敦煌新本《坛经》的再次发现是有重大贡献的。

所谓敦煌新本，原是敦煌名士任子宜先生的收藏本。他在1935年于敦煌千佛山的上寺发现一件抄本，上面书写唐代禅宗六祖慧能弟子神会的语录《菩提达摩南宗定是非论》（卷首缺）、《南阳和上顿教解脱直了性坛语》、《南宗顿教最上大乘坛经》以及北宗神秀门人净觉《注般若波罗蜜心经》、神会《南宗定邪正五更转》及五言律诗一首。

其中的《南宗顿教最上大乘坛经》就是现在所说的敦煌新本《六祖坛经》。

1943年著名历史学者向达教授（1900～1966）到敦煌访查古写经时，曾在任子宜处见过这个抄本，并且做了抄录。他在此后写的《西征小记》（后收入他的《唐代长安与西域文明》[①]）中首次向世人介绍过这个抄本，引起学者极大兴趣。他的抄录本也辗转被学者借去抄录做研究使用。日本禅宗学者柳田圣山教授（1922～2006）在研究禅宗早期文献中做出很多贡献。他从《西征小记》中得知向达教授曾在任子宜处看到敦煌新本《坛经》，对这一写本重新出世抱有强烈的期待，曾多方托人打听它的下落，然而皆无所获。

1986年周绍良先生应邀参加敦煌吐鲁番学会成立大会，在参观敦煌市博物馆时从展柜中发现一本手写《坛经》，请管理者提出来检视，想不到就是当年任子宜的收藏本。周先生回到北京

[①] 向达：《唐代长安与西域文明》，生活·读书·新知三联书店，1957年。

后，请邓文宽先生专程到敦煌市博物馆借出拍照带回，经仔细与伦敦大英博物馆收藏的敦煌本对比研究，发现据此可校订敦煌本的许多错讹或遗漏。

同年，中国社会科学院世界宗教研究所的几位同仁在任继愈教授的主持下准备编印《中国佛教丛书·禅宗编》。周绍良先生得知此事，慷慨地将敦煌写本禅宗文献照片提供给编辑组使用。其中就有敦煌新本《六祖坛经》。此后，笔者即以此为底本校写出《敦煌新本六祖坛经》，1993年由上海古籍出版社出版。周绍良先生应请为此书写序，其中谈到了任子宜本《六祖坛经》的发现和再次出世的经过。1997年，周绍良先生将自己校勘的敦煌新本题以《敦煌写本坛经原本》同研究论文一起交由文物出版社出版，书前将当时已发现的五种敦煌本《坛经》的完本或残叶的照片一并发表，为国内外学者研究敦煌本《坛经》提供了极大方便。

笔者写到这里，内心对周先生怀有无限敬意和感激之情。周先生重新发现敦煌新本《六祖坛经》并慷慨地提供给学术界使用，对推动中国学术界对敦煌本《坛经》的校勘和研究，对促进禅宗早期文献的研究，做出了重大贡献。

二、敦煌本《坛经》引述的佛经

笔者于2001年在上海古籍出版社1993年出版的《敦煌新本六祖坛经》的基础上，依据前述诸种抄本，对《坛经》重做校订，题以《新版敦煌新本·六祖坛经》，承蒙宗教文化出版社予以出版。

慧能的禅法思想在《坛经》中有比较系统的论述，影响极为深远。慧能开创的南宗在唐末五代已经成为中国禅宗的主流，从中相继形成禅门五宗，然而它们传授的"顿教"禅法可以说无不源自《坛经》，正如元代德异在其改编的《坛经》之序中所说："一门深入，五派同源，历遍炉锤，规模广大，原其五家纲要，尽出《坛经》。"

慧能确实不识字，然而能够说他的禅法思想全部是独自"顿悟"或苦思冥想出来的吗？没有引述任何佛经做依据吗？当然不能。那么，慧能在传法过程中曾经引述过哪些佛经？他对这些佛经做过怎样的解释和发挥？在他的禅法思想体系中，这些佛经具有怎样的意义呢？

笔者依据敝校《新版敦煌新本·六祖坛经》对此做重点考察和概要介绍。

在敦煌本《坛经》中引述佛经的语句和思想的方式有两种：一种是标明佛经题目的直接引述；另一种是没有标明佛经题目的间接引述。

从敦煌本《坛经》的语句构成及其思想内容来看，虽然直接引述的佛经不是很多，然而这些引述的内容在慧能禅法思想中占有重要地位；至于后者，即间接引述的佛经语句和思想也许数量相当多，但是除极少数语句外，能够确切地辨明取自于何种经典的却很少，有很多只是作为佛教常用语句和思想被广泛运用。

敦煌本《坛经》中标明经题引述的佛经有《摩诃般若波罗蜜经》（也称之为《般若波罗蜜经》）、《金刚般若波罗蜜经》（简称《金刚经》）、《维摩经》（《维摩诘经》，也称《净名经》）、

《妙法莲华经》(《法华经》《法华》),皆为后秦鸠摩罗什译,另外还有《菩萨戒经》(即《梵网经》),也是鸠摩罗什译。

现据敝校、宗教文化出版社2001年出版的《新版敦煌新本·六祖坛经》,用表将《坛经》中提到的这些佛经名称的次数及引述经文情况表示如下:

经 名	经名异称	经名出现次数	页 数	既引经题又引经文的页数
摩诃般若波罗蜜经	般若波罗蜜经	2	题目、34	无
金刚般若波罗蜜经	金刚经	6	7、12、15、33	12
维摩经(维摩诘经)	净名经	4	17、20、22、35	17、20、22、36
菩萨戒经(梵网经)		2	22、35	22、35
妙法莲华经	法华经、法华	15	54、55、56	55

应当指出,尽管《坛经》只是引述《摩诃般若波罗蜜经》的经名而没有直接引述它的经文,然而《坛经》中某些重要词语和思想却是来自此经,例如自性、本性、性空、无念、无相、无住,乃至世界虚空等即来自此经,当然这类语句在别的般若类经典和论述中也有。

在没有标明经名而只引述经文或重要用语的佛经,可以清楚判断出来的有如下几种:

(一)《大涅槃经》

《曹溪大师传》记载慧能在到黄梅参谒五祖弘忍之前路过曹

溪期间，与村人刘志略结义为兄弟，每天夜里听刘志略姑母无尽藏比丘尼读诵《涅槃经》，对佛性的道理感悟尤深，甚至可以向无尽藏讲解。然而这个情节在敦煌本《坛经》中却没有记载。不过，慧能在初参弘忍时所说"人即有南北，佛性即无南北……"的话，可以断定是据《大涅槃经》卷七《如来性品》的"一切众生，悉有佛性"，卷二十八《师子吼品》的"一切众生，乃至五逆、犯四重禁及一阐提，悉有佛性"① 等基本思想临场加以发挥的。

（二）《维摩经》

除前面表中提到的标明经题引述以外，慧能在向韶州刺史韦璩讲述如何理解"常念阿弥陀佛，愿往生西方"过程中，说："所以佛言：随其心净则佛土净。"这句"随其心净则佛土净"是出自《维摩经》卷上的《佛国品》。至于在批评有人主张坐禅"坐不动"时所说"若坐不动时，维摩诘不合呵舍利弗宴坐林中"，是取自《维摩经》卷上《弟子品》中所载维摩诘菩萨批评佛的弟子舍利弗"宴坐树下"禅观，谓"唯，舍利弗，不必是坐为宴坐也……"的内容。②《坛经》中的大量使用的"直心"，也取自此经。

（三）《文殊说般若经》

慧能在讲"定慧一体不二"时连续五次提到"一行三昧"。"一行三昧"原出于《文殊说般若经》，全名是《文殊师利所说

---

① 《大正藏》卷十二，第407页中、第534页下。"五逆"，指害母、害父、害阿罗汉、恶心出佛身血、破僧五者；"四重禁"，指犯淫、盗、杀人、大妄语四种重戒；"一阐提"，谓善性灭绝的恶人。
② 《大正藏》卷十四，第539页下。

摩诃般若波罗蜜经》，是由南朝梁曼陀罗仙译的。"一行三昧"也叫"一相三昧"，是一种禅法，教人在禅观中从观想一佛开始，到观察世界万有无差别的"一相"（实相），达到对世界空寂平等的认识。然而慧能将这一行三昧简单地解释为"一切时中行住坐卧，常行直心""于一切法上无有执著"。

（四）《阿弥陀经》

慧能对韦璩解释往生西方净土时说："世尊在舍卫城说西方引化，经文分明，去此不远……"在"净土三经"中，《无量寿经》谓"佛住王舍城"，《观无量寿经》谓"佛在王舍城"，只有后秦鸠摩罗什译《阿弥陀经》谓"佛在舍卫国"宣说此经。可见，慧能是据《阿弥陀经》来发挥他的净土见解的。当然，慧能并不是按原经的语句来解释阿弥陀佛净土信仰的，而是根据自己的顿教禅法对此做创新解释和发挥，断言"迷人念佛生彼，悟者自净其心"，实际是主张"唯心净土"。

（五）《楞伽经》

慧能为僧俗信众作的《无相颂》第一句是"说通及心通，如日处虚空"。其中的"说通"与"心通"，即取自南朝宋求那跋陀罗译《楞伽经》卷三所载，"宗通"是佛"自得胜进相，远离言说、文字、妄想，趣无漏界自觉地自相，远离一切虚妄觉想"，是指佛、菩萨所达到的超言绝相的觉悟境界，相当于佛心、佛性、第一义谛；而"说通"则是"谓随众生心之所应，为说种种众具契经"，是佛适应众生的根机和需要运用语言文字宣述的各种教法。此外，慧能在说"三科法门，动用三十六对"名相时，提到藏识、转识，也当出自《楞伽经》。当然，在其他唯识经典中也有这两个用语。

再仔细查找，也许还可以找到引用的别的佛经。然而《坛经》中使用的其他大量佛教常用词汇、概念，例如坐禅、禅定、智能、真如、法身、报身、化身、菩提、法界、五阴、十八界、十二入等，很难说是取自特定的哪一部经。

三、"摩诃般若波罗蜜法"与慧能的顿教禅法

《六祖坛经》开头第一句话是：

> 慧能大师于大梵寺讲堂中，升高座，说摩诃般若波罗蜜法，授无相戒。

这正是《坛经》全文的主要内容，也是慧能借以宣述他的顿教禅法体系的两大组成部分。正是这两大部分构成《坛经》的主体。慧能通过宣说以"诸法性空"与中道思想为中心的"摩诃般若波罗蜜法"，巧妙地灵活地阐释了他的顿教禅法；借助授"无相戒"这种独特形式，生动地发挥和贯彻《大涅槃经》"一切众生，皆有佛性"的思想，让僧俗信众相信"佛在自性"，以建立自修自悟，"自成佛道"的信心。

《坛经》记载，慧能在大梵寺向僧俗信众开始说法的时候，首先要求信众"净心念摩诃波罗蜜法"，然而接着是向信众讲述自己的家世，北上黄梅求法的经过，在讲完自己从五祖弘忍受法南归之后，才开始讲般若波罗蜜法。他虽称是说摩诃般若波罗蜜法，但实际上却没有直接引述《摩诃般若经》的经文，而是根据自己对佛教义理和修行方法的理解，会通般若空义和佛性理论，

提出了自己比较系统的顿教禅法理论。在这个过程中，他一再提到《金刚般若经》，并引述《维摩经》《菩萨戒经》的经文。慧能在说"摩诃般若波罗蜜法"的名义下所阐述的顿教禅法理论有以下几方面的内容：

1. 世人皆有"般若之智"，皆有佛性，只是因为"心迷"不能自悟，"迷即为愚，悟即成智"；并且明确地说："佛是自性作，莫向身外求。自性迷，佛即是众生；自性悟，众生即是佛。"①

2. 以定慧为本，"定慧体一不二"，反对"先定发慧，先慧发定，定慧各别"②。

3. 禅定没有特定的形式和程序次第，"外于一切境界上，念不起为坐，见本性不乱为禅"；又说"外离相曰禅，内不乱曰定"。《文殊说般若经》提出的所谓"一行三昧"也没有固定程序，"于一切时中行住坐卧，常行直心是"③。

4. 摩诃般若波罗蜜法的要义是：世界一切事物和现象（"万法"）皆在自性之中，然而从本质来看，一切皆空，如同"世界虚空"那样。因此，对任何事物皆不可"染著"。"著境生灭起，如水有波浪，即是为此岸；离境无生灭，如水永长流，故即名到彼岸。"如果认定外境实有，有所好恶，产生追求或弃舍之意，便在生死轮回中流转；反之，如果体悟诸法性空，不再执着于外境事物，便可超脱生死轮回，到达解脱的彼岸。若能领悟般若之法，"即是无念，无忆，无著"。强调"莫起杂妄，即自是真如

---

① 《新版敦煌新本·六祖坛经》第17、45页。
② 《新版敦煌新本·六祖坛经》，第17页。
③ 《新版敦煌新本·六祖坛经》，第17页。

性。用智慧观照,于一切法不取不舍,即见性成佛道"①。

要修"般若波罗蜜行",想要入"甚深心法界",达到"见性入般若三昧",应当修持《金刚般若波罗蜜》。然而又说,人的"本性自有般若之智,自用智慧观照,不假文字"②。

5. 禅法以"无念为宗,无相为体,无住为本"。所谓无念是"于念而不念",无相是"于相而不离相",无住是"念念时中,于一切法上无住"③。意为不是要求绝对地不思想,不接触外界事物,不产生任何念头,而是在日常生活中对任何东西都不产生特定的贪求或舍弃的念头,做到无为自然。

6. 反对北宗的"看心""看净"的禅法,认为"心原是妄,妄如幻故""净无形相,却立净相"④,看心看净必然有碍于领悟自性。

据上所述,慧能是以说"摩诃般若波罗蜜法"的名义将他的南宗顿教禅法公诸于世的。实际上,他的顿教禅法绝不局限于般若空宗的范围之内,而是用大乘的中道不二的思维模式将大乘有宗的佛性思想与般若空义有机地结合起来,要求既体悟一切事物本性"空寂""本源空寂",又要认识"性含万法",避免"无记空",做到对外"于相离相",对内"于空离空"。慧能顿教禅法体系中的"无念""无相""无住"等概念,也都超越了般若类经典中这些概念原有的意义,皆含有融通空有、性相不二的意

---

① 《新版敦煌新本·六祖坛经》,第31、32页。
② 《新版敦煌新本·六祖坛经》,第33、34页。
③ 《新版敦煌新本·六祖坛经》,第19页。
④ 《新版敦煌新本·六祖坛经》,第21页。

义，所谓"无者，离二相（按：有与空、生与灭、常与断等）诸尘劳；念者，念真如本性""自性起念，虽即见闻觉知，不染万境"①。

这种表述，在《摩诃般若经》等般若类经典中是没有的，应当看作是慧能对佛法的创新见解。在般若类佛典中，"无相""无念""无住"是对所谓"有为法"和"无为法"所具"空性"的不同描述，是讲一切事物和现象从本质上空无形象，无有所念，并且没有"生、灭、住"的状态，如《摩诃般若经》卷十二，我空净，一切空净，"佛言：无相无念故"；卷二十七，"诸法无念"；卷二十二，"一切种智无所有，无念，无生，无示"；"一切法实无有相，无色无形无碍，一相，所谓无相"；卷五，"一切法无住相……譬如法性不生不灭"②……既没有以"无念、无相、无住"作为修行者思想和行为的准则，也不蕴含与作为成佛内在依据的佛性相会通的意思。

然而应当指出的是：慧能的禅法从总的倾向来看，所具基于般若空义的"中观"思想色彩似乎更加浓厚。例如慧能强调的"无念法者，见一切法，不著一切法；遍一切处，不著一切处……于六尘中不离不染，来去自由，即是般若三昧，自在解脱，名无念行……悟无念法者，万法尽通；悟无念法者，见诸佛境界；悟无念顿法者，至佛位地"③。这也就是所谓"识心见性"或"见性成佛道"。因此慧能将自己的禅法笼统地称为"摩诃般

---

① 《新版敦煌新本·六祖坛经》，第19、20页。
② 《大正藏》卷八，第307页中、423页中、378页上、382页下、260页中。
③ 《新版敦煌新本·六祖坛经》，第37、38页。

若波罗蜜法",是有道理的。正因为这个原因,后世也把禅宗简单地称为"空宗"。①

四、《维摩经》和慧能对"直心""本心"等的发挥

在敦煌本《六祖坛经》中引用最多的佛经就是后秦鸠摩罗什译的《维摩经》(又称《净名经》),标明经题引述的经文有四段,即:

《净名经》云:直心是道场,直心是净土。
《维摩经》云:外能善分别诸法相,内于第一义而不动。
《维摩经》云:即时豁然,还得本心。
《净名经》云:即时豁然,还得本心。

此外,《坛经》还有两处没有标明经题而引述《维摩经》:一是在慧能对韶州刺史韦璩讲述西方净土时,引述过"随其心净则佛土净"。这句话出自《维摩经》卷上《佛国品》。二是引述《维摩经》卷上《弟子品》所说维摩诘批评舍利弗在林中坐禅的一段话,慧能说:"道须通流,何以却滞?心不住法,道即通流,住即被缚。若坐不动是,维摩诘不合呵舍利弗宴坐林中。"

联系上述引文所在的位置和被用来阐述的问题,证明这些引文在慧能禅法中是具有重要意义的。

(一)直心与一行三昧、无念

"直心"在《维摩经》中出现多次。卷上《佛国品》说:

---

① 宋惠洪《禅林僧宝传》卷二十一《慈明楚圆传》:"仁宗皇帝尤留神空宗。"卷二十九《佛印了元传》:观文殿学士王韶,出守南昌,"以久帅西塞,滥杀罚,留神空宗,祈妙语以澡雪之"。

"当知直心是菩萨净土,菩萨成佛时不谄众生来生其国;深心是菩萨净土,菩萨成佛时具足功德众生来生其国;菩提心是菩萨净土,菩萨成佛时大乘众生来生其国……"又说布施、持戒、忍辱等六度及四无量心、四摄法、三十七道品,乃至十善等,皆是"菩萨净土"。此后说:"菩萨随其直心,则能发行;随其发行,则得深心;随其深心,则意调伏……"在《菩萨品》:"直心是道场,无虚假故;发行是道场,能办事故;深心是道场,增益功德故;菩提心是道场,无错谬故……"① 从上下文看,所谓"直心"就是正直之心、不谄谀人之心、没有虚假的诚实之心。经文的意思是说,大乘菩萨应当以此直心来修行,并且以此直心去教化众生,"成就众生",这样才能取得自己的佛国净土。同样,菩萨也应修持"六度"、四无量心(慈悲喜舍)等,以教化成就众生,建立净土。从这个意义上说,直心等皆是菩萨净土。同是鸠摩罗什译的《文殊师利问菩萨经》记述文殊菩萨的话说,"菩萨道"是以"大悲为本",而大悲以"直心为本",直心以"于一切众生等心为本"。在这里是说,直心是以平等地看待一切众生为基础。后秦僧肇的《维摩诘经注》卷一《佛国品》载僧肇之注曰:"直心者,谓质直无谄,此心乃万行之本。"卷四《菩萨品》载僧肇注曰:"直心者,谓内心真直,外无虚假,斯乃基万行之本,坦进道之场也。"② 僧肇是鸠摩罗什的弟子,他将"质直无谄""内心真直,外无虚假"作为直心的基本内涵,并且认为是一切修行的基础。

---

① 《大正藏》卷十四,第538页中、542页下。
② 《大正藏》卷三十八,第335页中、363页下。

那么，慧能是如何理解和运用"直心"这个概念呢？慧能在说法中把它与"一行三昧"等同，从其所蕴含的意思来看，与慧能禅法中的"无念""无住"等也十分相近。他说：

> 一行三昧者，于一切时中行住坐卧，常行直心是。《净名经》云：直心是道场，直心是净土。莫行心谄曲，口说法直，口说一行三昧，不行直心，非佛弟子。但行直心，于一切法上无有执著，名一行三昧。迷人著法相，执一行三昧，直言坐不动，除妄不起心，即是一行三昧。若如是，此法同无情，却是障道因缘。道须通流，何以却滞？心不住法，道即通流，住即被缚。若坐不动，是维摩诘不合呵舍利弗宴坐林中。善知识，又见有人教人坐看心净，不动不起，从此致功。迷人不悟，便执成颠倒，即有数百般如此教道者，故知大错。①

慧能所引的《净名经》亦即《维摩经》，所引述的"直心是道场"出自此经的《菩萨品》；"直心是净土"，原文应是"直心是菩萨净土"，出自《佛国品》。所谓"一行三昧"，出自南朝梁曼陀罗仙译《文殊说般若经》。禅宗四祖道信在其《入道安心要方便法门》中就据《文殊说般若经》的"一行三昧"念佛方法，提倡从观想一佛开始，到观想无数佛，最后观想"法界一相"——真如、法性；又明确地把念佛归结为"念心"，说："念佛即是念心，求心即是求佛。"禅宗五祖弘忍的弟子、北宗创始人神秀，在武则天召见他时问他依何经典修行？他答："依《文殊说

---

① 《新版敦煌新本·六祖坛经》，第17、18页。

般若经》一行三昧。"① 可见神秀是继承了道信所提倡的"一行三昧"的禅法的。北宗的"看心""看净",既是观心、观空,也是"观佛",自然也属于"一行三昧"的范畴。

然而慧能将《维摩经》的"直心"的原意加以扩展,将他看作是贯彻于日常生活之中的顿教禅法,并且将他等同于《文殊说般若经》中的"一行三昧"。根据他的解释,如果一个人"于一切时中行住坐卧,常行直心",就是在修持一行三昧。那么,怎样做才叫"常行直心"呢?他说,不要有"谄曲"之心,不要只是口说而实际不行直心;要行直心,就是对一切事物和现象不执着,没有任何求取和弃舍之心。

他指出,教人按特定程序聚精会神地坐禅("直言坐不动")的做法,是一种执着"法相"的表现,只能妨碍菩提(觉悟)之道,无助于使人达到解脱。如果这种做法是正确的,那为什么维摩诘居士要呵责舍利弗在远离世人的林间坐禅呢?他还针对传统佛教和北宗的禅法提出批评,说:"有人教人坐看心净,不动不起,从此致功。迷人不悟,便执成颠倒,即有数百般如此教道者,故知大错。"

慧能在回答韦璩提出的梁武帝当年问菩提达摩"造寺、布施、供养"是否有功德的问题时,这些做法"只是修福,不可将福以为功德"。并且说:

> 功德在法身,非在于福田。自法性有功德。见性是功,平直是德,[内见]佛性,外行恭敬。若轻一切人,吾我不

---

① 净觉《楞伽师资记》。

断,即自无功德。自性虚妄,法身无功德。念念行平等直心,德即不轻。常行于敬,自修身即功,自修心即德。①

慧能将佛教的以修善业来求取来世福乐的做法与所谓"功德"加以区别。他说功德只能通过觉悟自性而得到。他说的"见性是功,平直是德,内见佛性,外行恭敬""常行于敬,自修身即功,自修心即德",是将"见性""修心"与行直心(包括"平直""恭敬"之心)等同起来。据此也可以说,行直心即是见性。他指出,如果不行直心,轻视别人,执着我见,不认识自性有虚妄的外相,就没有功德可言。于是说:"念念行平等直心,德即不轻。"

慧能在向韦璩讲解自己对西方净土的见解时说,按照世尊在舍卫城所说的西方极乐世界的说法,西方净土离此不远,然而"只为下根说远,说近只缘上智"。为什么对于具有上等智能的人来讲西方净土距离很近呢?他解释说:

> 迷人念佛生彼,悟者自净其心。所以佛言:随其心净则佛土净。使君,东方人但净心即无罪;西方人心不净亦有愆,迷人愿生东方。两者所在处,并皆一种心地,但无不净。西方去此不远,心起不净之心,念佛往生难到。除十恶即行十万,无八邪即过八千,但行直心,到如弹指。使君,但行十善,何须更愿往生?不断十恶之心,何佛即来迎请?若悟无生顿法,见西方只在刹那;不悟顿教大乘,念佛往生路远,如何得达?②

---

① 《新版敦煌新本·六祖坛经》,第42页。
② 《新版敦煌新本·六祖坛经》,第43、44页。

慧能在这段引文中说，那些对自性没有觉悟的人总是希望通过念佛在死后往生西方净土，而对于觉悟自性的人来说，则着眼自净其心。正如《维摩经·佛国品》所说："欲得净土，当净其心；随其心净，则净土净。"关键在于使自心清净，有了清净之心，净土就在眼前。慧能还针对信仰净土念佛法门的人的心态，以幽默的语气表示：即使是"东方人"，但能自净自心就无罪，何必非要念佛往生西方呢？而即便是"西方人"，如果自心不净也有罪，也许有人正发愿往生"东方"呢！他表示，无论东方人还是西方人都有同样清净自性（心地）。如果能够认识这点，西方净土确实不远；如果相反，即使终生念佛也难到西方净土。如果能够断除"十恶""八邪"①，奉行"十善"，并且做到"行直心"，使自己心真诚纯净，便能刹那之间到达西方净土。

　　慧能在这里不外是说，佛与佛国净土本来就在人们自己的心中，只要净心行善，西方净土就在自己眼前。"但行直心，到如弹指"中的直心，与引文中的"自净其心""悟无生顿法""悟顿教大乘"，在解脱论的意义上十分相近。不妨认为：所谓直心既是"自净其心""悟无生顿法""悟顿教大乘"的要求，也是达到这一结果的自然表现。

　　综上所述，慧能将直心等同于"一行三昧"，但不再将它局限于禅定的形式，而将它作为贯彻于日常生活和修行过程中的一种重要心理原则，在有的场合它与"无念"等概念十分接近，然

---

① "十恶"是"十善"的反面，包括：杀生、偷盗、邪淫、妄语、两舌、恶口、绮语、贪欲、瞋恚、邪见；"八邪"是"八正道"的反面，有：邪见、邪思惟、邪语、邪业、邪命、邪方便、邪念、邪定。

而在另外的场合它也是"悟顿教大乘"、识心见性的自然表现。

(二) 自性、本性、自心、本心与佛性

慧能的禅法的理论基础之一是大乘佛教的涅槃佛性思想。因此，在他的传法过程不可能不讲佛性。然而据敦煌本《坛经》，慧能使用"佛性"这个词仅有 6 次；而使用相当于佛性这个概念的"自性"最多，有 53 次；其次是"本性"，有 18 次。此外，使用"自心" 13 次，"本心" 9 次。

据笔者考察，佛性这个概念虽然在般若类经典也有，然而侧重表述成佛的内在依据的只有《大涅槃经》及其他大乘有宗经典。

至于"自性"，在般若类经典中大量使用，有时也称"自相"，然而一般不具有如同佛性那样的含义，是用来表示一切现象和事物的空幻无实的本质。例如《摩诃般若经》卷二十四说："一切法自性皆不可得，以毕竟空故。空相法无与、无夺。何以故？毕竟空故。内空、外空、内外空、大空、第一义空、自相空故。"卷二十七说："当观诸法实相。何等诸法实相？所谓一切法不垢不净。何以故？一切法自性空，无众生，无人，无我。一切法如幻如梦，如响如影，如焰如化。"① 即使在北凉昙无谶译的《大涅槃经》中也是这样，例如卷二十五说："一切诸法无有自性。""从缘生故，名之为有；无自性故，名之为无。"② 在这些佛经中，"本性"这个用语与"自性"大致相同。"自心"在《摩诃般若经》中没有出现，在后汉支谶译《道行般若经》卷七、

---

① 《大正藏》卷八，第 393 页中、416 页下。
② 《大正藏》卷十二，第 516 页上、中。

南朝陈月婆首那译《胜天王般若经》卷二、卷三及《大涅槃经》卷六等中虽有使用，但出现次数甚少，是作为人、菩萨的能够"念""思量"的意识使用的。

"本心"，在佛经中与"自心"的意义相近，也是作为人的意识使用的。例如《胜天王般若经》卷三说："本心清净，教化众生。"①《大涅槃经》卷五说："一阐提者断灭一切诸善根，本心不攀缘一切善法，乃至不生一念之善。"卷十五说："非我本心之所知也。"② 即使是敦煌本《六祖坛经》中所引《维摩经》卷上《弟子品》中的"即时豁然，还得本心"中的本心，也不完全等同于佛性。经文是说，维摩诘居士看见佛的弟子富楼那弥多罗尼子在树林中向一位新比丘说法，便告诉他，应当先"入定观此人心"然后再说法，说这位新比丘是大乘根机，不应向他说小乘法，于是维摩诘入定，"令此比丘自识宿命，曾于五百佛所植众德本，回向阿耨多罗三藐三菩提（按：无上正等觉），实时豁然，还得本心"③。可见这个"本心"是指新比丘往世的本来具有之心，向往大乘的成佛之心。它虽与佛性有相似之处，然而还不能说是一回事。

然而在慧能禅法中，上述自性、本性、自心与本心除个别场合外，皆具有与佛性同样的含义，甚至作为同义词交替使用。可以说这也是一种大胆的创新。

上面提到，在敦煌本《坛经》中出现"自性"53次，从上

---

① 《大正藏》卷八，第702页中。
② 《大正藏》卷十二，第393页中、450页中。
③ 《大正藏》卷十四，第541页上。

下文看，皆具有佛性的意思。现仅举其中最有代表性的用例：

　　不见自性本净，起心看净，却生净妄。

　　善知识，见自性自净，自修自作自性法身，自行佛行，自作自成佛道。

　　令善知识于自色身见自法性有三身佛。此三身佛，从自性上生。

　　各于自身自性自度。何名自性自度？自色身中邪见烦恼，愚痴迷妄，自有本觉性。

　　劝善知识归依自性三宝。……自性不归依，无所依处。

　　性含万法是大；万法尽在自性。

　　佛是自性作，莫向身外求。自性迷，佛即是众生；自性悟，众生即是佛。

　　得悟自性，亦不立戒定慧。①

　　大意是说，自性本来清净，本具法身佛、报身佛和化身佛，自性具备佛、法、僧三宝，世界万有在自性，如要修行达到解脱，不应当向自身以外追求，只需觉悟自性。在这里，"自性"不就是《大涅槃经》等佛经中所说的佛性吗？

　　在《坛经》中"本性"的用例仅次于自性，出现18次，含义基本与自性相同，也是真如佛性的意思。请看下面用例：

　　无者，离二相诸尘劳；念者，念真如本性。真如是念之体，念是真如之用。自性起念……

　　此法门中一切无碍，外于一切境界上，念不起为坐，见

---

① 《新版敦煌新本·六祖坛经》，第21、22、24、26、29、30、45、53页。

本性不乱为禅。……本性自净自定……

众生本性般若之智……但于自心，令自本性常起正见。

可见，本性与自性、真如属于同一系列的用语。

《坛经》中的"自心"与"心"大体一样，有两种含义，一种指自己的心识、意识，被看作是佛性所依托的地方；一是与自性、佛性同义。前者的用例，如：

自心归依觉，邪迷不生，少欲知足，离财离色，名两足尊。自心归依正，念念无邪故，即无爱著，以无爱著，名离欲尊。自心归依净，一切尘劳妄念虽在自性，自性不染著，名众中尊。

何不从于自心，顿见真如本性。

即见自心自性真佛。

后者的用例：慧能初见神会时说："汝自性且不见，敢来弄人！……汝自迷不见自心，却来问慧能见否？……"在这里，自心与自性同义。

在大乘佛教的理论体系中，一般将自心与佛性看作相与体、表与里的关系，二者同体不可分开。好像《大乘起信论》中的"生灭心"与"真如心"那样。正因为如此，在很多场合，自心或心与佛性经常被当作同义词使用。

至于"本心"这一用语，在敦煌本《坛经》中出现9次，皆与真如佛性同义。这里仅引两例：

识自本心，是见本性。

自性心地，以智慧观照，内外明彻，识自本心。若识本心，即是解脱。

《维摩经》云：即时豁然，还得本心。……善知识，见自性自净，自修自作自性法身，自行佛行，自作自成佛道。

识心见性，自成佛道。《净名经》云：即时豁然，还得本心。

说认识本心就是明见本性，就是"识心见性"达到解脱。这样，《维摩经》中的本心就具有佛性的意义，所谓"即时豁然，还得本心"便是对顿悟境地的描述。

总之，在慧能说法中经常用自性、本性、自心、本心等用语代替佛性这个大乘佛教的专门概念，其目的也许是为了使一般人对他宣说的顿教禅法更便于理解。这种做法一直影响到后世禅宗，各地禅师根据场合和听众情况自由选取便于他们理解的用语传授禅法。

五、慧能的"无相戒"和《菩萨戒经》的"佛性戒"

慧能在说般若波罗蜜法的同时，向信众"授无相戒"。什么是无相戒？它的佛典根据何在？在慧能禅法中有什么意义？

首先，什么是无相？大乘佛教所说的"无相"一般具有两个意义：一是"诸法性空"的另一种表述，无相即一相，即空，也就是实相；二是指本体、本原和兼有本性、自心意识意义的法性、佛性、心等概念的基本特性，在有的场合也将它们概称为"无相"。

这两种用例在《坛经》敦煌本中皆可找到，然而在更多的场合是用来描述心性，乃至作为心性的代称。五祖弘忍召集弟子昐咐:"自取本性般若之智,各作一偈。"提出凡作偈符合他意者将继承他的地位,得到祖传袈裟。神秀先作偈,弘忍虽表面赞赏,但实际认为仍未"见性"。然而此偈在《坛经》中被称为"心偈""呈心偈",也称"无相偈"。在这里,以"无相"代替"心"。《坛经》称归依"自性三宝"为"无相三归依戒",也是以无相代替自性。同时,在《坛经》中也有以"无相"作空的解释的。例如慧能在临死前对弟子讲授"三科法门"(五阴、十八界、十二入)和"三十六对"(三十六对相对应的概念),其中"有相无相对"中的"无相",就是相当于空的概念。

那么慧能传授的"无相戒"是什么呢?

让我们简单回顾一下中国佛教发展史上戒律流传的经过。

中国僧众大体能够做到按戒律出家,肇始于佛教开始在社会上流行的三国时期,直到南北朝时才形成比较完备的出家授戒制度和仪规。大体说来,北方河淮一带通行法藏部(昙无德部)的《四分律》,关中一带通行大众部(摩诃僧祇部)的《摩诃僧祇律》,南方盛行说一切有部(萨婆多部)的《十诵律》,皆属小乘戒律,同时盛行的大乘戒是《梵网经》(也称《菩萨戒经》)。到唐代以后,最盛行的戒律是《四分律》,大乘戒仍主要是《梵网经》。南山律宗创始人道宣(596~667)所撰《四分律删繁补阙行事钞》《四分律含注戒本疏》《四分律删补随机羯磨疏》等,把以《四分律》为中心的律学纳入大乘佛教体系之中,提出系统的律学理论,成为中国佛教正统的律学。

道宣的律学,主张将戒律的防非止恶(止持戒)与律己行善(作持戒)两个部分密切结合起来,并且将大乘佛教的重视个人心性修养的心识思想纳入他的戒学理论。他把戒分为四科：戒法，指一切戒律；戒体，谓信徒参加受戒仪式"纳圣法（按：戒法）于心胸"，实即受戒者对戒师所授戒条心领神会并通过发誓终身守戒，在心中形成的持戒意念和决心；戒行，遵守戒规的行为、语言；戒相，各种具体戒条，比如五戒、十戒、具足戒（按照《四分律》，僧250戒，尼348戒），也指持戒的表现。[1] 按照这种理论，一个人通过参加受戒仪式可以接受有具体戒条规定的戒相——五戒、十戒或具足戒，并在心中形成没有形象的难以用语言表述的戒体——持戒意念和决心。

然而慧能向信徒授的"无相戒"既不是授沙弥戒、居士戒和依据《四分律》授的具足戒，也不是据《梵网经》向出家、在家皆可传授的菩萨戒，而是一种独特的戒法。据敦煌本《坛经》，慧能所授的"无相戒"包括四项内容：

引导信众认识（"见"）并归依自身"自性"本有的法身、化身、报身"三身佛"；

发四弘誓愿，以正见于"自身自性自度"；

无相"自性"忏悔；

无相三归依戒，"归依自性三宝"——"自性"本有的佛（觉）、法（正）、僧（净）。

在《坛经》描述的文字中确实找不到任何关于五戒、十戒或是具足戒的内容，也看不到构成梵网菩萨戒的"十重戒""四十八轻戒"的内容。

---

[1] 详见拙著《佛教戒律和唐代的律宗》，《中国文化》，1990年第3期。

可见，所谓"无相戒"是慧能自己创新提出来为僧俗弟子传授的戒法，不传授"戒相"，没有规定任何具体戒条做制约。慧能授无相戒的过程就是引导信众体悟佛在自身心中，领纳以自性（佛性、本心）作为"戒体"的授戒仪式。既然以自性（佛性）为戒体，便可以将戒、定、慧三学解释为皆源自自性，将三者融为一体，如《坛经》后面所说："心地无非自性戒，心地无乱自性定，心地无痴自性慧。""得悟自性，亦不立戒定慧。"①

那么，慧能的无相戒没有任何佛典做依据吗？当然不是。敦煌本《坛经》记载慧能两次引证《菩萨戒经》（《梵网经》）曰：

> 戒，本源自性清净。

各种本子的《坛经》皆把句首的"戒"误写作"我"字，作："我本源自性清净。"实际上，此语原出自《梵网经》卷下，全句是："吾今当为此大众重说《无尽藏戒品》。是一切众生戒，本源自性清净。"在此句的前面，还有一段话，是说释迦牟尼佛从卢舍那佛（报身佛）的"莲花藏世界"受传"心地法门"回归人间世界，向一切众生宣说此心地法门，传授大乘戒。加上这段经文，全文是：

> 为此地上一切众生、凡夫、痴暗之人，说我本卢舍那佛心地中，初发心中常所诵一戒：光明金刚宝戒，是一切佛本源，一切菩萨本源，佛性种子。一切众生，皆有佛性。一切意识色心，皆入佛性戒中。当当常有因故，当当常住法身。如是十波罗提木叉，出于世界。是法戒，是三世一切众生顶

---

① 《新版敦煌新本·六祖坛经》，第53页。

戴受持。吾今当为此大众重说《十无尽藏戒品》，是一切众生戒，本源自性清净。①

引文中的"十波罗提木叉"，就是在这段后面所载的大乘十重戒，包括杀戒、盗戒、淫戒、妄语戒、酤酒戒等十戒。"十无尽藏"意为十种蕴含无尽功德的法门（藏，原意为仓库），被认为是菩萨应当修持的十个科目，其中有一科是"戒藏"。②

以上引文的大意是：释迦牟尼佛向一切众生传授大乘修行者应当修持什么"心地"法门才能成佛，其中有一法门是戒；此戒为"光明金刚宝戒"，也就是"佛性戒"，相当于"佛性种子"，是一切佛、菩萨的本源，是一切众生都应当受持的戒。既然此戒源自"卢舍那佛心地"，以佛性为体，自然"本源自性清净"。此后的经文是对戒做进一步的解释，接着是十重戒的规定。

慧能在说法和授无相戒过程中虽先后两次引述《梵网经》中的"戒，本源自性清净"，然而却没有引述其中的十重戒和四十八轻戒的条文（戒相），只是强调戒的本源是清净的佛性，"一切众生，皆有佛性"，引导信众受持以佛性为"戒体"（戒性）的无相戒，以体悟佛在自性，通过"识心见性"而成佛。

据现存资料考察，早在禅宗北宗已经授过与此相近似的"持心戒""菩萨戒"。敦煌禅籍中的北宗文献《大乘无生方便门》（S2503）的开头部分有一段记述引导修行者进入坐禅程序的文字，大意是：禅堂的和尚（简称"和"）命修行禅僧首先下跪合

---

① 《大正藏》卷二十四，第1003页下。
② 这十种法门的品目在《梵网经》中没有介绍，如果据晋译《华严经》卷十二《十无尽藏品》，应是：信、戒、惭、愧、闻、施、慧、正念、持、辩"十种藏"。见《大正藏》卷九第475页上。然而其中的"戒藏"与《梵网经》的戒条是不同的。

掌，发"四弘誓愿"，然后请十方三世诸佛菩萨，教受三归依、问答五项能与不能（不同于五戒，而内容接近三聚净戒）①，各自忏悔。然后这位和尚对禅僧说：

> 汝等忏悔竟，三业清净如净琉璃，内外明彻，堪受净戒。菩萨戒，是持心戒，以佛性为戒性。心瞥起，即违佛性，是破菩萨戒；护持心不起，即顺佛性，是持菩萨戒。

接着，他命禅僧各自"结跏趺坐"，即坐禅。这位和尚告诉禅僧，他们受持的是"净戒""菩萨戒""持心戒"，是以佛性为戒体（按："性，体也"；戒体也称戒性）的，如果在修行中不能控制自己的心识活动（"心瞥起"），就是与空寂的佛性相违背，也就是违犯菩萨戒；相反，如果做到"心不起"，也就是"持菩萨戒"，这样，便把坐禅观心看净与持戒结合在一起了。

慧能的无相戒与北宗强调的"持心戒""菩萨戒"虽然十分相近，然而也有很大不同：第一，授戒过程没有向受戒者提出能否受持的具体事项。第二，在授戒后没有引导受戒者立即进入坐禅的程序，也没有说在坐禅中"心瞥起"（心志分散，产生杂念烦恼）是破戒；"护持心不起"是持戒，而只是笼统地强调"心地无非自性戒"，并将戒、定、慧的原点与终点皆统一到"自性"上。因此，北宗虽可以说"以佛性为戒性（戒体）"，然而因为有五项具体要求并且特别提出在坐禅过程中对心境的具体制约，

---

① 归依佛，归依法，归依僧，称"三归依"。原文以问答体列出五项能与不能的内容，与五戒不同，很像三聚净戒（摄律仪，摄善法，饶益众生）的内容，即："一者，汝从今日乃至菩提，能舍一切恶知识不？能。二者，亲近善知识不？能。三者，能坐持禁戒，乃至命终不犯戒不？能。四者，能读诵大乘经，问甚深义不？能。五者，能见苦众生，随力能救护不？能。"

就不能说是"无相戒"。

慧能非常重视向信众传授无相戒的,引导信众受无相戒,便可使信众了解并信奉自己创立的禅宗南宗。一个人如果从慧能受了无相戒,便表明他已经接受顿教禅法,是南宗弟子。

因此慧能的嗣法弟子法海在编集的《六祖坛经》题目之后,不仅署上自己是慧能的"弘法弟子",而且在前面还特别加上"兼受无相戒"五个字。法海既然在受无相戒以前已经受过具足戒成为正式僧人,为表示自己是南宗的弟子,便特地在名字前加上"兼"受无相戒。

然而慧能的"无相戒"的名称和意义到后世似乎被人忽略。元代德异本《坛经》署名最初编录《坛经》的法海为"门人法海",宗宝本《坛经》则署为"风幡报恩光孝禅寺住持嗣祖比丘宗宝"。看来人们对慧能当初以授"无相戒"作为引导信众接受他的禅法,以成为曹溪顿教法门弟子的用意已经不太了解了。

《曹溪大师传》及其在中国禅宗史上的意义

《曹溪大师传》，也称《曹溪大师别传》①，记述中国禅宗南宗创始人慧能生平事迹和禅法语录，是8世纪编撰者不明的唐代禅宗史书之一，久已在中国遗失。然而在日本长期保存着9世纪日本天台宗创始人最澄入唐求法期间抄录此传的写本，18世纪曾刊印，在20世纪初所刊印的《续藏经》收载此书后，开始受到世人广泛关注，并逐渐被更多学者参阅和研究。

笔者据已掌握的资料对此书做概要介绍和评述，希望今后中国学者在考察和研究禅宗早期历史时能结合《六祖坛经》对此书充分参考利用，并展开进一步研究。

一、《六祖坛经》和《曹溪大师传》

唐代禅宗成立之后曾产生多种记述禅宗代表人物、事迹和禅法的史书，然而在后来遗失很多，长期以来主要借助宋代道原《景德传灯录》等五部"灯史"和普济《五灯会元》的记载来了解和研究中国禅宗形成和发展的历史，至于记述早期禅宗历史的《楞伽师资记》《传法宝纪》《历代法宝记》《祖堂集》和《宝林

---

① 笔者在本文中称《曹溪大师传》，然而在引用他人著作或观点时，如果他人原用《曹溪大师别传》，则也用此称，不强求一律。

传》（现仅保存有残本）等具有宝贵史料价值的史书曾长期在社会上消失，到了20世纪二三十年代以后才从敦煌遗书和韩国藏书中相继被发现，经过中外学者的整理和研究为世人了解和使用。至于早已遗失而至今仍未被发现的史书，例如《圣胄集》《续宝林传》等，恐怕仍有相当的数量。

慧能（638~713），又作惠能，唐代以后多写为慧能，是后来成为中国禅宗正统的南宗的创始人。记述他生平事迹和语录的《六祖坛经》是中国人佛教著作中唯一被奉为"经"的文献。在禅宗传播和发展过程中，《六祖坛经》也形成若干设有若干章节、结构形式不同的本子。自明代以后中国最通行的是属于北宋云门宗契嵩禅师改编本《六祖坛经》系统的元代宗宝本《坛经》和所谓《曹溪原本六祖坛经》，其他则多遗失。幸而进入20世纪20年代以后，从敦煌文献中发现唐本《六祖坛经》，因在敦煌遗书中发现而被称为《敦煌本六祖坛经》。现保存比较完整的有旧本与新本两种，皆已整理出版。① 此外，20世纪30年代从日本陆续发现属于8世纪唐代惠昕改编本《坛经》的几种不同的刊本。属于惠昕本系统的刊本按发现地命名，包括名古屋真福寺本、石川县大乘寺本、京都兴圣寺本等。这为考察和研究慧能的事迹、禅

---

① 旧本敦煌本的最早校勘本是日本铃木大拙、公田连太郎校订，东京森江书店1934年出版《敦煌出土六祖坛经》。这一校本被收入20世纪30年代上海出版的《普会大藏经》之中。郭朋校释、中华书局1983年出版的《坛经校释》即以此本为底本。新本敦煌本最早由杨曾文校写，上海古籍出版社1993年出版《敦煌新本六祖坛经》，2001年重校后由宗教文化出版社出版《新版敦煌新本·六祖坛经》。新本敦煌本还有周绍良编著，文物出版社1997年出版的《敦煌写本坛经原本》，书前附有迄今发现的各种敦煌写本《坛经》照片。此外，近年还出版几种校刊本。敦煌本《坛经》写本还有北京图书馆藏本，称北京本（残本）。可喜的是，长期被认为佚失的旅顺博物馆本（旅顺博物馆藏敦煌本）在发现后于2011年得以整理出版。

法和中国禅宗发展史提供了新的资料，并通过这一研究促进了对中国禅宗历史、文献和中国文化史的研究。

正是在这种背景下，人们开始对《曹溪大师传》产生前所未有的兴趣。从内容来看，《曹溪大师传》与诸本《六祖坛经》一样是记述慧能的生平和禅法语录的文献。可以认为，《曹溪大师传》是属于记述慧能"传法宗旨"的另一形式的《六祖坛经》。

中国学者中最早对《曹溪大师传》进行研究的是胡适（1891~1962）。1930年胡适写了《坛经考之一〈跋曹溪大师别传〉》（载《胡适文存第四集》），根据自己对《续藏经》中《曹溪大师别传》考察的结果，对《曹溪大师别传》的来源、著作年代及主要内容做了介绍。胡适认为，《曹溪大师别传》的最大价值就是可以用来考证北宋契嵩曾将此作为《坛经》的"曹溪古本"，利用其中的资料对"坛经古本"（指敦煌本《坛经》）做了较大的改编增补，将传中许多内容加到了《坛经》之中。元代宗宝本《坛经》及明藏本《坛经》（实际属宗宝本《坛经》）皆源自契嵩改编本《坛经》。此本《坛经》比敦煌本所多出百分之四十的内容中，有相当部分取自《曹溪大师别传》。

对此，他摘引相关内容做了说明：

> 今依明藏本的次第，列表如下：
>
> 一、行由第一。自"惠能后至曹溪，又被恶人寻逐"以下至印宗法师讲《涅槃经》，惠能说风幡不动是心动，以至印宗为惠能剃发，惠能于菩提树下开东山法门，——此一大段，约四百余字，敦煌本没有，是采自《曹溪大师别传》的。
>
> 二、机缘第七。刘志略及其姑无尽藏一段，敦煌本无，

出于《别传》。

又智隍一段，约三百五十字，也出于《别传》的隍禅师一段，但改隍为智隍，改大荣为玄策而已。

三、顿渐第八。神会一条，其中有一段，"吾有一物，无头无尾，无名无字，无背无面，诸人还识否？"约六十字，也出于《别传》。

四、宣诏第九。全章出于《别传》，约六百多字，敦煌本无。但此删改最多，因为《别传》原文出于一个陋僧之手，谬误百出，如说"神龙元年（703）[①] 高宗大帝敕曰"，不知高宗此时已死了二十二年了！此等处契嵩皆改正，高宗诏改为"则天中宗诏"，诏文也完全改作。此诏今收在《全唐文》（卷十七），即是契嵩改本，若与《别传》中的原文对勘，便知此是伪造的诏书。

五、付嘱第十。七十年后东来二菩萨的悬记，出于《别传》，说详上文。

又《别传》有"曹溪大师头颈先以铁鍱封裹，全身胶漆"一语，契嵩采入《坛经》。敦煌本无。

又此章末总叙慧能一生，"二十四传衣，三十九祝发，说法利生三十七载"，也是根据《别传》，而稍有修正。

《别传》记慧能一生的大事如下：

三十四岁，到黄梅山弘忍处得法传衣。

三十四至三十九，在广州四会、怀集两县界避难，凡五年。

[①] 神龙元年应为705年。

三十九岁,遇印宗法师,始剃发开法。但下文又说开法受戒时"年登四十"。

七十六岁死,开法度人三十六年。

契嵩改三十四传衣为"二十四传衣",大概是根据王维的碑文中"怀宝迷邦,销声异域……如此积十六载"之文。又改说法三十六年为三十七年,则因三十九至七十六,应是三十七年。

以上所记,可以说明《曹溪大师别传》和《坛经》明藏本的关系。我曾细细校勘《坛经》各本,试作一图,略表《坛经》的演变史:

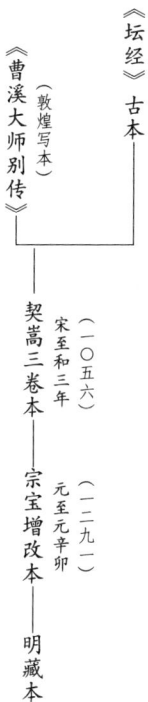

然而胡适最后得出的结论是：《曹溪大师别传》是唐建中二年（781）"江东或浙中的一个和尚"，"一个无识陋僧妄作的一部伪书，其书本身毫无历史价值，而有许多荒谬的错误"。书中对慧能一生的记述，"大体用王维的《能禅师碑》"。

日本学者利用和研究《曹溪大师传》比中国学者早。近代早期著名佛教学者忽滑谷快天（1867～1934）在其《禅学思想史》①（中国禅部分）第二编第十一章《六祖慧能及其宗风》中对慧能生平事迹的介绍中，将《曹溪大师传》作为依据的重要资料之一，认为："对校《曹溪大师别传》《宋高僧传》《景德传灯录》《六祖法宝坛经》四书而检慧能传，相互非无出入，大体则相一致。"是充分承认《曹溪大师传》的史料价值的。因为《曹溪大师传》中所记的不少帝号年代有明显的错误，所以忽滑谷快天也指出"《别传》之纪年杜撰太甚"，一一给予纠正。当时尚未发现敦煌本《坛经》，所以忽滑谷快天利用的《坛经》是元代宗宝改编的《六祖法宝坛经》。

日本著名禅宗文献研究学者柳田圣山（1922～2006）在其《初期禅宗史书的研究》②第四章《祖师禅灯史的发展》的第二节、第三节中以《〈曹溪大师别传〉的出现》的标题对《曹溪大师别传》做了详细的论述，从此传的名称、内容结构、成立及存在的种种问题，做了比较周详的考察和论证，指出此传在撰写过程中受到广州光孝寺所存唐代法才《瘗发塔记》、王维《六祖能

---

① 忽滑谷快天日文版《禅学思想史》有上下两册，东京玄黄社1925年出版。中国学者朱谦之将其中的中国禅部分译出，改名《中国禅学思想史》，1994年由上海古籍出版社出版。本文引用即据此书。
② 柳田圣山：《初期禅宗史书的研究》，京都法藏馆，1967年。

禅师碑铭》和《神会语录》的影响,然而在不少问题上有发展。但是他表示,对于《曹溪大师别传》中的种种史实的真伪还不好确定。《曹溪大师别传》中对作为"祖师禅之祖"的慧能形象所作的最出色的描绘,是"安史之乱之后所展开的新佛教动向的如实反映"。

此外的著作,有日本学者松本文三郎《关于"曹溪大师别传"》、内藤湖南《唐钞"曹溪大师传"》、花井正雄《"曹溪大师别传"解说》、宇井伯寿《第二禅宗史研究》第二章第一节、陆川堆云《六祖慧能大师》第四章第一节《关于"曹溪大师别传"》等。①

然而日本在研究慧能传记、《六祖坛经》和《曹溪大师传》方面最引人注目的成果是驹泽大学禅宗史研究会编著、东京大修馆1978年出版的《慧能研究》。此书卷首全文刊载长期珍藏于日本天台宗大本山比叡山延历寺、现收藏于奈良国立博物馆的由最澄从唐带回的《曹溪大师传》(称比叡山本)的影印本,正文第一章就是《〈曹溪大师传〉的研究》。

此章第一节《关于〈曹溪大师传〉》,对此传的来源、日本现存不同写本或版本——比叡山写本、江户时代无著道忠(1653~1744)抄写本、京都兴圣寺1762年刊本、《续藏经》本分别做详细介绍。在对《曹溪大师传》与其他慧能传记(包括久佚者)的介绍中,认为此传的出现与禅宗南宗的迅速走向兴盛,南宗有意"显彰"六祖慧能的事迹和禅法有密切关系,最后强调

---

① 这些目录,见驹泽大学禅宗史研究会编著、东京大修馆1978年出版《慧能研究》第一章第二节。笔者未见到这些资料,不能置评。

本传论证佛性思想、心性论、坐禅观独具特色，对后世禅宗有重大影响。

第二节《校订训注：曹溪大师传》，以比叡山本为底本，以无著道忠 1734 年抄写本、京都兴圣寺 1762 年刊本、1911 年刊印《续藏经》的收载本为校本，将传记全文进行校订，然后加以分段、标点并译为日文，最后加上详细注释。这为读者阅读和利用《曹溪大师传》提供了很大的方便。

《慧能研究》对《曹溪大师传》的题解和校订、注释，可以说是对以往日本研究此传的总结性成果。

二、《曹溪大师传》题目、著作年代和内容特色

《曹溪大师传》虽是唐朝禅僧所作，然而在中国社会上早已湮没无闻，流传至今的只有日本求法僧最澄从唐带到日本的写本和源自这一写本的手抄本及刊印本。现根据《曹溪大师传》的内容和参考日本学者相关研究成果，对此略做介绍。

（一）原传题目和内容

本传的题目原来不是《曹溪大师传》，而是很长的《唐韶州曹溪宝林山国宁寺六祖惠能大师传法宗旨，并高宗大帝敕书兼赐物改寺额，及大师印可门人并灭度时六种瑞相，及智药三藏悬记等传》。

这个题目真实地概括了传中以下内容：

1."唐韶州曹溪宝林山国宁寺六祖惠能大师传法宗旨"。按中国禅宗惯例，常将寺称山，曹溪宝林山即曹溪宝林寺，在韶州

(治今广东韶关市曲江区)。宝林寺是南朝梁天监二年(503)武帝的赐名,进入唐代曾多次改名,中宗神龙年间(705~707)改名中兴寺、法泉寺、广果寺,玄宗开元九年(721)改为建兴寺,肃宗时改为国宁寺,宣宗时改为南华寺。① 可见,这里用"宝林山国宁寺"是用唐肃宗之后的名称。"惠能大师传法宗旨",是慧能向门下弟子和僧俗信众宣述南宗顿教禅法宗旨,体裁包括开法语录、对门下或前来求教者询问的答语等。

2. "高宗大帝敕书兼赐物改寺额"中的"高宗",据正文相关年号,应为中宗。此传记述,唐中宗在神龙元年(705)正月十五日派中使(宦官)薛简前往曹溪宣敕书,迎请慧能入内道场说法。慧能请薛简转呈表奏,以疾婉辞,然而应薛简之请向他说法并"指授心要",所谓:"一切善恶都莫思量,心体湛寂,应用自在。"据新、旧《唐书》"则天皇后本纪""中宗本纪"和《通鉴》相关记载,武则天在神龙元年正月甲辰(二十三日)制太子(后即位为中宗)监国,乙巳(二十四日)传位于太子,丙午(二十五日)中宗即位。因此可以说,敕书应是武则天尚未退位时下的,然而中宗即位后并没有召回使者和敕书,也可以看作是武后和中宗共同下的,如果说是"则天太后、中宗敕书"也没有错。元代宗宝改编本所载相关内容就是源自此传,谓"神龙元年上元日,则天、中宗诏云",是有道理的。

3. "大师印可门人",是指慧能的弟子。传中记述的弟子有神会、僧崇、大荣、潭州㻋禅师、行滔等人,对他们事迹的记述

---

① 宋李遵勖编撰《天圣广灯录》卷七《慧能章》谓引自《南越记》。

有详有略。

4. "灭度时六种瑞相",本传最后记载慧能在日及逝世后寺中六种祥瑞现象,带有浓厚的神异传说色彩。

5. "智药三藏悬记"。此为传说,谓南朝梁时印度高僧智药最先来到曹溪,劝人修建宝林寺,预言一百七十年后"有无上法宝于此地弘化"。寓意慧能在曹溪听无尽藏尼读《涅槃经》之后发挥佛性道理,住入宝林寺,是应智药预言的。

(二)著作年代:唐德宗建中二年(781)

《曹溪大师传》中有如下一段文字:

> 大师在日,受戒开法度人三十六年。先天二年壬子(按:"壬子"应改为"癸丑")岁灭度,至唐建中二年,计当七十一年。

这段文字显然是《曹溪大师传》编撰者的话,记从慧能去世到建中二年此传编撰结束的时间是七十一年。然而这一计算有误。慧能年七十六岁于唐玄宗先天二年(713)八月去世,至唐德宗建中二年(781)应当是六十八年,如果按古代传统算法连慧能去世的那一年也加上,应是六十九年而不到七十一年。然而据此可以确定,建中二年正是《曹溪大师传》成书之年。

作者在慧能去世将近70年的时候编撰此传,应当说他有机会接触到不少慧能弟子或再传弟子,以及与慧能有过交往的其他僧俗信众,看到过不少记载慧能及其弟子事迹、语录的文献资料,也听过很多关于慧能的传说。正因为如此,《曹溪大师传》确实为后人提供在《六祖坛经》和其他资料中看不到的情况,不能断定为皆出于杜撰编造。

(三) 最澄将《曹溪大师传》带到日本

日本平安时代（794~1192），中日佛教文化交流十分频繁。日本桓武天皇延历二十三年（时值唐德宗贞元二十年，804），最澄（767~822）为了学习天台宗教义和寻求天台宗典籍，获准与弟子义真搭乘遣唐使的船入唐求法。当时中国禅宗正在迅速兴起，在南方特别是江浙一带特别盛行，其中以慧能下二世马祖道一（709~788）的法系最有影响。

最澄、义真先到台州天台山，先后拜谒修禅寺的道邃、佛陇寺的行满，从他们受天台教法和教籍，又从禅林寺的翛然受牛头禅派的禅法。唐贞元二十一年（805），最澄与义真到达越州（治今浙江绍兴），在龙兴寺从密宗善无畏的再传弟子顺晓受密宗灌顶和曼荼罗、经书、图像等，然后搭乘遣唐使的船回国，带回佛经、天台宗与密宗的典籍等230部460卷。最澄逝世后，天皇谥以"传教大师"之号。现存《传教大师将来台州录》《传教大师将来越州录》，就是最澄从唐带回的图书目录。《越州录》清楚记载："曹溪大师传一卷。"[①] 前面已介绍，本传原来的名称很长，这一名称也许是最澄最早予以简化的。

问题是现存所谓"比叡山本"《曹溪大师传》是否是最澄带回来的呢？写本后面署有"贞十九二月十三日毕"，意为贞元十九年（803）二月十三日抄写完毕。然而最澄是贞元二十年（804）入唐的，怎么会署前一年的时间呢？实际上，这应是最澄来的前一年有人抄出，保存在越州某寺院的。最澄看到此书，自

[①] 《大正藏》卷五十五，第1059页中。

己或请"书手"按原样抄出。现存比叡山本后面盖有逆字体文字的古印"比叡寺印",在背面夹缝的地方盖有三个斜体方框（◇）的印,里面有"比叡寺印"四字,方框内分别写有"天台""第一""最澄封"的文字。日本学者认为这确实是最澄从唐带回的。后来江户时代无著道忠（1653~1744）的手写本及京都兴圣寺刊印本的后面,或仿绘或木刻,皆保留了原有的印章和文字的标志。

京都北部的兴圣寺原是天台宗比叡山的子院,后成为临济宗寺院,在日本宝历十二年（1762）以《曹溪大师别传》为题用木版刻印《曹溪大师传》。卷首所载金龙沙门敬雄的叙和卷后所载祖芳《书曹溪大师别传后》,皆谓此刊本所依据的是最澄从唐带回的比叡山本。然而驹泽大学禅宗史研究会通过考察比较后明确指出：兴圣寺刊本中的错误语句几乎完全袭自道忠写本,不可能直接依据比叡山写本刻印。（《慧能研究》第一章第一节之二）20世纪初日本编印《续藏经》所收载的《曹溪大师别传》就是以兴圣寺刊本为底本,以比叡山写本为校本加以校订刊印的。

《续藏经》本《曹溪大师别传》的题目沿用兴圣寺本,比最澄《越州录》中所用的题目《曹溪大师传》增加一个"别"字,长期以来被国内外学者广泛使用,直到驹泽大学禅宗史研究会编著出版《慧能研究》,才将题目改回为《曹溪大师传》。1993年上海古籍出版社出版笔者校写的《敦煌新本六祖坛经》中附录的《曹溪大师传》,所主要参考和依据的就是此书和石井修道教授的论文《〈曹溪大师传〉考》。此后,由于学者依据的资料来源不同,《曹溪大师传》和《曹溪大师别传》两个书名并行于世。

(四)《曹溪大师传》的内容特色

《曹溪大师传》绝不是如胡适所说是唐代江东或浙中地区"一个无识陋僧妄作的一部伪书,其书本身毫无历史价值,而有许多荒谬的错误"。

的确,如前面所引胡适所指出的那样,《曹溪大师传》中存在不少人名、年号的错误,然而这些错误有的十分明显,到底是原传作者的错误还是后来辗转抄写的笔误,现在难以确定。只要仔细地对照早期有关记述慧能生平和禅法的文献资料就可以看出,《曹溪大师传》的内容十分丰富,不少内容可以从比它成立较早的文献和稍后的文献记载得到旁证,并且为后世史书继承。至于传中属于明显笔误的地方,是很容易改正的。

综观《曹溪大师传》全书内容,可归纳出以下几个主要特色:

1. 在早期出现的记载慧能生平事迹的著作中,《曹溪大师传》记述慧能事迹最多。其中重要的有如下内容:

慧能"少失父母,三岁而孤",是说三岁时没有父亲,而后母亲又亡故,然后才离开新州北上求法。

慧能北上求法经过曹溪,是在唐高宗咸亨元年(670),"时春秋三十"(实际应为三十三岁);与当地刘至略结为兄弟,白天一起劳动,晚上听其姑无尽藏比丘尼读《大涅槃经》,体悟佛性的道理。在曹溪期间曾住在建于南朝梁时的宝林寺,也曾跟乐昌县远禅师学习坐禅。

咸亨五年(674)到蕲州黄梅县拜谒弘忍,在对答中论佛性道理引起弘忍对他的赞赏,后来向他传授袈裟和禅法。

离开弘忍后,曾在广州的四会、怀集之间避难,经过五年时间。

仪凤元年（676）在广州制旨寺（后为光孝寺）听印宗讲《大涅槃经》，以论风幡之义引起印宗对他的注意，欣然为他披剃授戒。此传甚至连为慧能授戒的戒和尚、羯磨师、教授师的名字也都做了明确记载。

慧能按照自己的理解向印宗及众僧讲涅槃佛性之义，然后应请被送到曹溪。

唐中宗派使者薛简奉敕到曹溪请慧能入京内道场说法，慧能称疾不赴，慧能向薛简说法。……

在慧能去世八年后，他的弟子神会到南阳龙兴寺传法，向朝廷官员及僧俗信众宣讲慧能禅法，也介绍慧能事迹，并且在记载他语录的《南阳和尚问答杂征义》的最后载有六代祖师小传，其中《惠能传》虽也集中讲述慧能事迹，但十分简单，而且涉及的方面不多。在慧能去世三四十年后，王维受慧能弟子神会之托撰《六祖能禅师碑铭》，对慧能生平也有介绍，然而受体裁的限制，语焉不详。至于慧能弟子法海编撰的祖本《六祖坛经》，在经过二三代流传之后，记述慧能的事迹可以想象虽有增多，但据现存敦煌本《坛经》来看，也十分有限。比较起来，《曹溪大师传》记述慧能的事迹最多也最富于色彩。此后，五代南唐静、筠二禅僧编撰《祖堂集》、宋初赞宁编撰《宋高僧传》、道原编撰《景德传灯录》及陆续出世的其他禅宗史书，皆对慧能生平事迹有介绍，然而几乎皆吸收继承《曹溪大师传》中的不少内容。①

---

① 这里提到的几种介绍慧能事迹的著作，在杨曾文校写、宗教文化出版社2001年出版的《新版敦煌新本·六祖坛经》附编一中皆有校本，可以参考。

2. 慧能在法性寺受戒后应印宗之请向众僧说法，着重发挥涅槃佛性之义，所谓："我有法，无名无字，无眼无耳，无身无意，无言无示，无头无尾，无内无外……"神会说"此是佛之本源"，"本源者，诸佛本性"。在内容上虽与诸本《坛经》中讲的佛性思想一致，然而这里最为详细。因为慧能曾从无尽藏尼处听读过《大涅槃经》，这种记述便不会使人感到意外。

3. 慧能在接待唐中宗派来的使者薛简的过程中，向薛简讲述顿教禅法并传授所谓"心要"，如："道由心悟，岂在坐耶"；"若无生灭，而是如来清净禅，诸法空即是坐"；"烦恼即菩提，无二无别"；"无二之性，即是实性。实性者即是佛性"；"心要者，一切善恶都莫思量，心体湛寂，应用自在"；等等。应当说这些思想与敦煌本《六祖坛经》的内容是一致的，然而更加突出佛性和"不二"的思想。

至于唐中宗（原作高宗）敕书中所说得悉慧能"密受忍大师记，传达磨衣钵以为法信，顿悟上乘，明见佛性，今居韶州曹溪山，示悟众生，即心是佛"。其中的"明见佛性"的思想与敦煌本《坛经》中的"识心见性"是一致的；所谓"即心是佛"也与敦煌本《坛经》中的"此三身佛，从自性上生""三世诸佛、十二部经，在人性中本自具有"及"佛是自性作，莫向身外求"是一致的，未必可当作此敕是吸收马祖法系的禅法而伪作的证据。

4. 慧能去世后，上元二年（应为乾元元年，758）孝感皇帝（肃宗）依广州节度使韦利见之奏请，敕慧能弟子行滔送祖传袈裟到京城宫中供养，行滔以老疾辞，派弟子惠象随中使刘楚江将祖传袈裟送到京城内宫，宝应元皇帝（代宗）在永泰元年（765）又派人送回。这些记述，真实情况如何，难以确证，然而对于禅宗研究还是有参考价值的。

三、《曹溪大师传》在中国禅宗史上的意义

《曹溪大师传》虽产生于中国唐代，然而在中国本土久佚，长期以来人们对它一无所知。本传虽在 9 世纪被最澄带到日本，然而真正引起人们的注意并对它进行研究是在 20 世纪初被收入《续藏经》刊印之后。公正地说，《曹溪大师传》在中国禅宗史、文化史上都有重要的意义。

（一）提供慧能生平、禅法和早期禅宗历史的宝贵资料

在《曹溪大师传》发现以前，了解和研究慧能及早期禅宗历史主要靠源自宋代契嵩改编本《六祖坛经》的元代宗宝本《坛经》、《宋高僧传》、《景德传灯录》及其他禅宗史书。在《曹溪大师传》公诸于世之后，又有新的禅宗文献相继出世，例如 20 世纪二三十年代以后从敦煌文献中发现《六祖坛经》、神会语录、北宗文献，又从日本各地陆续发现唐惠昕本的几种不同版本，从韩国发现《祖堂集》。这样，为学者对比考察这些来源、体裁各异的文献，探索究明慧能的生平事迹、禅宗思想和早期禅宗历史开拓了更广阔的空间。

（二）为考察诸本《六祖坛经》形成和演变提供重要旁证

20 世纪发现敦煌本《坛经》和其他早期禅宗文献之后，在中日两国掀起一股考察和研究《六祖坛经》和早期禅宗历史的热

潮,推动了对中国禅宗史和佛教文化史的研究,先后产生很多令世人瞩目的成果。现仅举三例:

例一:敦煌本《坛经》记载慧能初见五祖弘忍,弘忍问:"汝是岭南人,又是獦獠,若为堪作佛?"慧能曰:"人即有南北,佛性即无南北;獦獠身与和尚不同,佛性有何差别?"弘忍对慧能的回答十分赞赏。那么,一个不识字的慧能如何懂得大乘佛教的佛性思想呢?从唐本《六祖坛经》(现有敦煌本)是得不到说明的,然而一看《曹溪大师传》便可得到理解,原来他在曹溪曾听人读过《大涅槃经》并讨论过佛性问题,甚至后来在广州法性寺受戒后还向印宗和众僧讲过涅槃佛性理论。

例二:宋代云门宗高僧契嵩(1007~1072)以著《辅教编》知名,他受郎简委托对"为俗所增损,而文字鄙俚繁杂"的《六祖坛经》进行改编,据说"得曹溪古本,校之勒成三卷"①。契嵩改编本《坛经》在后世刊印以"曹溪原本"《坛经》名称流传,另元代德异本《坛经》直接承自此本,宗宝本《坛经》虽也承自此本然而有较多改动。稍加对比就可以发现,契嵩本系统的《坛经》中的不少内容是取自《曹溪大师传》的,正如前面所引胡适指出的那样。② 如果没有《曹溪大师传》这个中间环节,我们对诸本《坛经》的内容和演变一定有不少难以理解和贯通的地方。

例三:比《曹溪大师传》出世要早三四十年的王维《六祖能

---

① 契嵩《镡津文集》卷十一载郎简《六祖法宝记叙》。
② 关于诸本《六祖坛经》的演变,请详见杨曾文校写《新版敦煌新本·六祖坛经》附编二《〈坛经〉敦博本的学术价值和关于〈坛经〉诸本演变、禅法思想的探讨》,宗教文化出版社,2019年。

禅师碑铭》中有：

> 九重延想，万里驰诚，思布发以奉迎，愿叉手而作礼，则天太后、孝和皇帝并敕书劝谕，征赴京城。禅师孑年之心，敢忘凤阙？远公之足，不过虎溪。固以此辞，竟不奉诏。遂送百衲袈裟及钱帛等供养。

说明武后、中宗曾降敕请慧能入京内道场说法，但慧能未奉诏前往，此后中宗又衲袈裟、钱帛等供养。比《曹溪大师传》晚三十多年的柳宗元所撰《大鉴禅师碑》说：

> 中宗闻名，使幸臣再征不能致。取其言以为心术。

刘禹锡所撰《大鉴禅师碑》也说：

> 中宗使中贵人再征，不奉诏，第以言为贡。上敬行之。

应当说，这些由唐代朝廷高官撰写的碑文中所说武后、中宗曾降敕并派使者迎请慧能入京、"取其言以为心术"、赏赐袈裟等事是可信的，不可能出于随意编造。唐高宗时长孙无忌奉敕撰《唐律疏议》卷二十五明载：

> 诸诈为制书及增减者绞（口诈传及口增减亦是），未施行者减一等（施行，谓中书覆奏及已入所司者。虽不关由所司，而诈传增减，前人已承受者，亦为施行）。

即意在诈伪而妄为制敕及因制敕成文而增减其字者，绞。未施行，减一等。

据此，在唐代，实际岂止是唐代，伪造诏敕是大罪，将被处于绞刑，即使未成为事实也将判减一等罪，发配三千里。因此，不能轻易怀疑上引这些记载是不可信的编造。

那么，武后、唐中宗是何时和如何降诏敕请慧能的呢，是如何

"取其言以为心术"的呢？这些在《曹溪大师传》中有较详细记载。北宋时期契嵩据此书——"曹溪古本"对《六祖坛经》做增补时，也将这些内容吸纳进去，为后世诸本《坛经》及佛教史书所继承。

（三）慧能在广州法性寺对印宗和众僧阐释佛性"不二"思想

所谓"佛性是不二之法"，"无二之性即是实性"；在接待中宗派的中使薛简过程中的说法，"烦恼即菩提，无二无别""实性者即是佛性。佛性在凡夫不减，在贤圣不增""心要者，一切善恶都莫思量"等，为了解、研究慧能为代表的南宗顿教禅法提供了新的资料。

最后，顺便提出，迄今中国教内外学者对《曹溪大师传》似乎尚未引起足够的重视，研究很少。建议今后能有更多学者对此传进行深入的考察和研究，并以此为基础，参考外国特别是日本学者的成果对《曹溪大师传》重加校勘、分段和标点，以期校订出一个更好的校本，为今后更多人阅读和研究提供方便。

读《六祖坛经》，了解禅宗

中国人拥有高度的文化自信，一是对拥有悠久历史和丰富内容的民族传统文化的自信，要坚决拒绝文化虚无主义；二是对以社会主义价值观为核心的当代文化的自信，要鄙弃崇洋媚外。继承和创新发展优秀的传统文化，就必须尊重并认真地学习传统文化。

中华民族传统文化以儒、释、道三家为主体，各有特色，应当掌握基本的知识。为此，根据自己的情况选择一些图书阅读是必要的。

对于儒家、道家和道教文化，这里暂不涉及，仅简略地讲一下佛教，特别是最具中国佛教特色的禅宗。

一、禅宗的兴起

佛教创立于古印度，在公元前后传入中国，经过长期与中国传统文化的会通和结合，在隋唐时期初步实现中国化，重要标志就是先后成立具有鲜明民族特色的佛教宗派。在这些宗派中，以禅宗最具民族特色。正如近代倡导佛教革新，提出"人生佛教"（或"人间佛教"）的太虚法师（1890~1947）所说："中国自晚唐、五代以来之佛教，可谓完全是禅宗之佛教。""中国佛教特质在禅。"

中国佛教遵奉大乘佛教的精神，主张出世与在世相即不二，倡导利乐众生的"菩萨之道"，具有强烈的现实主义性格。这在禅宗中得到充分的体现。那么，何为禅宗呢？

中国禅宗经历了从北魏来华的印度僧菩提达摩传法，经慧可、僧璨两代的耕耘，至唐由在今湖北黄梅的四祖道信、五祖弘忍创立"东山法门"，正式创立禅宗。此后，弘忍弟子神秀在北方弘传北宗禅法，慧能在南方弘传南宗禅法，形成南北二宗对峙的局面。然而在唐经历"安史之乱"（755~763）之后，依托朝廷的北宗日渐衰微，而南宗通过走山林佛教的道路而逐渐兴盛，乃至在宋代发展成为中国佛教的主流派，影响极为深远。

那么，禅宗的宗旨、特色是什么呢？关于禅宗的史书、语录很多，最简便的方法莫过于通过读《六祖坛经》来了解。

二、关于《六祖坛经》

按照佛教的传统，只有记述佛说的著述才被称为"经"。然而在历代由中国人撰述的汗牛充栋的佛教著述中，记述六祖慧能（638~713）生平事迹和语录的《六祖坛经》却被尊奉为"经"。

《六祖坛经》是禅宗所依据的最重要经典，主张人人生来具有与佛一样的本性（佛性、自性），宣称"佛在自性"，只要能够自我体认自性就能达到觉悟解脱。

在禅宗长期流传过程中，《六祖坛经》形成很多不同的写本或版本。从明代以后最通行的《六祖坛经》是元代僧宗宝的改编本。然而在20世纪20年代从敦煌遗书中发现的敦煌本《六祖坛经》是久已失传的最接近原始《六祖坛经》的写本，受到学术界的重视。但是由于原写本错讹较多，虽经校勘仍有不少地方难以读通。此后，又在敦煌市博物馆发现了原由敦煌名士任子宜收藏的敦煌新本《六祖坛经》，字迹清晰，错讹较少。笔者以此为底本，校之以旧敦煌本和宋代广为流行的唐代僧惠昕的改编本《六祖坛经》，署以《敦煌新本六祖坛经》的书名先由上海古籍出版社于1993年出版，后由宗教文化出版社改以新版印行多次。近年抚顺博物馆发现同类写本，已连同影印写本校勘出版。

笔者所校的《敦煌新本·六祖坛经》有三大部分：

一是敦煌新本《六祖坛经》的校勘本；

二是附录发现于日本大乘寺的唐代惠昕改编本《六祖坛经》、编著于唐代的《曹溪大师传》及多种有关慧能与《六祖坛经》的文献资料；

三是本人论述《六祖坛经》及其思想的长篇论文。

要了解中国禅宗的宗旨和特色，建议阅读这一版本的《六祖坛经》。

三、《六祖坛经》的重要内容

仅就敦煌本《六祖坛经》来说，大约有14000字，重要内容可举出以下几点：

(一) 富有传奇色彩的慧能经历

慧能（638~713），俗姓卢，祖籍范阳（治今河北涿州），因父遭贬官徙居新州。自幼丧父，由母亲抚养成人，因家贫靠打柴维持生活。某日看到一人在客店读《金刚般若经》，受到启悟，得知有位弘忍禅师在蕲州黄梅县（在今湖北东南）东山（冯茂山）传法，便发愿北上投师学修佛法。

慧能在母亲逝世后，取道韶州曹溪（今广东韶关市曲江区）北上求师。在曹溪滞留三年，与村人刘至略结义为兄弟，白天干活，晚上听刘至略之姑无尽藏比丘尼读《大涅槃经》，领会经中所讲"一切众生，皆有佛性"的思想。此外，他还入当地宝林寺等寺院学习坐禅和其他佛法。

此后，慧能启程北上，过江至黄梅东山，参拜弘忍禅师，说来"唯求作佛法"。弘忍带有测试之意对他说："汝是岭南人，又是獦獠，若为堪作佛？"慧能机智地回答："人即有南北，佛性即无南北，獦獠身与和尚不同，佛性有何差别？"这一答语是根据《大涅槃经》的"一切众生，皆有佛性"的经文讲的。岭南岭北之人、和尚与獦獠虽有不同，然而皆秉有同样的佛性，皆可修持佛法。弘忍听后，对他另眼相看，安排他到碓坊舂米。在大约八个月的时间内，慧能利用舂米间歇之时，抓紧机会修学佛法。

某日，弘忍召集弟子，要求他们各写一偈表述自己修学佛法的心得，以此作为确定嗣法弟子的依据。上座神秀先在廊下作一偈，弘忍看后虽表面赞赏但心里并不满意。慧能在碓坊听闻此事，到了廊下，因不识字，口述一偈请别人代写于壁上。弘忍看后十分满意，但在众人面前只说"亦未得了"，心中已有传法给他之意。在夜间，弘忍向慧能传授《金刚般若经》的要点，并授予"祖传"袈裟，送他离开东山，嘱咐他到南方传法。

慧能回到南方，大约有三年时间隐遁流转于新州、四会和怀集三县之间，经常与樵夫、猎人一起，有时向他们讲述佛法。后来，慧能认为公开传法的时机已到，便到了广州法性寺（现光孝寺）。时值正月十五日，印宗法师在此讲《大涅槃经》，让僧众对寺院的风吹幡动的现象进行评述。《曹溪大师传》记载：有僧云"幡是无情，因风而动"，另僧云"风幡俱是无情，如何得动"，第三僧说"因缘和合故动"，第四僧说"幡不动，风自动耳"，见解不一。慧能在旁听后，大声喊道："幡无如余种动，所言动者，仁者心自动耳。"慧能是在发挥《般若经》的"一切皆空"和中道思想，如果按超言绝相的"真谛"来说，万物本性空寂，无所谓动静；但从"俗谛"来说，一切皆变幻无常，然而站在中道立场来看，动与静是相即不二的，说动与说静皆违背实相。既然一切皆空，风幡何有动静可言？所见风幡之动，毕竟是世俗认识（妄心）所致，故慧能称之为"心动"。

慧能的见解受到印宗和寺众的喝彩。在印宗主持下，慧能得以正式剃度出家为僧，然后如愿被送到曹溪宝林寺。慧能在宝林寺传法达四十年，开创倡导"顿教"禅法的南宗，培养出众多优秀弟子。

（二）主张顿悟的偈颂

前面提到慧能因作一首偈颂而受到弘忍器重，弘忍便传法于他。那么，慧能的偈颂是什么内容呢？他的偈是针对上座神秀的偈而作的。神秀写的偈颂是：

身是菩提树，心如明镜台。

时时勤拂拭，莫使有尘埃。

大乘佛教主张，人人生来秉有佛性（也称自性、心），皆能成佛。神秀之偈认为人身实有，是觉悟（菩提）的当体，而身内所秉的心性如同明镜一般，应当勤于修行除去情欲妄念，以使心性永远明净。这是劝人修善去恶，后人称之为"拂尘看净"，归之为"渐教"禅法。弘忍在众人面前称赞此偈，就是看中此偈能够勉励众僧勤苦修行，但认为意境不高，尚未"入门"，私下告诉神秀"要入得门，见自本性"。

慧能反其意而作两首偈颂：

菩提本无树，明镜亦无台。

佛性常清净，何处有尘埃？

心是菩提树，身为明镜台。

明镜本清净，何处染尘埃？

慧能第一首偈是说，身与心皆空无所有，众生所秉佛性本来清净，何有尘埃可染？此偈第三句在后来的《六祖坛经》中一般作"本来无一物"。从般若学说来说，"佛性常清净"与"本来无一物"并无根本的差别，认为"佛性"即为"诸法实相""法性"或称之为"毕竟空"。第二首偈后世诸本《六祖坛经》皆无载，是故意将神秀偈中的"心"和"身"的次序颠倒，大意是说，众生现实之身所具有的先天的佛性，是清净无染的，无须执意地苦修不已。

实际上，从禅宗修习实践来看，神秀强调的是禅修次第，而慧能强调的是禅修最后达到的至高境界，皆有价值。因此后世禅僧皆从这两首偈颂中汲取教益。

（三）"三无"禅旨和倡导"识心见性"的禅语

慧能向弟子传法，要求弟子做到自信、自修、自悟。自信，就是确信自己拥有与佛一样的本性——佛性，相信佛在自性。他通过向信众授"无相戒"的方式，引导他们归依自性具备的"三身佛"——法身佛、报身佛和应身佛，并且将对于自性蕴含的觉、正、净三种属性的确信，称之"归依自性三宝"，从而将对外佛、法、僧"三宝"的归依改变为对自性（佛性）的虔信和归依。自修、自悟，就是通过自我修行、体悟自性达到觉悟，说"识心见性，自成佛道"。

慧能将他的禅法宗旨归纳为"三无"，所谓"无念为宗，无相为体，无住为本"。"无念"不是要人们不思不念，而是对任何事物和对象都不产生贪取或舍弃的念头，做到"虽即见闻觉知，不染万境，而常自在"。"无相"是不执着于各种名相、境界。"无住"是对事物不持固定见解，怀有无所取舍、好恶的心态，所谓"于一切法上念念不住"。

慧能还认为众生与佛之间没有不可逾越的鸿沟，关键在是否觉悟自性，说"前念迷即凡，后念悟即佛"，"故知不悟，即佛是众生；一念若悟，即众生是佛"。虽然修行有循序渐进的过程，然而"一悟即至佛地"，意为顿时豁然开悟——顿悟。

（四）蕴含禅机的中道不二法门

慧能在传法过程中善于灵活地运用大乘佛教的中道不二法门，强调世间即出世间、烦恼即菩提、垢净不二等说法，有意在理论上缩短世间和出世间、在家和出家的距离，以便于向社会各阶层传法，吸引他们接近佛教。后世禅宗的"机锋""门庭施设"

等都是对这种方法的巧妙利用和发挥。

  他要求弟子要有万有不离自性的信念,在传法时运用中道不二之法,"出没即离两边","若有人问法,出语尽双,皆取对法",即善于从互相对立的两个方面把握事物,不要仅从一个方面做出肯定和否定的论断。例如有人向你说"有",你就对他说"空";若说"净",则说"垢",或从"垢净不二"方面进行解释;说佛,则可回答佛与众生无别。从而引导信众既不执着于有、世间等,又不执着于空、出世间等,能够遵循自然,在现实社会生活、修行,又不执迷于现实、名利,达到清净和超脱的精神境界。

  以上简述如何读《六祖坛经》,仅供读者参考。

主要参考书目

一、古代典籍

《楞伽师资记》，〔唐〕净觉撰，金九经校编《姜园丛书》，1934年。

《旧唐书》（标点本），〔后晋〕刘昫等撰，中华书局，1975年。

《新唐书》（标点本），〔宋〕欧阳修、宋祁等撰，中华书局，1975年。

《全唐文》，〔清〕董诰、阮元等编，中华书局，1982年。

《五灯会元》，普济著，苏渊雷点校，中华书局，1984年。

《唐文粹》，〔宋〕姚铉编选，〔清〕许增校，浙江人民出版社，1986年。

《宋高僧传》，赞宁撰，范祥雍点校，中华书局，1987年。

《郡斋读书志校证》，〔宋〕晁公武撰，孙猛校证，上海古籍出版社，1990年。

《禅林僧宝传》，惠洪撰，江苏广陵古籍刻印社，1992年据清光绪年间常熟刻经处重刻本影印。

《宋椠袁本昭德先生郡斋读书志》，〔宋〕晁公武撰，载张元济等辑：《续古逸丛书（史）》，江苏广陵古籍刻印社，1994 年。

《祖堂集》，吴福祥、顾之川点校，岳麓书社，1996 年。

《舆地纪胜》，〔宋〕王象之编，中华书局，2012 年。

《六祖大师法宝坛经》，宗宝编，《嘉兴藏》本。

《镡津文集》，契嵩撰。

《修心要论》，弘忍述。《铃木大拙全集》卷二载有五本对校本。

《大乘五方便北宗》，《铃木大拙全集》卷三有四本对校本。

《禅源诸诠集都序》，宗密著，载《大正藏》卷四十八。

《高僧传》，慧皎著。

《续高僧传》，道宣著。

《历代法宝记》，载《大正藏》第五十一册。

《景德传灯录》，道原编著，《大正藏》第五十一册。

《圆觉经大疏钞》，宗密著，《续藏经》第 9 册。

《圆觉经略疏钞》，宗密著，《续藏经》第 9 册。

《中华传心地禅门师资承袭图》（《裴休拾遗问》），裴休问，宗密答，《续藏经》第 63 册。

《天圣广灯录》，李遵勖撰，《续藏经》第 78 册。

《唐律疏议》，长孙无忌撰，四库全书本。

《金石录》，赵明诚编著，四库全书本。

《光孝寺志》（《中国佛寺史志汇刊》第三辑第三册），台北明文书局刊印。

《重修曹溪通志》，〔清〕马元、释真朴重修，台北新文丰出版公司刊印。

二、现代著作

《六祖法宝坛经笺注》，丁福宝著，刊本，1919 年。

《神会和尚遗集》，胡适编校，上海亚东图书馆，1930 年。

《敦煌劫余录》，陈垣著，国立中央研究院历史语言研究所，1931 年。

《唐代长安与西域文明》，向达著，生活·读书·新知三联书店，1957 年。

《神会和尚遗集》（附胡适晚年校刊和论文），台湾胡适纪念馆，1968 年。

《六祖坛经研究论集》，载张蔓涛编：《现代佛教学术丛刊 I》，台北大乘出版社，1976 年。

《中国佛学源流略讲》，吕澂著，中华书局，1979 年。

《隋唐佛教》，郭朋著，齐鲁书社，1980 年。

《汉唐佛教思想论集》，任继愈著，人民出版社，1981 年。

《隋唐佛教史稿》，汤用彤著，中华书局，1982 年。

《中国禅宗史》，印顺著，台北正闻出版社，1983 年。

《坛经校释》，郭朋著，中华书局，1983 年。

《禅宗全书》，蓝吉富主编，台湾文殊出版社，1988 年。

《敦煌新本六祖坛经》，杨曾文校写，上海古籍出版社，1993 年。

《中国禅宗通史》，杜继文、魏道儒著，江苏古籍出版社，1993 年。

《神会和尚禅话录》，杨曾文编校，中华书局，1996 年。

《敦煌写本坛经原本》，周绍良编著，文物出版社，1997年。

《唐五代禅宗史》，杨曾文著，中国社会科学出版社，1999年。

《宋两淮大郡守臣易替考》，李之亮著，巴蜀书社，2001年。

《宋元禅宗史》，杨曾文著，中国社会科学出版社，2006年。

《旅顺博物馆藏敦煌本六祖坛经》，郭富纯、王振芬整理，上海古籍出版社，2011年。

《隋唐佛教史》，杨曾文著，中国社会科学出版社，2014年。

《敦煌新本·六祖坛经》，杨曾文校写，宗教文化出版社，2014年。

三、外文著作

《鸣沙余韵》，[日本]矢吹庆辉著，岩波书店，1930年。

《鸣沙余韵解说》，[日本]矢吹庆辉著，岩波书店，1933年。

《敦煌出土六祖坛经》，[日本]铃木贞太郎、公田连太郎校订，森江书店，1934年。

《兴圣寺本六祖坛经》，[日本]铃木贞太郎、公田连太郎校订，森江书店，1934年。

《大正新修大藏经》（《大正藏》），日本大正一切经刊行会，1934年。

《敦煌出土荷泽神会禅师语录》，[日本]铃木贞太郎、公田连太郎校订，森江书店，1934年。

《校刊少室逸书》，[日本]铃木大拙著，安宅佛教文库，1935年。

《校刊少室逸书及解说》，[日本]铃木大拙著，安宅佛教文库，1936年。

《禅宗史研究》，［日本］宇井伯寿著，岩波书店，1939年。

《朝鲜旧书考》，［日本］黑田亮著，岩波书店，1940年。

《第二禅宗史研究》，［日本］宇井伯寿著，岩波书店，1942年。

《韶州曹溪山六祖坛经》（大乘寺本），［日本］铃木大拙校订，岩波书店，1942年。

《续禅宗编年史》，［日本］白石虎月编，1943年。

《禅思想史研究第二》，［日本］铃木大拙著，岩波书店，1951年。修改本载《铃木大拙全集》卷一。

《初期禅宗史书的研究》，［日本］柳田圣山著，法藏馆，1967年。

《祖堂集》，静、筠二禅德编著，［日本］中文出版社，1974年。

《六祖坛经集成》（《禅学丛书》之七），［日本］柳田圣山主编，京都中文出版社，1976年。

《禅的语录4·六祖坛经》，［日本］中川孝著，筑摩书房，1976年。

《慧能研究》，驹泽大学禅宗史研究会编，大修馆书店，1978年。

《驹泽大学佛教学部论集》，［日本］驹泽大学，1979年。

《敦煌佛教和禅》（《讲座佛教》8），［日本］篠原寿雄、田中良昭编著，大东出版社，1980年。

《禅的语录2·初期的禅史Ⅰ·传法宝纪·楞伽师资记》，［日本］柳田圣山著，筑摩书房，1981年。

《敦煌禅宗文献的研究》，［日本］田中良昭著，大东出版社，

1983年。

《现存华严经论》，[日本]柳田圣山编，日本京都禅文化等人文科学研究所，1984年。

《敦煌佛教的研究》，[日本]上山大峻著，法藏馆，1990年。

《胡适禅学案》（花文 20 篇，内容英文论文 4 篇），[日本]柳田圣山编，中文出版社，1991年。

《中国禅宗通论》，[日本]忽滑谷快天著，朱谦之译，上海古籍出版社，1994年。

《放心花》、《神秀花》、[朝鲜]《禅门撮要》载有此花，《修心要论》花一有五本对校本。

《敦煌本日本佛学藏论考》，[日本]西义雄、玉城康四郎编，图书刊行会出版。